刘宝存　主编

比较高等教育研究丛书

初编　第 **9** 册

德国大学治理模式变迁研究

肖　军　著

花木兰文化事业有限公司

国家图书馆出版品预行编目资料

德国大学治理模式变迁研究／肖军 著 —— 初版 —— 新北市：花
木兰文化事业有限公司，2022〔民 111〕
目 4+200 面；19×26 公分
（比较高等教育研究丛书 初编 第 9 册）
ISBN 978-986-518-744-6（精装）
1.CST：高等教育 2.CST：学校管理 3.CST：大学行政
4.CST：德国
525.08 110022083

ISBN-978-986-518-744-6

比较高等教育研究丛书
初编 第 九 册 ISBN：978-986-518-744-6

德国大学治理模式变迁研究

作　　者 肖　军
主　　编 刘宝存
企　　划 北京师范大学国际与比较教育研究院
总 编 辑 杜洁祥
副总编辑 杨嘉乐
编辑主任 许郁翎
编　　辑 张雅淋、潘玟静、刘子瑄　美术编辑 陈逸婷
出　　版 花木兰文化事业有限公司
发 行 人 高小娟
联络地址 台湾 235 新北市中和区中安街七二号十三楼
　　　　　电话：02-2923-1455 ／传真：02-2923-1452
网　　址 http://www.huamulan.tw 信箱 service@huamulans.com
印　　刷 普罗文化出版广告事业
初　　版 2022 年 3 月
定　　价 初编 14 册（精装）台币 38,000 元

德国大学治理模式变迁研究

肖军 著

作者简介

肖军，男，1984年生于黑龙江省。本科毕业于郑州大学德语专业。硕士毕业于浙江大学高等教育学专业。博士毕业于北京师范大学比较教育学专业。2018年赴德国蒂宾根大学访学一年。现任职于杭州师范大学经亨颐教育学院，从事教育学的教学与研究工作。研究志趣聚焦于德国教育分流、德国一流大学建设、德国教育治理问题等。

提　　要

20世纪60年代以来，全球大学治理改革风起云涌。作为现代大学的发源地，德国也从20世纪90年代开始在新公共管理理念的影响下开展了诸多大学治理方面的改革，传统的大学治理机制和治理模式发生了重大变化。本书运用新制度主义理论中的制度趋同和路径依赖理论，并将治理理论作为一种分析工具，通过文献研究法和历史研究法对德国高等教育法律文本、大学章程、政府报告等文献进行分析，并借助希曼克（Uwe Schimank）等学者的"治理均衡器"模型来分析自柏林大学建立以来德国大学治理模式的历史变迁，划分出三个主要历史阶段，即"文化国家观"下的双元管控模式（1810年–1976年）；民主参与理念下的利益群体共决模式（1976年–1998年）；新公共管理主义下的大学共治模式（1998年–至今）。在大学发展过程中，参与大学治理的利益相关者逐渐增多。不同历史阶段的治理模式中，多种治理机制共同发挥作用，影响着大学治理结构。在德国大学治理模式变迁过程中，国家调控机制和学术自治机制在逐渐弱化，而竞争机制、外部利益相关者调控和行政自治机制则在不断强化，这种趋势符合新公共管理主义和所谓"大学善治"的要求。通过分析可以发现，当前德国大学治理改革既受到全球大学治理的"共同脚本"影响，和全球大学治理产生明显的制度趋同，同时又受到德国本土政治体系和治理文化羁绊，呈现出明显的路径依赖特征，甚至被一些学者称为"半改革"或"伪改革"。

《比较高等教育研究丛书》总序

刘宝存

　　20 世纪 80 年代以来，科学技术突飞猛进，知识经济迅猛发展，国际竞争日趋激烈，经济全球化不断深入，文化多元化趋势增强……世界教育面临前所未有的新形势、新问题和新挑战。为了应对这些新形势、新问题和新挑战，以更好的姿态进入 21 世纪，世界各国无不把教育作为优先发展的战略领域，把教育改革与创新作为应对时代挑战和提高国际竞争力的重要举措，在全球范围内兴起了一场教育改革运动。在如火如荼的全球性教育改革中，世界各国都致力于建构世界一流的教育体系和教育标准，推动教育公平，提高教育质量，改进教学模式和方法，推动教育的国际化和信息化，促进教育治理体系和治理能力的现代化，提升教育为社会经济发展服务的能力，满足社会民众日益增长和个性化的教育需求。与以往的教育改革多聚焦于某一个层次或某一个领域的教育不同，世纪之交的教育改革运动涉及学前教育、基础教育、高等教育、职业教育、师范教育、教育管理、课程与教学等各级各类教育和教育的各个领域，是一场综合性的教育改革，而且迄今已经持续三十多年，但是仍然呈方兴未艾之势。

　　高等教育是一国教育体系中的最高层次，在培养高层次人才、开展科学研究和社会服务、推动国际合作与交流等方面发挥着至关重要的作用。从各国高等教育领域的教育改革看，新自由主义教育思潮成为占主导地位的教育思潮，新公共管理和治理理论被奉为圭臬，追求卓越和效率、倡导分权和扁平化管理、强调公民参与和公共责任，成为高等教育管理的价值取向。世界各国在高等教育中追求卓越，致力于创新人才的培养，特别是培养面向 21 世纪的教师、提高博士生培养的质量成为高等教育改革的重点。为了培养创新人才，各国高等学校在人才培养目标、课程设计、教学模式和方法、教学评价等方面进行改革，本科生科研、基于问题的学习、服务性学习、新生研讨课等以探究能力和实践能力为导向的教学模式和方法风行世界，建构高等教育质量保障体系成为各国的共同选择。在信息技术和全球经济一体化的推动下，各国致力于打造智能化校园，促进信息技术与教育教学、大学治理的融合；致力于发展跨境教育和学生流动，提升高等教育的国际竞争力和影响力。

北京师范大学国际与比较教育研究院是中国成立最早、规模和影响最大的比较教育研究机构，也是比较教育学科唯一的国家重点学科依托机构。该院1999年获批首批教育部普通高等学校人文社会科学重点研究基地，2012年获批教育部国别和区域研究基地，2017年成为教育部高校高端智库联盟成员单位。该院的使命是：（1）围绕世界和我国教育改革与发展的重大理论、政策和实践前沿问题开展研究，探索教育发展的规律，把握国际教育发展的趋势，为我国教育改革与发展提供理论支撑；（2）为文化教育部门和相关部门培养具有国际视野、通晓国际规则、能够参与国际事务与国际竞争的高层次国际化人才；（3）积极开展教育政策研究与咨询服务工作，为中央和地方政府的重大教育决策提供智力支撑，为区域教育创新和各级各类学校的改革试验提供咨询服务；（4）积极开展国际文化教育交流与合作，引进和传播国际先进理念和教育经验，把我国教育改革发展的先进经验和教育研究的新发现推向世界，成为中外文化教育交流的桥梁和平台。60多年来，该院紧紧围绕国家战略，服务国家重大需求，密切跟踪国际学术前沿，着力进行学术创新，提升咨政建言水平，成为世界有重要影响的国际与比较教育理论创新中心和咨政服务基地；牢牢把握立德树人的育人方向，创新人才培养模式和方法，成为具有全球竞争力国际化人才的培养基地；充分发挥舆论引导和公共外交功能，深化国际交流与合作，成为中国教育经验国际传播中心和全球教育协同创新中心。

为了总结该院在比较高等教育领域的研究成果，我们以该院近年来的博士后报告和博士论文为基础，组织了这套《比较高等教育研究丛书》。《比较高等教育研究丛书》的各位作者现在已经在全国各地的高等学校工作，成为在比较教育领域崭露头角的新秀。首辑丛书包括十四部，具体如下：

黄海啸　美国大学治理的文化基础研究

陈　玥　中美研究型大学博士生教育质量保障体系的比较研究

翟　月　美国大学非营利管理教育课程设置研究

孙　珂　美国高校创新活动的风险治理机制研究

李丽洁　美国营利性高等教育机构的组织学分析

李　辉　美国联邦政府对外国留学生的监管研究

苏　洋　「一带一路」国家来华留学博士生教育质量监控体系研究

尤　铮　美国大学在亚洲的海外办学研究——基于对纽约大学的考察

肖　军　德国大学治理模式变迁研究

褚艾晶　荷兰高等教育质量保证政策研究

徐　娜　俄罗斯提升国家研究型大学国际竞争力的策略研究——以制度
　　　　变迁理论为视角

郑灵臆　芬兰「研究取向」的小学教师教育研究

朋　腾　俄罗斯高等师范教育人才培养模式变革研究

王　蓉　美国高校服务－学习实践的研究

根据我们的设想,《比较高等教育研究丛书》将不断推出新的著作。现在呈现在各位读者面前的只是丛书的第一辑,在条件成熟时我们陆续将推出第二辑、第三辑……。同时我们也希望在第二辑出版时不仅包括北京师范大学国际与比较教育研究院的研究成果,而且希望将国内外其他高等学校的研究成果纳入其中;不但出版基于博士后研究报告和博士论文修改而成的研究成果,而且希望出版高等学校和研究机构教学科研人员的研究成果,不断提高丛书的质量。同时,我们还希望聆听大家在选题方面的建议。

《比较高等教育研究丛书》的出版,得到花木兰文化事业有限公司的大力支持,特别是杨嘉乐女士为丛书的出版花费了许多心血,在此我谨代表各位作者向她们表示衷心的感谢。

刘宝存

2021 年 11 月 28 日

于北京师范大学国际与比较教育研究院

导　论 …………………………………………………… 1

　　一、立论依据 ……………………………………… 1

　　二、文献综述 ……………………………………… 6

　　三、研究设计 ……………………………………… 17

第一章　大学治理机制、理想类型和德国大学
　　　　治理模式 ……………………………………… 33

　　第一节　四种基本大学治理机制 ………………… 33

　　　　一、基于共同体的合议机制 …………………… 34

　　　　二、市场竞争机制 ……………………………… 35

　　　　三、协商机制 …………………………………… 36

　　　　四、科层制 ……………………………………… 38

　　第二节　大学治理的理想类型 …………………… 39

　　　　一、克拉克的三角协调模型 …………………… 41

　　　　二、范伍特的二分治理模型 …………………… 42

　　　　三、布朗的治理立方体模型 …………………… 43

　　　　四、希曼克等人的治理均衡器模型 ………… 45

　　第三节　德国大学治理模式的历史划分 ……… 47

　　　　一、"文化国家观"下的双元控制模式 ……… 47

　　　　二、民主参与理念下的利益群体共决模式 … 48

　　　　三、新公共管理主义下的大学共治模式 …… 50

第二章　"文化国家观"下的德国大学双元管控
　　　　模式 ………………………………………… 51

　　第一节　德国现代大学的建立及其管理模式 …… 52

　　　　一、德国现代大学的建立 ……………………… 52

　　　　二、双元管控的形式与内涵 …………………… 56

　　第二节　政府对大学的细节控制 ………………… 58

　　　　一、政府管理大学的权利 ……………………… 59

　　　　二、政府监督大学的学监制度 ………………… 63

　　　　三、政府对学术自由的侵犯 …………………… 67

　　第三节　大学的学术自治 ………………………… 71

　　　　一、学术自由庇护下的大学自治传统 ………… 71

　　　　二、大学教授主导下的学术自治 ……………… 73

　　　　三、大学教师群体的差异性及冲突 ………… 78

第三章　民主参与理念下的德国大学利益群体
　　　　共决模式 ……………………………………… 85
　第一节　高等教育扩张和大学民主运动 ………… 86
　　一、60 年代的高等教育扩张 ………………… 87
　　二、联邦德国大学的民主运动 ………………… 93
　第二节　"教授大学"到"群体大学" ………………… 95
　　一、正教授群体学术权力的弱化 ……………… 96
　　二、大学评议会成员的多元化 ………………… 98
　　三、教授群体对治校权力的维护 …………… 102
　第三节　联邦政府参与下的大学管理 ………… 105
　　一、联邦政府介入大学事务的法律依据 …… 106
　　二、联邦政府参与大学管理的权限和协调
　　　　机构 ……………………………………… 109
　第四节　行政自治机制的初步发展 …………… 112
　　一、总务长制度及统一管理制度 …………… 112
　　二、校长制度改革 …………………………… 114
第四章　新公共管理主义下的德国大学共治模式 · 117
　第一节　全球化背景下的德国大学改革浪潮 …… 118
　　一、捉襟见肘的公共财政 …………………… 118
　　二、快速推进的全球化进程 ………………… 120
　　三、公共机构管理理念的范式转换 ………… 124
　第二节　政府对大学的宏观调控 ……………… 126
　　一、更加灵活的总体预算拨款 ……………… 127
　　二、基于谈判达成的目标协定 ……………… 129
　　三、突破传统的大学法律地位 ……………… 133
　第三节　日益强化的竞争机制 ………………… 135
　　一、激发办学效益的绩效拨款 ……………… 136
　　二、建设一流大学的卓越计划 ……………… 138
　　三、增加大学收入的第三方经费 …………… 142
　第四节　逐渐多元的外部利益相关者 ………… 145
　　一、新兴的大学理事会 ……………………… 145
　　二、专业的外部认证机构 …………………… 147

第五节　日益专业化的院校管理 …………………… 149

　　一、进一步弱化的学术自治 ………………… 150

　　二、权力日盛的行政领导 …………………… 151

　　三、作为副校长之一的总务长 ……………… 155

第五章　德国大学治理改革中的制度趋同与路径
　　　　依赖 ……………………………………… 157

第一节　德国大学治理变迁的历史走向………… 157

　　一、国家调控逐渐放松 ……………………… 158

　　二、学术自治力量减弱 ……………………… 158

　　三、竞争机制日益制度化 …………………… 159

　　四、外部利益相关者日益多元化 …………… 160

　　五、行政自治逐渐专业化 …………………… 161

第二节　德国大学治理改革中的制度趋同 ……… 163

　　一、大学应对外部挑战的三种态度 ………… 163

　　二、德国大学治理改革中的制度趋同 ……… 165

　　三、德国大学治理制度趋同的主要机制 …… 168

第三节　德国大学治理改革中的路径依赖 ……… 170

　　一、德国大学治理的历史遗产 ……………… 171

　　二、作为改革“过滤器”的德国大学治理
　　　　文化 ……………………………………… 176

结论与展望 ……………………………………………… 181

　　一、主要结论 ………………………………… 181

　　二、本研究不足之处与未来研究展望 ……… 184

参考文献 ………………………………………………… 187

导　论

一、立论依据

（一）研究缘起

1. 大学治理是当今世界高等教育改革的重要议题

从 20 世纪后半叶起，世界高等教育进入了大发展阶段。高等教育呈现了一些明显的特征。一是世界高等教育普及化进程加快。大众对高等教育的需求日益增长，高等教育由精英教育转向了大众教育与精英教育并存，大学由纯粹的学术机构成为学术加颁发职业资格证的场所；[1]二是高等教育与经济社会发展的关系日益紧密。高等教育从"象牙塔"更快地走向社会。各国政府意识到创新型知识对促进经济发展具有极大促进作用。因此，如何以更加有效的方式管理大学，就变得非常重要。大学也开始寻求多样化的教育资源，并形成具有竞争性的高等教育"准市场"。[2]三是高等教育日趋国际化。随着信息技术的发展和传播，世界已经变成了"地球村"。世界政治经济不断融合，各国大学既相互合作，又相互竞争，世界高等教育逐渐融为一体。综合来看，大学被赋予了满足学生需求、促进社会公平、创造知识、促进经济发展的重任。正是由于这些新的趋势带来了一系列新的挑战，全球的大学都处于变革压力之下。大学由中世纪的小型学术自治组织转变成了如今的超大型"航空母舰"。大学生人数的急剧膨胀、和社会经济复杂的关系、不断增强

---

1 张慧洁，中外大学组织变革[M]，上海：复旦大学出版社，2005：1。
2 李盛兵，高等教育市场化：欧洲观点[J]，高等教育研究，2000（04）：108-111。

的国际竞争，使传统的治理模式不能够驾驭当今的大学组织。因此，自上世纪 80 年代以来，为克服高等教育系统内出现的挑战，进一步提升大学实力和竞争力，并使高等教育更好地服务于经济和社会，高等教育治理变革逐渐成为世界各国关注的核心议题。

英国的高等教育治理改革始于 20 世纪 80 年代撒切尔政府上台。撒切尔政府推行了激进的私有化和去监管改革，并在公共部门引进市场机制，尤其是卫生部门和教育部门，[3] 全球范围内的高等教育新公共管理改革就此拉开序幕。1993 年，奥地利大学制定了《大学组织法》来推动旨在提高自治与效率的大学管理变革；同年，丹麦也出台了《大学行政管理法》赋予大学更多自主权和领导权；1996 年，澳大利亚联邦政府为了满足公众对大学的问责要求，发布了《高等教育预算声明》；同年，挪威颁布了《大学法》来推动政府的分权化改革；1998 年，日本发布了《21 世纪大学改革措施的愿景》报告，并于 2003 年实施国立大学法人改革；德国于 2008 年废除了全国性的《高等学校总纲法》，赋予联邦州和高校更多的自主权。世界范围内的大学治理变革浪潮并非偶然事件，它们既有深厚的社会根源，也有其特定的时代背景和国情校情。政治领域的多元民主思潮、文化领域后现代主义的冲击以及经济领域的自由化都要求一种权力更为分散、治理方式更为多样、利益团体关系更为协调的国家与大学关系形态的出现。因此，"治理"这种强调多元利益主体的管理方式，既遵循了大学内在逻辑的发展规律，也满足了国家与社会发展的需求。[4]

2. 探究适切的大学治理模式是我国建立现代大学制度的应然之举

国家重大战略是高等教育现代化的主要动因。[5] 即使是在大学享有充分自主权的美国，政府也日益影响到大学的发展，大学也成为实现国家战略的重要工具。从全球范围来讲，大学也是人类命运共同体的特殊纽带。当前，中国正处于一个百年未有的大变局之中，面对复杂的环境，高等教育要成为国家战略的一部分，助推中国科技实力和国际竞争力的提升。高等教育现代化

3　Juan Du. A Tale of Two Countries -New Public Management Reforms in Universities in the UK and China[D]. Scotland: The University of Edinburgh, 2007:58.

4　吴慧平，西方大学的共同治理[M]，北京：北京师范大学出版社，2011：4。

5　刘国瑞，国家重大战略转换期高等教育现代化的定位与思路[J]，高等教育研究，2020，41（05）：1-9。

肩负着国家使命和民族重任，而加快推进高等教育治理体系和治理能力现代化又是实现高等教育现代化的重中之重。[6]改革开放 40 余年，我国教育治理体制改革紧紧围绕着"放权"和"激励"进行，具体包括高校与政府间权力关系的调整和高校办学自主权的扩大。目前，高等教育管理体制基本形成了"中央和地方两级管理，以地方管理为主"的体制。1994 年后，中央提出了"共建、调整、合作、合并"的八字方针，合并整合了 900 多所高校，克服了部门和地方条块分割、重复管理的弊端。进入 2000 年后，高等教育治理的一大特点就是政府强调公共服务职能，赋予大学更多自主权，强调依法治校，建立现代大学制度。例如 1999 年通过的《中华人民共和国高等教育法》第三十条明确规定"高等学校自批准设立之日起取得法人资格"。2010 年，中共中央、国务院颁布了《国家中长期教育改革和发展规划纲要（2010-2020 年）》，该文件提出要"完善（大学）治理结构"，这标志着"大学治理结构"作为中国大学制度建设的核心问题已经正式进入国家政策议程。[7]2017 年 4 月，教育部等五部门联合印发了《关于深化高等教育领域简政放权放管结合优化服务改革的若干意见》，《意见》提出要完善中国特色现代大学制度，进一步向地方和高校放权，给高校松绑减负，深化高等教育领域"放管服"改革。在大学内部治理上，继续坚持党委领导下的校长负责制。围绕这一机制，大学加强了内部治理的法治建设和制度建设。近年来，教育部先后颁布了《高等学校信息公开办法》、《中国共产党普通高等学校基层组织工作条例》、《全面推进依法治校实施纲要》、《高等学校学术委员会规程》、《高等学校章程制定暂行办法》。截至 2015 年，全国 112 所"211 工程"高校章程经教育部审核并发布，这标志着我国高校在依法办学、依章程治校方面取得重要进展。[8]此外，人事制度方面，高等学校全面推行了聘用（聘任）制度。后勤管理方面，高校完成了后勤社会化改革，减轻了高校管理的负担，提高管理效率。[9]

6　刘国瑞，国家重大战略转换期高等教育现代化的定位与思路[J]，高等教育研究，2020,41（05）：1-9。

7　罗红艳，我国公立大学治理政策变迁的制度逻辑——基于历史制度主义的分析[J]，中国高教研究，2014（03）：16-21＋41。

8　教育部，全国"211 工程"高校章程全部核准发布[EB/OL]（2015-06-30）[2021-03-17]http://www.moe.gov.cn/jyb_xwfb/gzdt_gzdt/s5987/201506/t20150630_191785.html。

9　刘宝存、肖军，改革开放 40 年高等教育的成就与展望[J]，河北师范大学学报（教育科学版），2018，20（05）：5-12。

合理的大学治理结构，要求各利益主体是平等的、多元的、共存的，国家、大学、其它利益相关者之间互相协调、互相制约。当前，创新型经济更要求灵活的管理模式，赋予大学更多的自主权，激发大学的创造力。但当前我国大学治理结构还不尽合理。首先，在政府管理模式方面，政府给与大学的自主权依然十分有限。虽然在政策上和实践中我们都强调给与大学自主权的重要性，但是，正如北大校长林建华所指出，现行法律赋予中国大学一些自主权，但其权利含糊不清。高校自主权下放也被称为呼吁最强烈、进展最缓慢的体制改革。[10]其次，在大学内部管理方面，大学职工参与学校民主管理的权利有限，决策主体单一，学术权力行使低效、官僚权力偏大，教授和其它非学术人员对学校管理的发言权还有待加强。最后，大学的外部监督机制还很薄弱，利益主体参与不够，大学缺少来自校外政治界、经济界、校友等组成的大学理事会（董事会）监督，或者监督机构流于形式，未发挥实际功能。

加强对大学治理的研究，理清大学治理的逻辑，探求适切的治理模式，可以解决我国当前高等教育治理面临的问题。从长远来看，也是我国加强推进大学治理体系和治理能力现代化，建立现代大学制度，实现创建世界一流大学目标的应然之举。

3. 提升治理能力是德国大学适应时代发展的迫切需要

自上世纪 50 年代以来，德国经济快速增长，创造了二战后的经济奇迹。随着经济增长，高素质劳动力的需求也日益增加。因此，高等教育承担起培养工业人才的重任。此外，由于战后民主思潮的涌起，许多人将接受高等教育视为一项基本的人权，要求享受高等教育。综合以上因素，德国大学生人数开始急剧增加。（见图 0-1）

教育扩张导致的一个后果就是高等教育系统的扩大，大学数量和学生数量急剧增加。但是自上世纪 80 年代以来，德国经济增长放缓，国内生产总值年均增长率只有 1%到 2%，[11]这为主要依靠财政资助的德国大学带来了消极影响，国家对大学的财政投入日益显得捉襟见肘，不论国家还是大学都面临着极大压力。整个高等教育系统财政资助严重不足，所以国家及社会要求高等教育机构提高效率、节俭办学的呼声不断高涨。进入 21 世纪，由于博洛尼

---

10 张应强，中国高等教育 60 年[M]，杭州：浙江大学出版社，2009：113。

11 文侠书馆，德国历年 GDP 及人均 GDP 一览[EB/OL]（2015-11-16）[2021-03-03]
http://www.360doc.com/content/15/1116/21/502486_513686385.shtml。

亚进程和高等教育国际化的影响，德国高等教育系统也经历巨大变化，大学面临更大挑战，正处在一个新制度和旧传统彼此斗争又交融的阶段，大学的生存环境更加复杂。从大学自身发展来看，它已经从小的机构变成了大的组织，但是其管理手段还是外行的、不专业的，学术组织的自我管理能力受到质疑，特别是大学的决策效率。因为这种包括学生、非学术人员等众多人员参与的各种委员会在决策时更多是一种零和博弈，从而导致决策效率低下。而面对现代体量日益庞大、人员构成日益复杂、利益诉求日益多元、自身定位多变的大学，传统的国家细节干预和大学学术自治已经不能驾驭当代这种航空母舰式的大学组织。[12]面对日益复杂的高等教育环境，德国引入了新公共管理作为实现大学治理的手段，而新公共管理主义强调的竞争、绩效、以目标为导向的手段要求传统的大学管理不得不做出改变，新公共管理改革改变了德国传统的高等教育外部治理体制和内部治理结构。[13]

图 0-1：1952-2012 年德国大学生人数

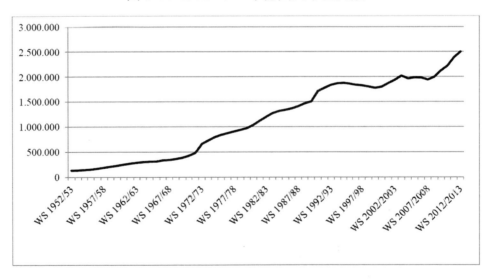

资料来源：Christoph Rosenbusch. Organisationale Selbststeuerung in deutschen Universitäten-Bedingungen, Prozesse und Wirkungen[D]. Mainz: Gutenberg-Universität, 2013.

　　如今的德国高等教育系统如此复杂，并且有越来越多的利益相关者，以

---

12 肖军，从管控到治理：德国大学管理模式历史变迁研究[J]，比较教育研究，2018，40（12）：67-74。

13 孙进，政府放权与高校自治——德国高等教育管理的新公共管理改革，现代大学教育[J]，2014（02）：36-43。

至于传统的大学管理模式不能适应大学的发展。一个不能否认的事实是，德国的大学已经陷入危机，并处于巨大的改革压力之下。为了改革大学，有必要以新的治理模式代替或完善旧的模式，大学治理问题已经成为当代德国高等教育研究的重要关注点。

（二）研究问题

在想到德国大学治理这一主题时，我对德国大学治理的了解仍十分有限，并不知道如何下手，且国内关于德国大学治理的研究也十分薄弱，相关文献极少，所以我并没有找到合适的方向。所以我想，何不做一些基础性的工作，从历史研究的角度来梳理一下德国大学治理的发展脉络，进而再寻找我感兴趣的方向和重点。这也就产生了本研究的第一个研究问题，在不同历史时期德国大学形成了怎样的治理模式？那么由于不同历史时期大学治理中的时代背景和治理理念肯定存在着巨大的差别，因此其治理机制和治理手段也是不同，那么在不同历史治理模式中，具体存在哪些治理机制和治理手段呢？这也就是本研究的第二个问题。在初步探究上述两个问题的过程中，我发现不同时期其治理机制发挥效用的强度是不同的，在大学治理演变的历程中大学治理机制呈现了怎样的变化趋势？这是本研究的第三个问题。在观察德国大学治理变迁的过程中，尤其是进入到 20 世纪 90 年代，会发现德国大学治理明显受到了其它国家或者全球通行的一些大学治理理念的影响，但由于其自身悠久的大学文化和国家政治结构的影响，大学治理又具有本土特色。因此，本研究的第四个问题就聚焦在德国大学治理演变过程中存在着哪些全球趋同和本土特征？

所以，本书的四个核心研究问题如下：

◆ 不同历史时期大学形成了怎样的治理模式？
◆ 不同历史时期的治理模式中存在着哪些治理机制和治理手段？
◆ 在大学治理演变的历程中大学治理机制呈现了怎样的变化趋势？
◆ 大学治理模式的变迁存在着哪些全球趋同和本土特征？

二、文献综述

国外对大学治理的研究多集中在 20 世纪 80 年代以后。二战之后，高等教育经历了大发展时期，学生规模不断扩大，高等教育系统不断膨胀，大学社会在知识生产和经济发展方面的作用越来越大，大学和社会的联系也越来越紧密，大学的发展涉及到越来越多的利益相关者。为了驾驭日益复杂的高等教育机构，大学乃至整个高等教育系统需要与时俱进的治理机制以及治理模式。针对大学管理的研究早已有之，从早期研究大学和国家的关系、学术权力和政治权力的斗争，到现在研究政府、社会、大学内部权力主体等各利益相关者的关系，针对大学治理的研究日益多元。虽然德国大学治理由于传统力量的制衡，属于改革的后来者，但是德国学术界针对大学治理的研究也日益丰富。本研究除了探求德国大学治理的历史变迁和现状外，还会关注欧洲其它国家的大学治理研究。因为特别是当前德国大学治理现状的形成，有着欧盟很多高等教育改革的大背景，比如博洛尼亚进程、新公共管理主义的盛行等等。对欧盟其它国家大学治理改革文献进行梳理，也有助于理解德国大学治理问题。笔者从中国知网、谷歌学术、Jstor 等论文数据库收集文献，以"大学治理"、"治理结构"、"治理模式"、"University Governance"、"Governance Mechanism"、"Governance Structure"、"Hochschulgovernance"、"Governance Modell"、"Universitätssteuerung"、"Neue Steuerung"、"New Public Management"、"Konkurrenz und Governance"、"Akteuer in Governance"为关键词进行搜索，通过对文献的梳理，整理出德国大学治理研究的脉络。下面从几个不同的维度对前人的研究进行简单的梳理。

（一）关于治理及大学治理理论方面的研究

"治理"不仅是一个跨学科的研究主题，其本身也可以作为分析工具去分析特定场域内不同利益相关者之间的协调机制，"治理"既是研究工具，也是研究对象。"治理"这一概念首先出现在经济学领域，以描述经济过程中的控制和协调机制，此为公司治理。然后这一概念被引入政治学中，特别是国际关系领域，此为"全球治理"。继而在 20 世纪 80 年代，随着西方福利国家政府的角色及任务的变化，"治理"概念被引入普通政治学、行政管理学以及社会学中，伴随的关键词为"公共行政现代化"以及"新公共管理（NPM）"。[14]。治理一词的流行，与民主化、全球化浪潮是分不开的，这不

---

14 Akiiki Babyesiza, Barbara M. Kehm, Nicolas Winterhager. Was ist Governance und welche Wirkungen hat sie?[M]// Barbara Kehm, Harald Schomburg, Ulrich Teichler. Funktionswandel der Universitäten: Differenzierung, Relevanzsteigerung, Internationalisierung. Frankfurt/New York: Campus Verlag GmbH, 2012:225.

仅体现在"治理"概念出现的时代背景，即新自由主义开始席卷全球，也体现在其推动者身上，尤其是国际货币基金组织、世界银行等一些国际组织。

1. 对"治理"的研究

近些年来，小到一个机构，大到国际组织，都强调"治理"理念。对"治理"的研究涉及到政治、经济、社会等各个领域，其对"治理"的阐释角度也不尽相同。[15]国外治理研究分为很多研究领域，包括：地方（local）、城市（urban）、区域（regional）、社会（societal）、次国家（sub-national）、国家（national）、国际（international）、全球（global）、公司（corporate）、网络（internet）、多层次（multi-level）等多种治理，各个领域的研究路径、理论取向也存在许多差别。本研究关注的是大学作为一种组织所需要的治理。

在全球治理委员会的定义中，"治理"是个体或各种公私机构管理共同事务的总和，它是一种通过共同合作来协调各种利益和冲突的过程。它包括正式的规章制度和执行机构，也包括经机构及其成员同意的、符合他们利益的非正式安排。[16]而蔡希林（Lothar Zechlin）认为：治理不同于政治中的"善治"或公司法人治理中好的管理，治理涉及的是一种组织学中分析性的概念，通过"治理"可以分析出，借助哪些机制来协调不同的利益主体间的行动，从而使组织相比于各主体各自行动更加容易实现既定的目标。[17]施米特（Philippe Schmitter）将"治理"理解为"一种解决问题与冲突的方法或机制"，在这一方法或机制中，各行动者借助相互协商与合作来达成政策的制定与执行。治理的结构安排是水平的，各个公私部门行动者在地位方面没有差异，同时，该治理网络的可进入性强。[18]

本茨（Arthur Benz）等学者编撰的《治理手册》一书，从治理机制和形式、理论和分析视角、应用层次及功能等三个维度系统地对治理问题进行了

---

15 肖军，从管控到治理：德国大学管理模式历史变迁研究[J]，比较教育研究，2018，40（12）：67-74。

16 Commission on Global Governance. Our Global Neighborhood. 引自：肖军，从管控到治理：德国大学管理模式历史变迁研究[J]，比较教育研究，2018，40（12）：67-74。

17 Lothar Zechlin. Was ist gute Hochschulgovernance? [M]//Pia Bungarten, Marei John-Ohnesorg. Hochschulgovernance in Deutschland. Bonn: Brandt GmbH Bonn, 2015:19.

18 Philippe C. Schmitter. Defining，explaining and using the Concept of Governance [EB/OL][2018-09-02]https://www.eui.eu/Documents/DepartmentsCentres/SPS/Profiles/Schmitter/2017/GOVERNANCE3.pdf

梳理。[19]贝维尔（Mark Bevir）的《治理的核心概念》对"治理"涉及到的核心概念进行了百科全书般的解释，是理解治理理论的入门书籍。[20]综合各种定义和解释，可以归纳出"治理"这一术语的一些典型特征。在罗兹（R. A. W. Rhodes）看来，治理是依靠网络的治理，其主要有四个特征：第一，组织间相互依赖。治理是一个比政治管理（government）更加宽泛的概念，涵盖了非国家的利益相关者。治理改变了国家权力的边界，它意味着公共部门、私人部门与第三部门之间的界限变得模糊。第二，网络成员之间持续性互动。各成员之间存在着共同的目标，为了实现这一目标，他们需要进行资源的交换。第三，博弈性互动。这种互动根植于信任，并受到网络成员共同协商认可的规则约束。第四，治理网络具有不受国家权力控制的高度自主权。治理网络是一种自组织形式，不需要对国家权力负责，但国家可以间接地调控网络。[21]另外，治理结构具有三个显著特征，一是治理是按照现有的（社会、政治、经济、制度）秩序进行调控，也就是说"治理"是一种调控行为。二是治理被认为是一种实践过程，在这一过程中，独立的政治和／或经济行为者相互调和或控制他们的行为，从而形成某种治理结构。因此，治理结构是政治和经济行为者履行其相互承诺的一种正式或非正式的制度工具。三是治理结构通过谈判过程、制定标准、分配职能、监督、减少和解决冲突为社会制度的合法性和效率服务。[22]"治理"不仅是一个各个学科研究的对象，也被当作一种分析工具来分析在某一场域内不同但相互依存的利益相关者之间活动的协调和控制机制。[23]郑杭生，邵占鹏认为"治理"解构了传统政治中的秩序、规律、权威等概念、具有了后现代主义中的不确定性、多元论、合作共治的特点。[24]

19　Arthur Benz, Susanne Lütz. Uwe Schimank et al. Handbuch Governance: Theoretische Grundlagen und empirische Anwendungsfelder[M]. Wiesbaden: VS Verlag für Sozialwissenschaften, 2007.

20　Mark Bevir. Key Concepts in Governance[M]. London: SAGE Publications Ltd,2009.

21　田凯，黄金，国外治理理论研究：进程与争鸣[J]，政治学研究，2015（06）：47-58。

22　Adinas Barzelis, Oksana Mejere, Diana Saparniene. University Governance Models: the Case of Lapland University[J]. Journal of Young Scientists, 2012,35(2), 90-102.

23　Akiiki Babyesiza, Barbara M. Kehm, Nicolas Winterhager. Was ist Governance und welche Wirkungen hat sie?[M]// Barbara Kehm, Harald Schomburg, Ulrich Teichler. Funktionswandel der Universitäten: Differenzierung, Relevanzsteigerung, Internationalisierung. Frankfurt/New York: Campus Verlag GmbH, 2012:222.

24　郑杭生，邵占鹏，治理理论的适用性、本土化与国际化[J]，社会学评论，2015，3（02）：34-46。

"治理"研究中的主要问题主要指向决策结构、决策流程、决策事物，比如领导和行政结构是什么样的（学校、医院、医院或其他公共部门）？内部和外部利益相关者都参与到决策中了吗？针对决策事物的不同决策流程有什么不同？哪些国家的和私人的层面以什么样的方式参与到决策流程中？[25]从这些问题的答案中可以看出"治理"多层次的特征。

2. 关于大学治理理论视角的研究

高等教育系统是一个复杂的开放系统，治理这样一个复杂的系统，需要从各个角度对其进行分析、研究。因此，关于大学治理的研究涉及到管理学、社会学、政治学等各个学科和流派。而制度主义视角是研究大学治理问题的重要切入点。帕梅拉（Tolbert Pamela）从制度环境和资源依存的角度分析了影响美国高等学校管理结构的因素。[26]新制度理论也认为，组织的结构是由制度环境塑造的。因此梅森（Peter Maassen）认为，通过新制度理论和资源依附理论的结合可以制定合适的组织战略来适应大学面临的环境压力，解决大学治理的困境。[27]周光礼教授运用新制度主义政治学的分析框架来解释大学治理模式变迁的制度逻辑。[28]新制度主义社会学是是研究高等教育问题最常用的工具。大学作为一个学术和社会组织，其组织管理和组织变迁都不同于普通的组织。因此在运用组织理论分析时，要注意大学组织的特殊性。汤姆（Christensen Tom）认为公共组织的结构设计对于实现组织的目标十分重要，大学组织结构的变化也体现了大学组织目标的变化。[29]张万宽和陈佳从韦伯的科层制理论来讨论我国大学去行政化问题。[30]杨朔镔和杨颖秀以自组织理

25 Barbara M. Kehm, Marek Fuchs. Neue Formen der Governance und ihre Folgen für die akademische Kultur und Identität[M]//Ute Clement, Jörg Nowak, Christoph Scherrer et al. Public Governance und schwache Interessen. Wiesbaden: VS Verlag für Sozialwissenschaften, 2010:75.

26 Pamela S. Tolbert. Institutional Environments and Resource Dependence: Source of Administration Structure in Institutions of Higher Education[J]. Administrative Science Quarterly, 1985,(30)1: 1-13.

27 Peter Maassen. The Changing Roles of Stakeholders in Dutch University Governance[J]. European Journal of Education, 2000, 35(4):449-464.

28 周光礼, 大学治理模式变迁的制度逻辑——基于多伦多大学的个案研究[J], 高等工程教育研究，2008（03）: 55-61。

29 Christensen Tom. University Governance Reforms: Potential Problems of More Autonomy?[J]. Higher Education, 2011 (62)4:503-517.

30 张万宽, 陈佳, 网络和组织理论视野下的大学治理——兼论我国高校去行政化[J], 清华大学教育研究，2011，32（01）: 25-32。

论中的好散协同论来讨论大学院系治理问题。[31]而涉及到大学治理的多中心、多层次特点时，最多的理论便是利益相关者理论。潘海生指出大学自身就是一个大学是利益相关者组织。[32]

（二）关于德国大学治理问题的研究

正如研究缘起中提到的，德国的高等教育"治理"正经历着范式的转换，"少些政府管制，多些治理"（Less government and more governance）成为政策制定者和实践者的共识。但大学治理是一个及其广泛而且复杂的问题，需要从不同的角度去探讨。各种学术文献都强调，针对"治理"的研究要在历史的、社会的、文化的背景下进行。因此在研究"治理"的模式、机制以及世界各国高等教育治理的变化时，都需要进行更深入的、全面的考虑、并综合国内和国际高等教育发展的趋势。[33]

大学治理宏观上可以分为内部治理和外部治理以及共同治理，微观上会讨论不同权力的主体关系及其在治理中的地位。根据现有搜集到的文献，本研究将德国大学治理的已有研究分为以下几个维度。

1. 大学治理变迁的时代背景和影响因素研究

为何需要变革大学治理，因为需要被治理的主体，即高等教育系统不断地发生着变化。恩德斯（Jürgen Enders）和希曼克（Uwe Schimank）在《Comparing Higher Education Governance Systems in Four European Countries》一文中分析比较了英国、德国、荷兰、澳大利亚四个国家的高等教育治理体系，指出虽然各国高等教育系统各有特点，但是高等教育系统发生变化有着共性的原因，即公共财政与高等教育系统扩张之间的矛盾；欧洲化、国际化和全球化的发展对传统的治理模式提出挑战；教育市场化理念出现；新公共管理（NPM）作为公共部门的新组织方法的兴起刺激了对治理的重新思考。根据这种背景，大学应该以更加商业化的方式进行管理。[34]

31 杨朔镔，杨颖秀，双一流背景下大学院系治理现代化探论：自组织理论的视角[J]，教育发展研究，2018，38（05）：40-47。

32 潘海生，作为利益相关者组织的大学治理理论分析[J]，中国地质大学学报（社会科学版），2007（05）：17-20。

33 Aidanas Barzelis，Oksana Mejere，Diana Sapaniene. University Governance Models: Case of Lapland University[J], Journal of Young Scientists，2012,(35)2: 90-101.

34 Harry F. de Boer, Jürgen Enders, Uwe Schimank. Comparing Higher Education Governance Systems in Four European Countries[M]//Nils C. Soguel, Pierre Jaccard. Governance and Performance of Education Systems. Berlin: Springer, 2008:36.

而罗森布施（Christoph Rosenbusch）在其博士论文《德国大学组织的自治——条件、过程和功效》中指出，德国大学治理模式的变革是由于大学组织发生了变化，而组织的变化必然伴随组织管理模式的变迁。而大学组织变化的原因可以归结为：知识型社会的产生对大学提出了新的要求和挑战；德国大学对新的环境缺少适应能力。[35]威尔士（Helga A. Welsh）指出 20 世纪 90 年代以来，德国高等教育已经发生了巨大的变化，竞争和绩效从其它理念中脱颖而出，主要体现在大学分化、国际化、自治和问责机制。然而，已经存在的制度和根深蒂固的旧传统仍然阻碍着改革的进行。各个州之间以及各个院校之间的差异变得更加明显。德国高等教育系统的一些领域已经发生了范式的转换，而有的领域依旧岿然不动。高等教育系统的自我调适仍在继续，改革压力仍然存在。[36]杨天平和邓静芬论述了 20 世纪 90 年代以来德国高等教育管理体制改革，并从大学和国家的关系、财政制度改革、人事制度改革、入学制度改革、大学管理改革五个方面说明了当前德国大学高等教育管理体制现状。[37]

2. 关于大学治理机制和模式的研究

尼克尔（Sigrun Nickel）认为欧洲大学治理大都沿着同一方向进行：除了加强结果导向和绩效评价，还要提高大学的自治程度。他指出大学要有四个维度的自治：组织的自治、政策自治、参与性自治（Interventional autonomy）、财务自治。在此四个维度上，存在四种治理机制：等级制度／管理（Steuerung）、竞争／适应、网络[38]／自我组织、多元政治／多层决策，并指出了不同历史时期、不同学校类型（综合大学和应用科学类大学）的治理结构，即哪一种机制所发挥的作用更强，哪一种稍弱。[39]卡姆（Ruth Kamm）和科勒（Michaela Köller）

35 Christoph Rosenbusch. Organisationale Selbststeuerung in deutschen Universitäten-Bedingungen, Prozesse und Wirkungen[D]. Mainz: Gutenberg-Universität, 2013:16.

36 Helga A. Welsh. Higher Education in Germany: Fragmented Change Amid Paradigm Shifts[J]. German Politics and Society, 2010(28):53-70.

37 杨天平，邓静芬，20 世纪 90 年代以来德国高等教育管理体制改革与启示[J]，教育研究，2011，32（05）：102-106.

38 这里的"网络"和"自我组织"是两个相对的概念，是指大学内的学术工作方式。研究和教学通常由相对独立的人士，即教授提供。这些教授多以专家网络或松散耦合的学术共同体的形式组织起来，这些学术共同体围绕特定任务和项目形成，因此并不总是永久性的。这些网络内的行动协调主要应由学术成员自己组织，大学领导不应干预。

39 Sigrun Nickel. Governance als institutionelle Aufgabe von Universitäten und Fachhochschulen[M]//Brüsemeister Thomas, Heinrich Martin. Autonomie und Verantwortung. Governance in Schule und Hochschule. Münster: Verlag Monsenstein

分析了德国历史上的大学管理和当代德国大学治理现状，总结出了两种治理模式：即科层-官僚管理模式以及管理主义模式。作者进一步分析了 16 个联邦州的大学治理模式，指出虽然所有的州都已经进入管理主义模式，但是每个州的治理体系都有很大的区别。[40]但是对于管理主义下的大学治理，人们也有不同的意见，受到了很多的批评，因为它听起来会危害到大学教学和研究的自由。但是很多评估报告又表明，大学治理对大学的成功发展是完全必要的。[41]进入 90 年代，德国大学治理中又出现了合同管理机制，即州政府与大学签订目标合约，进行"合同管理"（Kontraktmanagement）。采取这一新的调控模式意味着重新定义政府对大学的干预方式，表现为从传统的、官僚式的国家调控转变成以结果和绩效为导向的调控模式（output-bzw. leistungsorientiertes Modell）。[42]《大学治理：西欧的比较视角》（University Governance，western European comparative Perspectives）一书介绍了英国、德国、挪威、意大利、荷兰等西欧国家的大学治理问题。其中希曼克和朗格（Stefan Lange）认为，德国大学属于引入新公共管理理念的后来者，大学治理的改革才刚刚开始，并分析了国家控制、外部利益相关者调控、行政调控、竞争、学术自治五种治理维度在当前大学治理中的程度。[43]姚荣以法律视角分析了 20 世纪 60 时代末以来德国公立大学内部治理结构变革，认为德国大学总体上经历了"教授大学"、"组群大学"以及"管理大学"三种"理想类型"的变化，这三种理想类型则分别对应"寡头统治"、"民主回应"和"绩效竞争"三种大学治理逻辑。[44]

3. 具体的大学治理举措和路径

大学治理的目的是实现大学的"善治"，那么通过什么样的举措和路

und Vanderdat, 2011:123.

40　Ruth Kamm, Michaela Köller. Hochschulsteuerung im deutschen Bildungsföderalismus [J]. Swiss Political Science Review, 2010, (16)4: 649-862.

41　Sascha Spoun, Sebastian Weiner. Hochschulgovernance im Dienste der Wissenschaft[EB/OL][2018.09.08] http://www.kas.de/wf/do c/kas_47660-544-1-30. pdf?170116082759

42　巫锐，德国高等教育治理新模式：进程与特征——以"柏林州高校目标合约"为中心[J]，比较教育研究，2014，36（07）：1-5。

43　Uwe Schimank. Germany：a Latecomer to New Public Managementin[M]//Uwe Schimank, Stefan Lange. University Governance: Western European Comparative Perspectives. Dordrecht: Springer, 2009: 51-76.

44　姚荣，德国公立大学内部治理结构变革的规律与启示——基于联邦与州层面法律以及相关判例的文本分析[J]，湖南师范大学教育科学学报，2018，17（03）：103-111。

径才能实现"善治"呢？蔡希林认为"治理"是一种比传统的管理更宽泛的概念。聪明的"治理"就是一种"不治理"，这比从上到下的决策更加复杂。它遵循的是利益主体间的妥协、互相竞争、创造一种集体意识、以及包含所有"被治理者"的路径。只有达到这些因素相互间的平衡，才能说实现了"善治"。[45]普罗梅尔（Hans Jürgen Prömel）认为，大学治理的关键是大学的自治，而大学的自治需要外部和内部方面的条件才能实现。外部条件上来说，立法者必须赋予大学自由并保障其发展空间，给予大学信任。同时，只有当大学愿意并能够利用发展的自由空间，自由才会发挥效用。这就要求大学愿意做出改变，通过大学领导以及决策层共同合作来承担更多的责任，这就是大学自治的内部条件。可以看出作者强调院校行政权力对大学治理的作用。[46]奥尔伯茨（Jan Hendrik Olbertz）认为，大学花费和管理数以百万计的公共资金来完成其社会任务。他们花的是纳税人的钱并对其负责。一方面，科学和教学业务的管理和组织必须以民主方式进行，也就是说，它们具有"确定的"过程，但另一方面，它们必须受到专业管理和控制。如果大学或其团体未能认识到这一点，那么大学将失去自治权，并给予了国家干预大学治理的机会。这种趋势在各国最近的高等教育法中已经得到了认可。[47]这说明，当前的院校自治，已经不是单纯的传统上的"教授治校"了，大学需要具有专业管理才能的管理人员才能驾驭大学这个学术组织。因此，行政领导的崛起是大学治理的一大特征。全守杰和王运来分析了德国在新公共管理体制下，德国大学校长的角色变迁。德国政府对大学资金分配方式的转变和社会力量的增强等对德国原有高等教育及其管理协调模式造成一定的冲击，这为加强大学校长的领导权提供了一定的条件。同时，教授主导的各种委员会的权力在一定程度上让渡给大学校长，德国政府通过立法赋予大学校长一定的行政管理权力，德国大学校长的领导权也由此进一步得到了加强。大学校长由原来的"大学符号"变成了"乐队指

45 Lothar Zechlin. Was ist gute Hochschulgovernance? [M]//Pia Bungarten, Marei John-Ohnesorg. Hochschulgovernance in Deutschland. Bonn: Brandt GmbH Bonn, 2015:19.

46 Hans Jürgen Prömel. Autonomie interne und externe Voraussetzungen erfolgreicher Hochschulgovernance[M]//Nadine Poppenhagen. Hochschulgovernance best Prictice Beispiele. Berlin: Konrad-Adenauer-Stiftung e. V., 2016:49-60.

47 Jan Hendrik Olbertz. good Governance und akdemische Selbstverwaltung- ein Widerspruch? [M]//Nadine Poppenhagen. Hochschulgovernance best Prictice Beispiele. Berlin: Konrad-Adenauer-Stiftung e. V., 2016:33-48.

挥"。[48]姜峰也指出，20世纪90年代以来，德国大学校长的重要性进一步凸现，高等教育法规进一步扩大校长职权，大学领导"一元化"进程基本完成，校长和以校长为核心的领导班子集"人财物"权力为一体，校长则成为全面负责的学校法人，处于学校的核心领导地位。[49]这一转变也说明，德国大学的行政权力在加强，更加深入地参与到大学治理中。近年来的一些改革，使行政权力在大学中的作用得到加强，如校长任职年限延长、校长可以由校外非教授人员担任等。可见校长作为行政权力的代表，其在大学治理中的地位逐渐上升，并在未来很可能会继续提高。[50]而孙进教授以柏林洪堡大学为个案，分析了德国大学选任校长的程序。洪堡大学校长选任制度的特点反映出德国大学治理结构的特点：政府放权、大学自治、分权制衡、民主参与以及教授治校。[51]在德国传统的大学管理中，教授代表着学术权力，是大学治理的重要力量。因此，教授群体对于大学治理有着重要的意义。彭媛分析了教授在参与德国大学治理中的角色演变。她将教授参与大学管理划分了五个阶段，这五个阶段中大学教授的权力时升时降，教授参与学校管理的模式经历了从"个人寡头"到"团体管理"的转变，这其中也是一波三折。但可以肯定的是，即使在"团体管理"模式之下，教授关于学术事务方面的权力并没有被削弱，在大学其他事务方面也有投票选举、谏言献策的权力，教授团体依然是大学管理中重要的主体。[52]

而与大学自治相对的就是国家对大学的放权，这体现在国家对大学的管理方式上由以前的细节管理转变到宏观调控上，比如目标协定、战略管理等。兰岑（Dieter Lenzen）指出，受到新公共管理政策的影响，院校的自治被提高到前所未有的高度，特别是受到"卓越计划"的影响，很多学校采取了战略管理的举措。战略管理可以防止组织决策的分散和管理不善，并通过确定整

---

48 全守杰，王运来，从"大学符号"到"乐队指挥"——德国大学校长与大学内外部的关系及其演变[J]，高等教育研究，2013，34（01）：97-102。

49 姜峰，德国大学校长的权限[J]，教育，2013（20）：62-63。

50 张德祥，美、德、日三国大学学术权力和行政权力关系的现状——结构及其运行[J]，辽宁高等教育研究，1998（01）：91-96。

51 孙进，德国一流大学的校长选任制度——柏林洪堡大学的个案分析[J]，外国教育研究，2014，41（02）：78-86。

52 彭媛，德国大学教授参与高校管理的演变[J]，黑龙江教育（高教研究与评估），2015（08）：81-82。

个组织的目标和长期计划来建立组织的一致性。作者以汉堡大学为例，分析了学校管理的四种策略：保护伞战略，即决策只确定一个大概的框架；流程战略，即主要决策者将管理重心放在人才的选拔上，而由这些人进行各个子流程的描述工作；非限制性战略，即允许各个下级组织制定自己的战略；共识战略，为下级组织提供资源支持。[53]博古米尔（Jörg Bogumil）、约赫海姆（Linda Jochheim）和格伯（Sascha Gerber）对目标协定的效果进行了研究。[54]他们通过对大学校长的两次全国性调查得出结论，从大学校长的视角来看，国家和大学之间签订的目标协定并没有满足大学校长们的期望，它既没有提高大学的科研质量，也没有吸引更多的国家财政资助。佐尔纳（Jürgen Zöllner）讨论了治理问题中的学术自治，他在论文中描述了作为公民代表的政治家和作为研究资金接受者的学者之间的基本矛盾。他的研究问题是，追求知识的社会效益是否和学术自由相矛盾。最后文中的结论认为，学者们要意识到，自己有义务关注社会的重大需求，并以一种可以让人听得懂的语言来解释社会。同时，还要赋予大学自由、空间以及时间来发展。大学的发展应该着眼于长远，而不应该短视。自大学民主化浪潮兴起以来，作为外部调控机制主体的大学理事会发挥了管理中的监督和建议作用，起到了校外力量参与大学治理的作用。在《高校理事会作为治理主体》一文中，作者比较了德国各个州的高等教育法对高校理事会（Hochschulrat）的规定，并讨论了高校理事会是否是一个外部利益相关者。最后作者得出结论，能否将高校理事会称作外部利益相关者，取决于各州对"外部"的定义。[55]俞可教授在《在夹缝中演绎的德国高校治理》一文中讨论了德国大学理事会的二十年发展历程，大学理事会的出现使大学的内部治理出现新的力量，但也和原来的权力机构产生矛盾。[56]德国大学治理的举措和机制恰好体现了德国大学治理的特点：地方分

53 Dieter Lenzen. Strategiearbeit einer Hochschule-das Beispiel Universität Hamburg[M]//Nadine Poppenhagen. Hochschulgovernance best Prictice Beispiele. Berlin: Konrad-Adenauer-Stiftung e. V., 2016: 62.

54 Jörg Bogumil, Linda Jochheim, Sascha Gerber. Universitäten zwischen Detail- und Kontextsteuerung: Wirkungen von Zielvereinbarungen und Finanzierungsformeln im Zeitvergleich[M]//Pia Bungarten, Marei John-Ohnesorg. Hochschulgovernance in Deutschland. Bonn: Brandt GmbH Bonn, 2015:36.

55 Otto Hüther. Hochschulräte als Steuerungsakteure? [J]. Hochschulforschung, 2009,(31)2:50-73.

56 俞可，在夹缝中演绎的德国高校治理[J]，复旦教育论坛，2013，11（05）：14-20。
   注：这里的高校委员会就是高校理事会，翻译不同。

权、大学自我管理、校长负责制、利益相关者参与、学术自治五个特点，而这大致符合权力均衡器的模型。[57]

三、研究设计

（一）理论基础

相对于"管理"、"控制"、"统治"等概念，治理还是一个相对较新的概念，但是其应用却已经十分广泛，比如公司治理、政府治理、教育治理、全球治理等。在学界，对于"治理"这一概念还存在着很多争议。治理到底是一种理论，还是一种研究视角？治理是政治学、社会学、还是经济学的概念？可以肯定的是，治理理论或视角是一个跨学科的概念。治理视角的背后意图就是试图弥合各自核心学科之间的分歧，并采取务实的研究立场，聚焦于各个学科的共性，并试图将概念上的独特点理解为相互补充。治理研究尽可能地寻找各学科间的联系并设计更加广泛的分析框架，整合了不同的方法和思想流派，始终以"控制／调控"为研究问题并寻求解决方案，这种努力在教育治理研究中也很明显。[58]本研究中主要运用了新制度主义作为讨论大学治理的变迁路径。此外，"治理"既是多个学科的研究对象，其本身也作为一种理论工具来分析治理问题。

1. 社会学新制度主义和历史制度主义

在社会学中制度思维有着悠久的传统。社会学奠基人之一涂尔干认为社会学就是"制度的科学"。[59]自 20 世纪 90 年代以来，新制度主义理论极大地激发了从事政策分析和教育研究的学者们的想象力，他们的研究领域涉及经济学、政治学、社会学和组织理论。[60]新制度主义肇始于制度主义学派，其革命性的意义在于，它扬弃了早期制度研究中浓厚的学术争辩色彩和规范研究中主观判断所导致的混乱，旨在揭示组织、组织与环境的关系逻辑，使得

---

57 李强，德国大学治理的特点及启示[J]，当代教育科学，2010（01）：40-42。

58 Daniel Houben. Theorieentwicklungen des soziologischen Neoinstitutionalismus und seine Potentiale für die Educational Governance-Perspektive[M]//Roman Langer, Thomas Brüsemeister. Handbuch Educational Governance Theorien[M], Wiesbaden: Springer Fachmedien Wiesbaden GmbH, 2019:47.

59 Raimund Hasse, Georg Krücken. Neo-institutionalistische Theorie[M]//Georg Kneer, Markus Schroer. Handbuch Soziologische Theorien. Wiesbaden: VS Verlag für Sozialwissenschaften | GWV Fachverlage GmbH, 2013:237.

60 海因兹-迪特．迈尔，布莱恩．罗万，郑砚秋，教育中的新制度主义[J]，北京大学教育评论，2007（01）：15-24＋188。

"真实世界"的研究成为可能。[61]新制度主义的发展得益于经济学、政治学、社会学、历史学等学科的跨学科交流，并由此衍生出不同的流派。虽然新制度主义不被视为一种统一的理论，但不同流派的分析起点都是一样的，即都认为制度是人类社会博弈的规则。这些规则存在于社会的各个层面——从世界体系到人际关系——，并有助于减少社会中存在的各种不确定性。新制度主义影响着社会科学几乎所有的概念和分析工具。[62]本书将重点关注社会学制度主义和历史制度主义。在解释制度的起源和变迁时，这两个学派有着相似的分析路径。他们都认为新制度的创立和接纳都是在已经存在的制度的基础上进行的。在制度变迁的过程中，既有的制度环境对形塑新制度有着重要影响。在社会学新制度主义看来，制度环境不是单纯的技术环境，而是综合了法律、文化、共识等复杂因素。历史制度主义则除了制度外尤其关注观念和信仰对新制度产生的影响。[63]此外，在影响结果上，社会学制度主义强调在制度变迁的过程中产生的趋同现象，而历史制度主义则引入了路径依赖的概念，趋同和路径依赖都可以来解释制度变迁中的无效率现象。

（1）制度环境与文化——认知因素

组织的变化和其所处的环境有着直接的关联。因此，制度学派都将组织环境的分析纳入其重点。第一，迈耶（John W. Meyer）提出，许多正式组织结构的形成是由于理性制度规则的影响。这些制度规则构成了组织发展的制度环境，它们起到一种神话的作用，是组织获得合法性和继续生存的前提。所以，许多组织结构的形成，与其说是工作活动的需要，不如说是由于制度神话的影响。所以，不能够孤立地看待组织的产生和发展，而是要将组织的各种行为和它所处的制度环境结合起来。所谓的制度化组织是处于历史影响、社会环境之中的一个有机体。组织的发展演变不是人为设计的结果，而是一个和周围环境相互作用而不断变化的自然过程。[64]第二，制度学派认为，组织环境分为技术环境和制度环境。制度环境包括组织所处的法律制度、文化期

61 郭毅，徐莹，陈欣，新制度主义：理论评述及其对组织研究的贡献[J]，社会，2007（01）：14-40＋206。

62 海因兹-迪特.迈尔，布莱恩.罗万，郑砚秋，教育中的新制度主义[J]，北京大学教育评论，2007（01）：15-24＋188。

63 Petera A. Hall, Rosemary C.R.Taylor. Political Science and the Three New Institutionalisms[J]. Political Studies,1996, XLIV, 936-957.

64 周雪光，组织社会学十讲[M]，北京：社会科学文献出版社，2003：70。

待、社会规范、观念制度等为人们所"广为接受"（taken-for-granted）的社会事实。[65]只有满足了这些"广为接受"的社会事实，组织才具有合法性，并保障其生存。斯科特（Richard Scott）也认为，组织如果想要在他们的社会环境中生存下来并兴旺发达，除了需要物质资源和技术信息之外，还需要其它东西，特别是它们还需要得到社会的认可、接受与信任。[66]这些广为接受的制度环境被认为具有合法性，其合法性也不需要依赖于其对工作产出的影响，[67]即这些制度即使无助于组织的工作效率，也被认为具有合法性。"合法性"（legitimacy）是制度主义理论特别强调的一个概念。"合法性"的概念来源于韦伯。韦伯认为"合法性"之于社会生活十分重要。在韦伯的理性组织中，组织的合法性是来源于组织满足技术环境的要求，即提高效率，按最大化原则组织生产。但是，这种技术理性似乎只是一个理想类型，因为一个组织处在一个被各种制度包围的环境中，单纯地满足技术环境的期待只会忽视了其它制度环境的期待，这必然会导致组织陷入合法性危机，使组织产生动荡，进而影响其获取资源和生存，而更加多元全面的制度环境才能确保组织的合法性。早在 1960 年，帕森斯就强调，组织作为社会系统中的一个子系统，它如果要获得合法性，就必须使其自身的价值系统包含更高层次系统（即社会大系统）的更普遍的价值要义，从而满足自身对社会资源的诉求。[68]这里更普遍的社会价值观就类似于相对于狭窄的技术环境而言的制度环境。

满足制度环境来实现"合法性"在无形之中就为组织施加了压力，促使其按照制度环境去改造自己，而不论这种改造是形式上的还是实质上的。这种制度环境对组织的影响之大，以至于迈耶将其尊为"理性神话"。这种"神话"对于重塑组织有着巨大的影响。

> 这种理性化的制度因素对组织和组织态势（organizing situations）的影响是巨大的。这些规则定义了新的组织态势，重新定义了已有的组织态势，并给出了理性处理每种态势的方法。它们

65　周雪光，组织社会学十讲[M]，北京：社会科学文献出版社，2003：72。

66　张熙，大学组织与制度环境的互构机制分析——新制度主义视域下建设"双一流"的制度过程[J]，高教探索，2016（07）：11-16。

67　John W. Meyer, Brian Rowan. Institutionalized Organizations: Formal Structure as Myth and Ceremony[J]. American Journal of Sociology, 1977,(83)2: 340-363.

68　[美]塔尔科特．帕森斯著，梁向阳译，现代社会的结构与过程[M]，北京：光明日报出版社，1988：18。

使参与者能够并且经常要求他们按照规定的路线组织起来，……社会中理性化制度结构的发展使正式组织更加普遍和复杂。这些制度神话使正式组织更容易创建，也更有必要存在。[69]

早期的社会学新制度主义学者强调制度环境对组织变革的影响，却忽视了制度作为一个集体发挥作用的特征，集体要求个人接受制度使得个人继续能够进入和参与到制度安排之中。[70]因此，越来越多的学者开始对制度理论微观基础进行研究，即强调行动者的认知因素对制度变化产生的影响，拒绝将人过度地社会化，主张将"人"带回制度分析的视域，将环境和组织内能动的个体作为研究制度的不同维度。[71]这种强调对制度的微观基础进行分析的观点和迈耶、罗恩的偏向于对制度的宏观解释形成了鲜明对比。不可否认，外界环境的变化提供了制度变迁的初始动力，但行动者对环境变化的主观理解是制度变迁的真正原因。[72]制度理论家在断言制度影响存在时，要十分明确地注意相关行动者或能动者的作用。[73]

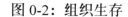

图 0-2：组织生存

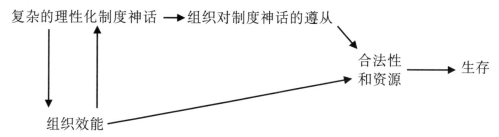

资料来源：John W. Meyer, Brian Rowan. Institutionalized Organizations: Formal Structure as Myth and Ceremony[J]. American Journal of Sociology, 1977,(83)2: 340-363.

---

69 John W. Meyer, Brian Rowan. Institutionalized Organizations: Formal Structure as Myth and Ceremony[J]. American Journal of Sociology, 1977,(83)2: 340-363.

70 Pamela S. Tolbert,Lynne G. Zucker.What are Micro Foundations? Why and How to Study Them?[M]/ / Patrick Haack,Jost Sieweke,Louri Wessel.Microfoundations of Institutions. Bingley: Emerald Publishing Limited,2019: 3-8.

71 杨茹，赵彬，王雁，教师对融合教育的理解与践行：基于社会学新制度主义的分析[J]，教师教育研究，2020，32（04）：96-103。

72 张贤明，崔珊珊，规制、规范与认知：制度变迁的三种解释路径[J]，理论探讨，2018（01）：22-27。

73 [美]沃尔特.鲍威尔，保罗.迪马吉奥主编，姚伟译，组织分析的新制度主义[M]，上海：上海人民出版社，2008：186。

（2）制度趋同

制度环境对组织的影响之大，以至于决定组织的生存。那么制度环境对组织产生了哪些重要的影响呢？迈耶和罗恩写到：

> 与环境的制度趋同对组织产生了至关重要的影响：（a）组织融合进来的要素只具有外部的合法性，而不涉及效率方面；（b）它们采用外部的或仪式性的评价标准来定义结构性要素的价值；（c）组织对外部稳定制度的依赖减少了组织的震荡并维系组织的稳定。因此，制度趋同提高了组织的成功率和生存率。[74]

为了寻求合法性和社会认可度，组织不断融入制度要素、采用外部标准乃至对外部制度产生依赖，这就使组织的行动、结构和做法变得更接近于社会上正确的模式，从而产生了一种现象，即组织之间的趋同。制度趋同是指在相同环境下，某一组织与其他组织在结构与实践上逐渐产生相似性。在组织场域生命周期的起始阶段，它们在形式和架构上还显示出巨大的多样性，但是在场域巩固的过程中，场域内的成员却越来越相似。[75]保罗. 迪马乔（Paul J. DiMaggio）和沃尔特. 鲍威尔（Walter W. Powell）沿着"组织为何越来越相似"的疑问，继续探究了组织同质化的机制。他们总结了三种重要的趋同性机制：强制性趋同（coercive isomorphism）、模仿性趋同（mimetic isomorphism）、规范性趋同（normative isomorphism）。

强制性趋同是指组织受到的正式性的和非正式性的外在压力，它来源自于政治影响和合法性问题，所以其最直接的形式就是法律法规的约束。法律具有强迫性，所有的组织必须遵守，进而使组织行为产生趋同。除了法律法规这种带有国家意志的压力外，一些标准的操作流程、行业规范等也会对组织产生直接压力，譬如一些企业联盟制定的行业质量标准，或者有关学术发表的一些学术制度。如果某家奶制品的蛋白质含量低于行业联盟制定的标准，那么其企业声誉就会受到影响。如果学者投稿的文章格式、术语等不符合发表规范，那么就得不到发表的机会。斯科特更加细微地区分了两种类型的强制输入趋同，即通过权威（authority）方式的强制输入和通过强制权力

---

74 John W. Meyer, Brian Rowan. Institutionalized Organizations: Formal Structure as Myth and Ceremony[J]. American Journal of Sociology, 1977,(83)2: 340-363.

75 Paul J. DiMaggio, Walter W. Powell. The Iron Cage Revisited: Institutional Isomorphism and Collective Rationality in Organizational Fields[J]. American Sociological Review, 1983, 48(2): 147-160

（coercive power）方式的强制输入，[76]比如由国家法律产生的趋同是由于强制权力，而学术规范则更类似于权威方式。模仿性趋同是指组织模仿其它成功组织的做法，进而和成功组织产生同质的现象。模仿来源于组织对于不确定性产生的标准反应（standard response），不确定性是促进趋同的强大动力。当环境出现不确定性时，或者组织自身缺乏明确的目标和手段时，那么他就会根据其它组织来塑造自己。[77]这种对最佳实践（best practice）的模仿可以减少组织的运作成本，提高效率。最后一个机制是社会规范机制，它与专业化相关联。由于接受了专业性的学习或训练而获得了专业规范，这些规范不自觉地指导了个人或组织的行为，使其产生趋同。规范性的制度本来是一种外在于制度成员的客观存在，但经过专业的学习，这些制度规范逐渐被制度成员所内化。[78]在专业化程度越高的组织中，其组织结构越相似，这便是规范趋同机制在发挥作用。

需要说明的是，本研究中探讨的制度趋同是放在国际背景下，研究的是德国大学组织（制度）如何受到国际高等教育环境影响，进而产生了同质性的趋势。而不是讨论德国综合大学间的制度趋同或综合大学和应用科学大学间的制度趋同。所以在强制、模仿和社会期待三种趋同机制中，强制并不适用，而模仿和规范是主要的趋同机制。而在单个国家内的大学组织的趋同过程中，特别在德国，强制性趋同（比如国家法律）则是大学趋同的最重要机制。

（3）路径依赖

路径依赖是历史制度主义代表性的概念，他们在分析制度发展过程中特别强调意外后果和路径依赖。[79]历史事件的发生具有偶然性，很多结构与结果都不是有计划和有意识的产物，而是由于意外和有限选择产生的后果；历史常常不是"高效的"过程，即迅速选择一种最优的成熟方案，而是——

---

76 [美]沃尔特. 鲍威尔，保罗. 迪马吉奥主编，姚伟译，组织分析的新制度主义[M]，上海：上海人民出版社，2008；189。

77 Paul J. DiMaggio, Walter W. Powell. The Iron Cage Revisited: Institutional Isomorphism and Collective Rationality in Organizational Fields[J]. American Sociological Review, 1983, 48(2):147-160

78 张贤明，崔珊珊，规制、规范与认知：制度变迁的三种解释路径[J]，理论探讨，2018（01）：22-27。

79 Petera A. Hall, Rosemary C.R.Taylor. Political Science and the Three New Institutionalisms[J]. Political Studies,1996, XLIV, 936-957.

种相对不确定的和背景依赖性的过程。[80]正如一条道路有许多起点和岔路口，也就是"关键节点"（critical junctures）。在这些路口人们面临着很多选择，但路径的选择并不是确定性的，而是混乱和偶然的，一个微小的事件也可能构成"关键节点"并导致重大的历史转折。这种偶然的关键事件促成了某些制度的确立，而一旦某些制度确立之后，便会利用初始优势并随着时间推移实现稳定的再生产，激发自我强化的正反馈机制，[81]制度就进入了稳定期（见图 0-3）。此时如果再要改变制度，就需要花费巨大的成本，因为占主导地位的既得利益集团会延缓甚至阻碍制度朝着最优方案进化。这也就意味着制度变迁经常需要对不均衡的权力进行重新分配，让社会更加关注被忽视和被压制群体的意见。历史制度主义特别强调现存的制度安排是如何把某些行动排除在"可行系列"（feasible set）之外，协助或促生了某些特定的新行动。[82]此外，由于组织的学习和记忆功能也影响了组织的发展方向。组织的学习过程常常是迷信的，即组织极大地迷信早期成功所依赖的那种偶然的经验，将其奉为皋桌，以至于影响了组织学习其它的创新型经验和技术。[83]路径依赖束缚了组织的行动选择，包括那些长期看来更加有效的选择，并影响着组织未来的行动方向。在治理视角的框架内，历史制度主义特别强调，制度设计既和之前的路径依赖性相关联，又存在着不可预见的长期效应并可能再次导致路径依赖。制度设计既存在过去的阴影当中，又在未来投射了一个长久的阴影。[84]

80 [美]理查德．斯科特著；姚伟，王黎芳译，制度与组织——思想观念与物质利益（第 3 版）[M]，北京：中国人民大学出版社，2010：38。

81 刘宝存，彭婵娟，中华人民共和国成立以来我国来华留学政策的变迁研究——基于历史制度主义视角的分析[J]，高校教育管理，2019，13（06）：1-10。

82 海因兹-迪特．迈尔，布莱恩．罗万，郑砚秋，教育中的新制度主义[J]，北京大学教育评论，2007（01）：15-24＋188。

83 [美]沃尔特．鲍威尔，保罗．迪马吉奥主编，姚伟译，组织分析的新制度主义[M]，上海：上海人民出版社，2008：209。

84 Arthur Benz, Susanne Lütz, Uwe Schimank et al. Handbuch Governance: Theoretische Grundlagen und empirische Anwendungsfelder[M]. Wiesbaden: VS Verlag für Sozialwissenschaften, 2007:170.

图 0-3：路径依赖机制

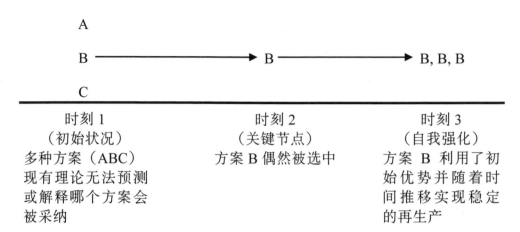

时刻 1 （初始状况）	时刻 2 （关键节点）	时刻 3 （自我强化）
多种方案（ABC） 现有理论无法预测 或解释哪个方案会 被采纳	方案 B 偶然被选中	方案 B 利用了初 始优势并随着时 间推移实现稳定 的再生产

来源：James Mahoney. Analyzing Path Dependence: Lessons from the Social Sciences[M]//Andreas Wimmer, Reinhart Kössler. Understanding Change. London: Palgrave Macmillan，2006:134.

（4）社会学新制度主义和历史制度主义的适切性

迪马乔、斯科特等人都注意到，教育组织面临着强大的制度压力，并在一个高度结构化的组织场域中运行。新制度主义成为研究高等教育机构的一种重要理论工具。作为三大新制度主义流派之一的历史制度主义，引入历史分析方法，重点关注特定的国家制度、福利体制、经济政策和社会变迁等领域，制度变迁研究成为历史制度主要的核心研究途径。[85]新制度主义通过探讨制度中的权力和利益问题，就制度变迁的理论的形式进行了深入的研究。[86]而利用新制度主义社会学中的组织理论又可以探究制度变迁过程中的"变"（制度趋同）与"不变"（路径依赖）及其背后的原因。大学作为一个准公共组织，其自身的变革必然受到环境变化的影响，环境的变化给组织带来了变革压力。鉴于对合法性的追求，大学就要考虑在新的环境中重新形塑自己，获得生存下去的各种资源，比如国家政策支持、学校的声誉、民众的认可、国家财政拨款、社会及校友捐赠的经济资源等。而在形塑自身的过程中，特

---

85 刘圣中，历史制度主义：制度变迁的比较历史研究[M]，上海：上海人民出版社，2010：122。

86 海因兹-迪特．迈尔，布莱恩．罗万，郑砚秋，教育中的新制度主义[J]，北京大学教育评论，2007（01）：15-24＋188。

别是在当前世界高等教育日益全球化的背景下，大学制度在全球内出现了很大的趋同倾向，甚至很多学者认为当前的大学治理出现了一种"全球模式"。但是，由于各国高等教育系统的历史环境和文化制度、以及制度变迁的内在逻辑和推动力量不同，导致制度变迁虽有形式的同质性，但其制度内核仍大不相同，这其中便可窥见路径依赖的影子。本书聚焦于德国大学治理制度的历史变迁，探究了自柏林大学建立以来直到当前德国大学治理制度的建立和变化，这一历史梳理涉及到不同层面、不同维度的治理制度。因此，历史制度主义的历史分析方法是研究大学治理制度历史变迁十分适切的工具。此外，德国大学既是一种制度，也是一种组织。当前，德国大学的制度环境日益复杂，环境和大学的互动处在历史最频繁的时期，政治、经济和社会对大学有了更多的期待，大学处在剧烈的组织变革之中。大学获得了更多的自主权以适应激烈的环境变化，其组织变革受到了国内国际环境的双重影响，从而使德国大学的治理制度出现了和国际大学治理制度的趋同，大学或主动或被动地采纳了诸如新公共管理或曰"新治理"范式的治理制度。但是在新公共管理改革的背景下，必要的变革与大学的传统文化存在着一种紧张关系，这给大学的战略变革过程带来了特殊的挑战，[87]治理改革在出现趋同的同时也存在着明显的路径依赖特征。借助社会学新制度主义，特别是其中的组织理论，可以准确地分析德国大学治理过程中什么样的制度环境导致大学组织的趋同，又是什么力量以及哪些隐形的"制度神话"阻碍着大学治理制度的变化。可见，社会学新制度主义和历史制度主义可以为德国大学治理变迁提供理论支撑。

2. 治理理论

如果评选世纪之交排名前十的学术概念，那么"治理"一定会占有一席之地。[88]在大多数国家，"治理"成为了街头巷尾的时髦词汇。[89]"治理"在德语中并没有一个完全对应或相似的词，如果考虑到其拉丁语（gubernare）

87　Nora Krzywinski. Universitätskultur als kritischer Faktor in strategischen Veränderungsprozessen [M]//Ewald Schern. Management unternehmerischer Universitäten: Realität, Vision oder Utopie. München: Rainer Hampp Verlag, 2014:83.

88　Achim Brunnengräber, Kristina Dietz, Bernd Hirschl et al. Interdisziplinarität in der Governance Forschung, Discussion paper Nr. 14/04 Oktober 2004:4.

89　Harry F. de Boer, Jürgen Enders, Uwe Schimank. Comparing Higher Education Governance Systems in Four European Countries[M]//Nils C. Soguel, Pierre Jaccard. Governance and Performance of Education Systems. Berlin: Springer, 2008:36.

的词源的话，其含义大致为调控（steuern/steer）和统治（regieren/govern）。但是这些与经典的政治学中的概念并没有明显的区别。如果非要从中为治理选择一个对应的德语概念的话，那么就失去了治理内容的完整性和特性。所以在德国的治理研究中学者多直接采用了英语概念 governance，或者衍生出一些新的概念，比如新调控（neue Steuerung）。各国治理的社会背景也有不同，这在实践层面影响着"治理"的模式和路径，从而因为"治理"的研究提供了丰富的可能。在德语学术界的讨论中，作为社会科学概念的"治理"是在80年代末90年代初在政治学领域中首先出现的，它主要讨论在公共管理部门改革过程中国家性质和角色的变化。[90]从 Google Ngram 的统计数据来看，全球关于"治理"的研究也正是大致从上世纪70年代开始逐年增加（见图0-4）。当前，"治理"已成为政治领域和非营利组织关注的重要话题，它甚至在世界银行等机构的贷款标准中占有一席之地。此外，治理话语包括诸多新的方式来思考在公民社会、政治机构和国际舞台上出现的社会协调问题以及管理方式。[91]

图0-4："治理"一词在文献中的时间分布

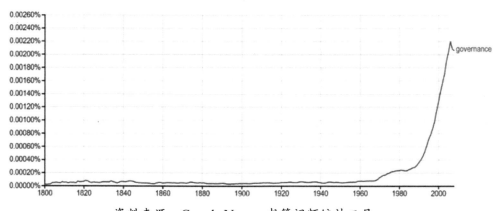

资料来源：Google Ngram 书籍词频统计工具。

（1）治理概念的起源

由于"治理"概念涉及到不同的参与者、不同的层次，因此虽然同为治理，但各个领域的"治理"概念出现时间和背景是不同的。兰格（Roman

---

90　Katharina Maag Merki, Herbert Altrichter. Educational Governance[J]. Die Deutsche Schule, 2015Heft 4:396-410.

91　Mark Bevir. Key Concepts in Governance[M]. London: SAGE Publications Ltd,2009: Preface.

Langer）提出了三个治理概念出现的源头。第一个起源是国家层面的治理。从上世纪 70 年代中期开始，一场发生在主要资本主义国家的经济危机，即"滞胀危机"改变了西方国家管理经济和社会的方式。国际滞胀危机发生的主要原因是由于西方国家加强对经济的干预，采取扩张性的财政政策和货币信用政策以应对经济危机和刺激经济增长，导致货币供应量的增长超过国民经济发展的需要，从而引起持续的物价上涨。为避免滞胀危机的再次发生，政府就应该控制过度干预经济的欲望，平衡货币市场与商品市场之间的供需关系。西方国家政府对此做出的反应就是从 80 年代中期起，美国和主要欧盟国家的基本经济政策从凯恩斯主义、社会民主主义思想转变为自由化思想，即放松对贸易和市场的管制以及进一步私有化，以促进经济增长和创新。政府的角色从事事操心的"大政府"转变为只进行宏观调控的"小政府"，由市场来调节经济，也就是新自由主义的"小政府，大市场"理念。尤其那些国家机构，也运用新的公共管理理念来降低公共部门运行的成本。尽管现在将新公共管理也作为"治理研究"的主题，但它本身也是"治理"概念的来源。[92] "治理"概念的第二起源来自于世界银行的"善治（good governance）"。在世界银行援助发展中国家和新兴国家以及所谓的"失败国家（failing states）"的过程中，为了能使援助发挥更大的效益，就为受援助国制定了一系列政治经济改革的标准和措施，以此作为提供经济援助的条件，来促成受援助国的政治和公民机构实现善治。为了避免政治改革这一提法在意识形态上的敏感性，国际组织选择了"治理"这一替代性用语。"治理"的第三个起源来自于"国际治理"。它一方面涉及到在一系列社会主义国家崩溃之后如何调节国际关系的问题，另一方面，国际社会的发展遇到了全球气候变暖、有组织跨国犯罪等诸多共同难题，这些问题需要各国协调起来进行应对。在这一过程中出现了新的跨国利益主体作为国际事务的重要参与者，比如各种国际组织和区域联盟（欧盟等），也出现了区别于传统国家内部统治的新规制手段。在这一背景下，国际学术界对不存在一个权威主体的问题解决方式产生了浓厚的兴趣，

---

92 Roman Langer. A Multi Purpose Tool? On the Genesis of the "Governance" Concept and some Consequences for theorizing Educational Governance[M]//Roman Langer, Thomas Brüsemeister. Handbuch Educational Governance Theorien. Wiesbaden: Springer Fachmedien,2019:16.

"治理"一词开始作为具有特殊内涵的学术名词出现在国际关系的著作中。[93]到目前为止，这个概念还很模糊，并没有统一的和广泛接受的定义。但通常该概念会和透明、效率、参与、责任、法治等理念结合在一起。[94]在三种治理起源中，被认为和教育治理最相关的是第一个，即教育领域的新公共管理。由于全球化的发展，国际经济竞争日趋激烈。为了和新兴发展中国家，比如中国等竞争，发达国家必须要提高自己的竞争能力以保持并扩大自己的优势地位。而由于发达国家大多是原材料匮乏的国家，因此其核心竞争力在于其经济和技术创新能力。这些都要求有合格的创新型人才，所以培养创新型人才的任务自然落在了中学和大学身上。但是直到 90 年代，德国学校和大学由于其官僚作风并没有满足社会的需求。其培养的学生不能满足全球化竞争的需求，因此大学和中小学要进行全面的改革。这些改革的动机并不是来源于学校内部，而是来自国家的要求。[95]当然由国家层面的善治也衍生出"学校的善治"，以及全球治理也涉及到教育的全球治理。

无论在治理的哪种起源中，国家的角色都发生了改变，无论是强制的还是主动的，责任、处置权和行动能力从国家"上移"（转移到政府间的、国际的、跨国和全球的）、"下移"（转移到区域的、大城市和地方的）和"横移"（移交给私人的和民间社会的）到其它利益相关者。这些利益相关者正越来越多地享有以前只有国家才有的权力和权限，这使他们能够参与制定、执行一些有集体约束力的、有效的行为控制规则甚至国家的法律和条例。由于这种权力转移的趋势，民族国家正在失去其以往的重要性。政府和行政部门越来越被迫与私人的、跨国的、地方的利益相关者进行协调合作。国家因此转变为一种由国家的和公民社会的利益相关者组成的没有主权控制者或规制者的集合。[96]这种从 government 到 governance 的转移在欧美话语中被称为

93 田凯，黄金，国外治理理论研究：进程与争鸣[J]，政治学研究，2015（06）：47-58。

94 Barbara M. Kehm, Marek Fuchs. Neue Formen der Governance und ihre Folgen für die akademische Kultur und Identität[M]//Ute Clement, Jörg Nowak, Christoph Scherrer et al. Public Governance und schwache Interessen. Wiesbaden: VS Verlag für Sozialwissenschaften, 2010:75.

95 在德国，国家是教育治理中的重要主体，因为教育经费主要来源于财政拨款。

96 Rhodes, R. A. W.. Understanding governance，转引自：David Levi-Faur，From Big Government to Big Governance？Working Paper No. 35, July 2011，p.12.

"掏空国家"（hollowing out of the state）。

（2）治理概念的应用方式

社会学中的概念总是和现实有着双重关系:他们代表着某种可以理解、解释现实的观点或视角，同时他们也是现实的一部分，并通过其功效影响个人、团体或者组织的行为。[97]这一点也适用于对"治理"概念的讨论。在社会学中，理论模式的功能可以分为"分析性适用"和"规范性适用"。前者主要指将该理论作为一种理性建构的分析工具，它既可以为研究者提炼经验素材提供参照，又可以作为比较对象。后者则带有强烈的行动或政策导向，意为将该理论模式直接应用于社会现实。二者在逻辑理路上是有区别的，而实际上又是交织在一起的。从分析性适用开始，若该理论与经验现实具有一致性，则很可能转为规范性适用。当然，如果在适用中存在偏差，转变则会变成以理论套现实。[98]正如斯托克所观察到的，"治理"理论并不满足于解释现有的政治制度和管理方式，它的目标在于塑造政策议程并提供前瞻性的指导方案。这里的解释性功能表达的就是"治理"的分析性概念，而塑造议程和指导方案就是规范性概念。[99]这也正如米勒（Mürle）根据治理是服务于实证性的可观察的现象分析（事实分析 Ist-Analyse）还是服务于直接的政策建议（理论定义 Soll-Definition）而区分了不同的治理方法，[100]即"治理"既是一种分析性概念，也是一种规范性概念。作为一种分析视角，"治理"的观点首先在经济学、后来在政治学中出现。这种分析方法的核心是在制度化的规制结构及其对行为者的影响方面分析社会系统的协调和控制机制。从这个意义上讲，规制结构包括市场、科层管理、多重规制等。作为一种以利益相关者为中心的控制范式，治理视角更加关注制度性结构。而从规范概念的角度来看，"治理"本身是价值无涉的，没有自动的规范性内涵，它涉及的是一种协调和规制机制（how）。但是鉴于"治

---

97 Arthur Benz, Susanne Lütz, Uwe Schimank et al. Handbuch Governance: Theoretische Grundlagen und empirische Anwendungsfelder[M]. Wiesbaden: VS Verlag für Sozialwissenschaften, 2007:9.

98 魏崇辉，当代中国公共治理理论有效适用的过程意义、认知塑造与体系构建[J]，行政论坛，2016，23（02）：38-42。

99 李泉，治理理论的谱系与转型中国[J]，复旦学报（社会科学版），2012（06）：130-137。

100 Sebastian Botzem. Governance-Ansätze in der Steuerungsdiskussion[EB/OL][2021. 04.15]https://www.econstor.eu/obitstream/10419/44045/1/370780744.pdf

理"对人类和环境发展的重大影响，应设法确定在特定背景下评估治理的一些基本标准。也就是说，我们不仅要考虑"治理"的手段，还要考虑是否需要"治理"（whether）。特别是在善治（good governance）理念中，何为善，这就需要一套评价标准，就涉及到了"治理"的规范性。如果考察"治理"概念的规范性应用，就要特别提到两种理解方式。一种是应用于为了改善国家以及国际政治系统的统治方式，在政治实践中采用了这一概念，以期改善国家和国际政治制度中的治理以及减少国家控制和服务，从而鼓励私人或公民社会的参与。一种就是在行政管理中，"治理"代表着一种行政管理的变革，此时"治理"区别于新自由主义的以及管理主义导向的行政管理，而是更加强调社会利益相关者的参与，从而依赖网络化的治理形式。[101]

表 0-1：治理概念的应用领域

部门治理	善治	公司治理	公共 / 行政治理
- 聚焦单独的（经济）部门 - 环境政策 - 能源政策 - 健康政策 - 科研政策	- 发展政策的条件/标准 - 法律法规 - 参与的可能性 - 民主 - 公共部门和服务部门的私有化 - 性别平等	- 有效的公司领导 - 对股东透明 - 公司法规 - OECD 指导方针 - 社会及环境标准	- 简化官僚程序 - 利益相关人的加入 - 拉近与公众距离（neue Bürgernähe） - 预算 - 以组织间解决问题为导向

资料来源：Achim Brunnengräber, Kristina Dietz, Bernd Hirschl et al. Interdisziplinarität in der Governance-Forschung, Discussion paper Nr. 14/04 Oktober, 2004, p.6

（3）"治理"理论对研究大学治理的适切性

"治理"既是一种规范性、也是一种分析性的工具。但当前很多学者倾向于，不把教育治理中的"善治"作为一种规范性的定义，因为不能确定新的治理模式一定是优于旧的模式，而是认为"治理"提供了一种分析治理现状和变迁的一种工具。在"治理"理论的三个起源中，其中的公共机

101 Michael Jaeger, Michael Leszczensky. Governance als Konzept sozialwissenschaftlicher Hochschulforschung -am Beispiel neuer Modelle und Verfahren der Hochschulsteuerung und Finanzierung[J]. HSW. 2008(1):17-25.

构的治理改革尤其适用于分析大学治理改革。德国大学既是法人社团，也是国家机构，其治理方式正经历着急速的变化。运用治理理论，可以理解德国大学治理的手段、机制以及协调过程，这些对大学治理改革有着指导作用。

（二）分析框架

本研究以希曼克等学者的"治理均衡器"为分析手段，首先分析影响大学治理的利益相关者和治理机制有哪些。治理均衡器理论是由克拉克经典的学术组织权力三角模型演化而来，将大学治理机制分为五个维度：国家控制（调控）、外部利益相关者调控、学术自治、行政调控、竞争。而这五种机制对应的利益主体为国家、大学外部利益相关者、学术团体、大学领导、市场。通过这五个治理主体的参与程度和相互关系，德国大学治理可以分为三个模式："文化国家观"下的双元控制模式（1810 年-1976 年）；民主参与理念下的利益群体共决模式（1976 年-1998 年）；新公共管理主义下的大学共治模式（1998 年-至今）。

在研究大学治理时，通常会区分内部治理和外部治理。这是因为，首先内部治理和外部治理的逻辑和手段是不同的。其次，"治理"还涉及到大学系统和国家、社会等其它系统的关系问题，尤其"治理"的视角更是涉及到多元主体和多层次的共治问题。内部治理是指微观层面的治理，是机构内部的治理，负责确定机构内部的程序，例如：决策过程、资金、人员安排、人员权限等。外部治理是指系统治理，涉及宏观层面的制度安排，例如：法律法规、资金来源、质量评估等。这两个方面结合协调，形成了高等教育治理结构。在这一超级结构下存在着各种规章制度和政策安排，规定了各种利益主体的权利和义务以及它们相互关系的性质。[102]而"治理均衡器"模型的五个维度同时涵盖了外部治理和内部治理两个层面，国家调控和外部利益相关者属于外部治理层面，学术自治和行政自主调控则涉及大学内部治理，而竞争则既涉及到大学内部成员间的竞争，也涉及到大学之间的竞争，所以涵盖了内外部治理两个维度。

---

102 Nitza Davidovitch ， Yaakov Iram. Models of Higher Education Governance: A Comparison of Israel and Other Countries[J]. Global Journal of Educational Studies. 2015, (1)1:16-44.

图 0-5：本研究分析框架（自制）

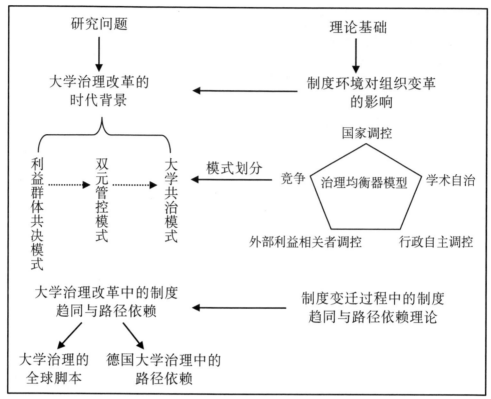

通过"治理均衡器"可以全面地分析不同时期德国大学内外部治理结构。相较于本文提到的其它治理分析模型，"治理均衡器"维度区分更加细化，并融合了治理主体和治理机制，因此是分析大学治理的适切工具。虽然希曼克等人是在新公共管理的视角下分析了包括德国在内的四个国家治理现状，但其同样可以用来进行大学治理历史的分析。本研究通过不同的治理维度在不同历史时期所占的比重，将自洪堡大学建立以来的德国大学治理划分为三个历史阶段（具体划分依据请看第二章第三节）。

第一章 大学治理机制、理想类型和德国大学治理模式

治理是学术界一个时髦概念，但在不同学科、不同领域尚有不同的概念解读和分析范式。"治理"研究涉及的是一个多主体、多层面的协调机制，这就为分析治理问题带来了难度。尤其本书还涉及不同历史阶段的大学治理，这里又涉及到管理学方面的概念转换，正如希曼克说到，以前人们谈论计划（Planung），然后是调控（Steuerung），现在是治理（Governance）。[1]因此，为了更好地了解德国大学治理问题，需要借助一些大学治理机制和分析大学治理的经典模型。

第一节 四种基本大学治理机制

治理涉及到权力和权威，谁拥有它，谁不拥有它，它是为谁的利益服务的。更具体地说，治理是组织在分配和管理资源时行使权力和权威的协调方式。[2]那么大学治理中存在着哪些传统的协调方式呢？在关于"治理"的政治学中，存在着三种基本的协调方式，即在纵向上的科层制和横向上的竞争和集体行动（共同体）。科层制适用于存在上下级关系的利益主体，而竞争和集

---

1 Otto Hüther. Von der Kollegialität zur Hierarchie? Eine Analyse des New Managerialism in den Landeshochschulgesetzen[M]. Wiesbaden: Verlag für Sozialwissenschaften, 2010:86

2 Garry D. Carnegie, Jacqueline Tuck. Understanding the ABC of University Governance [J]. The Australian Journal of Public Administration, 2010, (69)4:431-441.

体行动则适用于同等级别的利益相关者。除了等级制、竞争、集体行动（共同体）这三种最基础的协调机制外，社会治理中还有另外一种治理机制——协商制。

一、基于共同体的合议机制

在社会学的视野下，1887 年，滕尼斯（Ferdinand Tönnies）出版的《共同体与社会》提出并阐释了"共同体"与"社会"这两个对立性概念。[3]共同体是指具有特定的共性（宗教、价值观、习俗等）或身份认同的社会单位。不论是从由自然形成的"原始共同体"到现代意义的"当代共同体"，都具有共同目标、身份认同和归属感的基本特征。所以社会治理共同体是一个价值共同体、目标共同体和利益共同体。[4]在社会治理层面，共同体是一个广泛的概念，在大学治理中，我们可以将"共同体"理解为教授共同体、学生共同体或者所有大学成员所构成的一个大学场域内的之于外部利益相关者的共同体。

大学自降生以来就被认为是学者和学生的共同体。1962 年，托马斯·库恩提出了基于范式（知识）和理性关系的"学术共同体"的概念，[5]定义了大学场域内的共同体。在德国大学治理传统下，学者共同体（community of scholars）作为一种合议型自治组织（Kollegiale Selbstorganisation）扮演着重要的角色，基于共同体的合议治理机制是和作为制度的大学联系最紧密的一种协调方式。卢塞恩大学教授施迪希伟（Rudolf Stichweh）教授认为，"德国大学"不仅是世界社会中某一特定地区的大学的名称。"德国大学"更是一种独特的制度，这种制度具有明显的一致性和连贯性，因此可将其作为一种分析模型，并与大学的其他历史类型进行比较。[6]作为制度的大学（Hochschule als Institution）联结着大学成员共同的价值和规范，特别是教学和研究的学术

---

3 范逢春，张天，国家治理场域中的社会治理共同体：理论谱系、建构逻辑与实现机制[J]，上海行政学院学报，2020，21（06）：4-12。

4 刘琼莲，国家治理现代化进程中社会治理共同体的生成逻辑与运行机制[J]，改革，2020（11）：147-159。

5 Arthur Benz, Susanne Lütz, Uwe Schimank et al. Handbuch Governance: Theoretische Grundlagen und empirische Anwendungsfelder[M]. Wiesbaden: VS Verlag für Sozialwissenschaften, 2007:84.

6 鲁道夫·施迪希伟，刘子瑜，德国大学的制度结构[J]，北京大学教育评论，2010，8（03）：40-50＋188-189。

自由以及集体团结这些核心价值大学理念。[7]在这种制度模式下，自治参与者（个人和层级单位，例如研究所，学院等）彼此协调其决策和行动。协调和协商一致的决定基本上基于共同认可的具有规制功能的质量标准、规范和价值观。这些标准、规范和价值观等构成的大学制度并不像法律或者章程那种做出明确规定的制度，而是作为一种隐性的"软治理"手段，所以合议型组织方式经常要采用非正式的流程以及利益主体间内隐的共识（Einverständnis）。[8]其运作逻辑也不是像科层制中依靠命令和服从，而是在决策时或出现冲突时尽可能寻求一致的解决办法。[9]所以个体的行动就紧紧地和共同体联系在一起，并为追求共同体的总体福祉而努力，且这种努力并不太多涉及到物质利益，而是共同体成员感情上的共鸣和连接，所以团结、归属感、彼此尊重和信任等感觉是激励成员为集体奋斗的重要因素。在德国大学治理中，传统的教授合议自治是其"官僚——学术寡头"治理模式的重要手段之一，并以其寻求一致、互不干涉等潜规则维护着共同体的长期统治。即使在"群体大学"形成之后，"共同体"的范围扩大，但其合议制的属性仍然存在。可以说，相对于科层制、竞争以及协商机制，共同体的学术自我治理是德国大学治理中最主要的机制。

二、市场竞争机制

国家和市场是社会治理中两个重要主体。在新古典理论中，市场竞争被认为是和国家的官僚控制方式所冲突的。市场意味着由竞争替代等级控制，价格调控替代国家计划，彼此依赖的利益相关者关系替代上下级关系。[10]自由市场也意味着国家并不以直接或间接的方式干涉市场交换。但在实践中，国家一直扮演着重要的治理角色，国家和市场都以不同的手段执行不同的任务，尤其在公共服务领域，国家一直占据着主导地位。但是随着新公共管理主义的传播，人们认为在公共部门出现了"政府失灵"，官僚等级制度受到越来

7　Wissenschaftsrat. Empfehlung zur Hochschulgovernance[R]. Hannover: Wissenschaftsrat, 2018:7.

8　Wissenschaftsrat. Empfehlung zur Hochschulgovernance[R]. Hannover: Wissenschaftsrat, 2018:50.

9　Tanja Klenk, Frank Nullmeier. Public Governance als Reformstrategie[M]. Düsseldorf: Hans-Böckler-Stiftung,2004:38.

10　Tanja Klenk, Frank Nullmeier. Public Governance als Reformstrategie[M]. Düsseldorf: Hans-Böckler-Stiftung,2004:30

越多的质疑，新的治理方式也应运而生。改革者试图用市场和后来的网络治理取代官僚制度。一些公共服务已经被转移给私营部门，或者公共服务机构采取私营部门的经营方式。原来的组织等级链已经被新公共管理打破。[11]随着新公共管理改革的推进，市场机制在作为一种重要的社会治理机制的同时也日渐成为一种重要的国家调控机制。市场机制的核心是竞争，但在公共部门中，供需关系通常并不会产生竞争。因此国家运用其掌握的行政权力创造一种准竞争机制，来决定资源的分配并提高公共服务部门的效力。[12]相比于官僚控制，竞争可以保障绩效的透明，实现了对结果和绩效的量化评价，并对利益相关者产生一种激励作用，激发其创新能力和适应能力。[13]

在教育领域，竞争机制是指将物质资源（经费、教学用地、教学科研设备等）和象征性资源（声誉和知名度等）根据绩效表现按一定规则分配给个人或机构。资源的分配基于广泛共享的质量标准和同行的评估。传统上，学者们在自己的学术共同体内争夺知名度和声誉一直是一种重要的竞争方式，它规范着学者的行为并影响着学者的职业晋升。[14]而进入 20 世纪 90 年代以来，政府使用竞争性程序分配了越来越多的财务资源。[15]相比于传统的发生在学者之间的对学术声望的竞争，在公共管理或新调控模式之下，学者之间、学院之间、大学之间等不同组织单位之间也存在着竞争，这些竞争甚至穿越国境扩散至地区乃至国际层面，譬如国际大学排名。教育经费的绩效分配，"卓越计划"、大学排名以及第三方经费等竞争机制推动着大学改革。

三、协商机制

协商（Verhandlung）是指具有平等权利的行为者之间的社会互动模式，

11 Mark Bevir. Key Concepts in Governance[M]. London: SAGE Publications Ltd, 2009:102.

12 Edgar Grande, Dorothea Jansen, Otfried Jarren et al. Neue Governance der Wissenschaft: Reorganisation - externe Anforderungen - Medialisierung[M]. Bielefeld: transcript Verlag, 2014:52.

13 Tanja Klenk, Frank Nullmeier. Public Governance als Reformstrategie[M]. Düsseldorf: Hans-Böckler-Stiftung,2004:31.

14 Gerber Sascha, Jochheim Linda. Paradigmenwechsel im Wissenschaftswettbewerb? Umsetzungsstand und Wirkung neuer Steuerungsinstrumente im deutschen Universitätssystem[J]. Die Hochschule: Journal für Wissenschaft und Bildung, 2012, (21) 2: 82-99.

15 Wissenschaftsrat. Empfehlung zur Hochschulgovernance[R]. Hannover: Wissenschaftsrat, 2018:50.

这些行为者通过直接交流彼此的需求和观点来就资源分配、遵守的规则以及各方的权利和义务等事项达成共同的具有约束力的协议。这种行动协调形式在社会、经济和政治的许多领域都至关重要。协商作为一种治理方式，其存在着一种互动结构，在这种结构中，各利益主体虽然在地位和资源方面存在差异，但其谈判地位是平等的，因为他们拥有同等的沟通和决策权力。[16]因此这种机制被梅茨（Renate Maytz）称为一种"处在等级制影子中"（im Schatten der Hierarchie）的治理机制，因为虽然存在等级，但是人们首先尝试进行协商，而不是以命令的形式以达到共识。[17]与合议组织形式的共同体方式相反，在协商中，各方达成共识并不是基于公共的规范或者价值观，而是通过不同利益之间的平衡来实现的。而保障利益的平衡则是通过协议所具有的针对所有协商主体的约束力，比如合同或者条约，这也是协商机制能够达到效力的前提。之所以协议具有约束力，是因为协议中会规定行动主体的义务，并规定了不履行义务的惩罚机制。惩罚机制保障了协议的效力。但是协商机制的一个缺陷是效率问题。在协商过程中，利益主体的数量是一个关键的变量。如果参与的人数过多，那么需要考虑的利益因素增多，且出现反对票的情况增加，那么达成协议的可能性也会相应降低。[18]这也解释了为什么协商过程不适合来讨论一些根本性的变革，协商中太多的反对票会导致一种维持现状的出现，阻碍改革的发生。协商也不利于适合做出一些快速的决定，因为协商的过程需要大量时间。[19]那么解决这个弊端的办法就是尽量减少参与协商的人数，通过选派不同利益群体的代表来参与协商。[20]

16 Arthur Benz, Susanne Lütz, Uwe Schimank et al. Handbuch Governance: Theoretische Grundlagen und empirische Anwendungsfelder[M]. Wiesbaden: VS Verlag für Sozialwissenschaften, 2007:106.

17 Lothar Zechlin. Was ist gute Hochschulgovernance? [M]//Pia Bungarten, Marei John-Ohnesorg. Hochschulgovernance in Deutschland. Bonn: Brandt GmbH Bonn, 2015:18.

18 Otto Hüther. Von der Kollegialität zur Hierarchie? Eine Analyse des New Managerialism in den Landeshochschulgesetzen[M]. Wiesbaden: Verlag für Sozialwissenschaften, 2010:99.

19 Otto Hüther, Georg Krücken. Hochschulen —— Fragestellungen, Ergebnisse und Perspektiven der sozialwissenschaftlichen Hochschulforschung[M]. Wiesbaden: Springer Fachmedien, 2016:36.

20 Otto Hüther. Von der Kollegialität zur Hierarchie? Eine Analyse des New Managerialism in den Landeshochschulgesetzen[M]. Wiesbaden: Verlag für Sozialwissenschaften, 2010:97.

在大学治理领域存在着不同层级的不同利益主体，协商机制也成为不同利益主体实现其利益的重要手段。比如，在府学关系上，传统的官僚等级关系日益转向双方平等的伙伴关系，这也就为双方协商机制提供了可能。譬如州政府和大学在签订目标协定时，政府放弃了制定目标的传统权威，而是和大学进行平等协商，规定双方需要完成的目标以及奖惩措施。在大学内部治理中，上世纪60年代后的德国群体大学在内部治理中就是典型的协商制。由教授、学术中层人员、非学术员工、学生四个群体派代表参与到学校各级决策机构中。协商原则体现了民主原则，但也影响了大学的决策效率，阻碍了大学改革，使德国大学成为新公共管理改革中的"后来者"。在大学内部治理中，以协商为主的评议会的权限日益缩小并转移至大学校长身上，就是为了提高大学治理效率而采取的举措。

四、科层制

科层制（亦称官僚制）是韦伯（Max Weber）提出的重要组织形式之一。在这种形式中，具有不同职能的人处在垂直结构的不同位置中执行自己的任务。这种垂直的金字塔结构通常由位于顶部的单个／一组权力和位于其下面的后续权力级别组成。这是大型组织中主要的组织模式，尤其是官僚机构中。科层制度正如一个阶梯，每个台阶代表组织的一个层次，而这些层级形成一个上升链。权力和权威在这条链条上来回流动。上层的人有权把任务交给下面的人。即使下层的人在执行任务时有一定的裁量权，他们最终也要对上层的人负责。[21]很长时间，科层制都被认为是一种执行复杂而重复的任务的理想组织类型，它可以将组织中复杂的工作流程和决策流程结合起来，提高组织效率。通过这种上下级的等级关系，科层制减少了不确定性，并节约交易成本，提高组织效率。从社会治理角度而言，科层干预能够将自私的利益相关者的利益转化为谋取社会总体福利的总体利益。国家的等级干预可以实现社会福利最大化。[22]譬如，在大学职能的发展中，国家对大学使命的定义确保了大学在保障学术自由的同时又要满足对社会的贡献。但是，进入20世纪90年代以来，随着新的治理机制的出现，关于科层制是否仍然适用的争论不断

21 Mark Bevir. Key Concepts in Governance[M]. London: SAGE Publications Ltd,2009:100.
22 Tanja Klenk, Frank Nullmeier. Public Governance als Reformstrategie[M]. Düsseldorf:Hans-Böckler-Stiftung,2004:28.

出现，但是需要强调的是，具有等级特征的科层制仍然在公共部门占据主导地位，市场和网络治理机制等通常在科层制的阴影下运作。

在大学治理中，科层制是一种重要的规制手段，不同层级的利益主体负责制定大学治理方面的规则以及战略性决策，这些规则和决策对相关人员具有广泛的约束力。科层制一方面与府学关系有关，尤其在德国，政府作为大学的举办者，和大学具有明显的等级关系，因此呈现出一种明显的官僚治理特征，比如高等教育法、政府决议等法律法规以及具体到政府向大学派驻总务长（Kanzler）。另一方面与大学内部权威结构有关，[23]大学或系部领导与学者之间可以存在等级关系，行政部门和大学学术成员之间也存在等级关系。首先，行政部门是学者的服务单位。但是，在许多情况下，为了必须确保流程的合法性就需要对学术人员行动自由有所限制。[24]需要注意的是，等级并不是传统上的那种具有权力依附关系的、依靠权力、财富等不平等关系的等级，这里的等级形成主要是取决于专业技术形成的专业权限。所以在大学内行政人员和学者的等级关系并不是指行政人员是学者的领导。且大学是一个松散耦合的学者型组织，其等级关系相对于其它组织并不突出。

这四种治理机制是当前德国大学治理最常见的机制，在不同的治理层面和不同的历史时期，某种机制占据主要地位，其它治理机制为辅。历史上，科层等级和合议自治（共同体）占据主导地位，在群体大学中，协商制成为大学内部治理的主要手段，但从改革的趋势来看，竞争机制和官僚等级将会得到强化。

第二节　大学治理的理想类型

"治理"是一种和组织相关的、制度性的方法，政策制定者尝试借助这种方法来影响各个高等教育机构的行为，以实现某些政治目标。关于治理的研究主要集中在三个方面：（a）治理主体／利益相关者；（b）治理结构（等级结构或网络结构）；（c）治理机制／手段（例如官僚法规、机构自治、激励、

---

23 Otto Hüther. Von der Kollegialität zur Hierarchie? Eine Analyse des New Managerialism in den Landeshochschulgesetzen[M]. Wiesbaden: Verlag für Sozialwissenschaften, 2010:103.

24 Wissenschaftsrat. Empfehlung zur Hochschulgovernance[R]. Hannover: Wissenschaftsrat, 2018:51.

竞争)。在不同国家或者不同大学中,其治理过程中由谁来进行决策、形成了怎样的治理结构、使用哪些治理手段,这些不同机制和其形成的机构就构成了不同的治理模式。针对治理模式的划分,不同学者依据不同的标准也区分出各自的理想治理类型。在研究高等教育治理的文献中,第一个、也是最有影响力的研究大学治理结构模型的学者就是伯顿.克拉克先生。他在 1978 年出版的《学术权力—七国高等教育管理体制比较》一书中,根据 10 种学术权力概念的区分和地位,划分了四种不同的学术权力模式,即欧洲模式、英国模式、美国模式和日本模式。在 1983 年出版的《高等教育系统—学术组织的跨国研究》,克拉克又提出了著名的"权力协调三角模型",该模型成为研究大学系统、大学治理、大学权力等问题的重要理论工具。1998 年,在"三角模型"基础上,克拉克又添加了大学行政领导作为大学治理中的又一重要力量(见图 1-1)。另一个经常被引用的治理模型分类是范伍特(Frans van Vught)的二分法,他将克拉克的协调三角关系简化为国家和高等教育机构之间的二维关系,区分了"国家控制模式"和"国家监督模式"。卡姆(Ruth Kamm)和科勒(Michaela Köller)在大学治理手段的系统化基础上区分了两种核心模式:企业管理模式和官僚-寡头模式。按照地域特征,这两种模式也常被称为"欧洲大陆模式"和"英美模式"[25]。当前,分析大学治理的一个重要工具是希曼克等人的治理均衡器模型(Governance-Equalizer)。

图 1-1:克拉克的大学治理模型

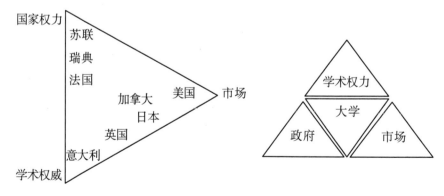

来源:[美]伯顿.克拉克,王承绪译,学术组织的跨国研究[M],杭州:杭州大学出版社,1994:159。

---

25 Ruth Kamm, Michaela Köller. Hochschulsteuerung im deutschen Bildungsföderalismus [J]. Swiss Political Science Review 2010,(16)4: 649-862.

一、克拉克的三角协调模型

克拉克首先以国家和市场这两个传统的协调机制区分了一些国家的治理模式，在国家体制中和市场体制中，瑞典和美国作为两个极端，瑞典具有范围最广和最严密的国家协调体制，美国则是最具自主选择和市场交换特征的制度。在这两种基本的高等教育体制中，还存在一种由学术权威进行协调的机制并在某些国家高等教育系统中占据重要地位，因此在二元划分基本上又添加了学术权威作为治理的主体，形成了著名的"三角协调模型"。三角形的每一个角代表一种形式的极大值和另外两种形式的极小值，三角形内的位置表示这三种形式在不同程度上的组合。苏联是国家权力超越学术权威和市场调节最纯粹的例子，意大利则处在学术权威治理的极端位置，因为在全国具有威望、权力强大的学术权威们对大学的影响力远胜过软弱无能的官僚机构。而位于"三角模型"另一极的是美国，在美国主要由市场机制来调控高等教育系统，高级教授在大学的高级管理方面乃至全国的高等教育系统中都没有什么影响力，国家对高等教育的影响也非常小。大部分国家的高等教育系统并不是位于某个极端，而是位于三角形中点的左边，三种协调机制混合作用于高等教育系统。借助克拉克的经典权力分布三角理论，大学治理模式可以分为三种理想类型：国家主导型、市场导向型、学术自治型。而每种治理模式下的具体治理手段则呈现各自的特点（见表 1-1）。

表 1-1：高等教育治理的三种理想型

	国家中心型模式	市场导向型模式	学术自治模式
总体高等教育安排			
主导的决策者	国家	大学管理层（＋外部利益相关者）	学者共同体／讲座教授
主导的管理手段	官僚式	战略式、企业式	合议式
入学条件设置	国家	大学管理层	国家／大学（协商）
控制／评估	教育部	认证和评估	大学自我评估、学术同行
控制对象	学术流程	学术产品的质量	科研产出的质量、出版物
何时评估	事前	事后	非系统化的
国家控制手段	系统设计	鼓励竞争、质量提升	法律、经费

财政治理			
主要的经费来源	国家(大学预算也是国家预算的一部分)	来源多且呈现竞争性	国家(大学自己的财政预算)
国家资助方式	分项目(大学预算自由度低)	总体预算	混合型(大学预算自由度高)
资金分配方法	以投入为基础(国家规定目标)	基于输出(大学制定目标)	以投入为基础(目标由国家和大学协商)
人事自主权			
招聘高级别学者	国家任命	由高级教职工和大学管理层直接选举产生	教授委员会选举
校长的专业背景	公共行政	管理型	学者/讲座教授
学术员工参与行政管理	有限	中等	高

资料来源：Michael Dobbins, Christoph Knill. Reformen der Hochschulsteuerung in Deutschland: Vom Humboldtismus zum „gezähmten Markt"? [M]//Josef Schrader, Josef Schmid, Karin Amos et al. Governance von Bildung im Wande. Wiesbaden: Springer Fachmedien, 2015:179.

二、范伍特的二分治理模型

范伍特在 1989 年也提出了一种重要的大学治理分类模型。他将克拉克的三角模型简化为国家和高等教育机构之间的二维关系。[26]范伍特根据国家对高等教育机构的影响大小来区分两种不同的治理模式：国家控制模式（state control model）和国家监督模式（state supervising model）。国家控制模式普遍存在于欧洲大陆。欧洲大陆上的大学多是由国家创办并由国家提供经费，政府既是大学的创办者，又是强有力的监督者。国家控制的逻辑在于对高等教育系统实施强力的细节控制，教育部规定了入学条件、课程、学位要求、考试制度、学术人员的任命、大学的内部结构等。因此这种模式也被称为"理性计划和控制"模式。而"国家监督模式"则以美国和英国为代表，在这种模式中，国家扮演着非常小的角色，国家只把监督高等教育系统以保证学术质量和保持一定程度的问责制视为自己的任务。政府不通过细节规制和严苛控制来干预大学治理，而是进行远程调控（steering at a distance），尊重高等

---

26 Paulo Santiago, Karine Tremblay, Ester Basri et al. Tertiary Education for the Knowledge Society[M]. OECD Publishing,2008:69.

教育机构的自主性，激发这些机构的自我调节能力。因此这种模式也被称为"自我管理"模式（self-regulation）。在以国家影响为讨论维度时，范伍特也没有忽略学术权威和市场的协调作用。在"国家模式"中，学术权威常常和国家官僚机构结合构成权力结构，在大学内部治理中代表高级教授群体的利益。而市场调节不同于"国家监督模式"之处在于，国家在为市场调节留出了充足的空间，但是也强调了政府的开明监督，而不是放任完全由市场调控，因为高等教育系统是否应该完全由市场来调节仍然存在着诸多争议。[27]

三、布朗的治理立方体模型

迪特马尔．布朗（Dietmar Braun）在分析克拉克和范伍特在的基础上，开发出了一种治理立方体的模型，从而定义了一种新的大学治理模式：新管理主义模式。[28]布朗首先引入了罗伯特．贝尔达尔（Robert Berdahl）的两种大学自治形式：实质性自治和程序性自治。实质性自治是大学有权决定其自身目标和计划。程序性自治是大学有权决定其目标和计划实施的方式。实质性自治涉及的是学术事务，自治程度可以显示出政策控制程度（degree of control of policy），即政策层面允许大学的活动空间和内容。而程序性自治则涉及到院校管理，其自治程度可以显示出实践控制程度（degree of control of practice）。具体而言，实质性自治意味着高等教育机构有权决定学术和研究政策，如决定研究领域、授予学位、课程设计、学生选择和专业设置。程序自治主要涉及财务管理、人力资源管理、预算编制等非学术机构的权力。[29]布朗区分了政策制定者对大学严格和松散的行政控制（程序层面）和政府在教育和研究问题上的严格和松散的目标设定能力（实质层面）。在这两个维度基础上，布朗又引入了"信仰体系"（Belief system）作为第三个维度。"信仰体系"又可以分为"文化导向"和"服务导向"两种，即将大学视为"文化机构"或"服务机构"。因为"信仰体系"可以区分大学学术自由的程度，譬如在以

---

27 Frans van Vught. The Effects of Alternative Governance Structures-A Comparative Analysis of Higher Education Policy in five EU Member States[M]//Bernard Steunenberg, Frans van Vught. Political Institutions and Public Policy. Dordrecht: Springer Science+Business Media,1997:120-123.

28 Otto Hüther. Von der Kollegialität zur Hierarchie? Eine Analyse des New Managerialism in den Landeshochschulgesetzen[M]. Wiesbaden: Verlag für Sozialwissenschaften, 2010:110.

29 Harry de Boer, Jon File. Higher Education Governance Reforms Across Europe[R]. Brussel: European Platform, 2009:12.

文化为导向的信仰体系中的大学通常比以功利主义和服务为导向的信仰文化体系中的大学享有更多的自由，这样就可以解释为何同为盎格鲁萨克森治理模式的美国和英国存在差异，功利主义和服务导向根植于美国的市场化模式中，而英国在处在一种文化导向的信仰体系中，因此其教授团体要比美国教授团体享受更多的自由和权限。[30]综合以上三个维度，布朗建构了"治理立方体模型"，并在此基础上分析了不同国家的治理形势。（见图1-2）

图 1-2：治理立方体模型

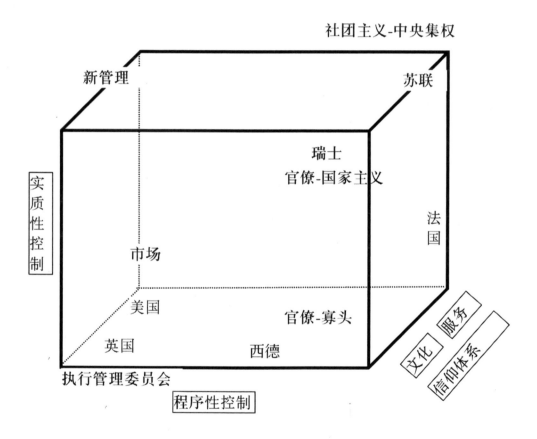

资料来源：Braun Dietmar, Francois-Xavier Merrien. Towards a New Model of Governance for Universities?-A Comparative View[M]. London and Philadelphia: J. Kingsley Publishers, 1999:14.

---

30 Braun Dietmar, Francois-Xavier Merrien. Towards a New Model of Governance for Universities?-A Comparative View[M]. London and Philadelphia: J. Kingsley Publishers, 1999:14.

1. 市场（美国）：较低的实质性控制和程序性控制，服务导向的信仰体系。学校可以独立做出战略决策，维护自身的利益，并形成了专业的学术管理体系。

2. 社团主义—中央集权（Corporatist-Statist，苏联）：高度的实质性控制和程序性控制，以服务为导向。这种模式通常存在社会主义国家，强调大学对国家的绝对忠诚。[31]

3. 官僚—国家主义（Bureaucratic-Etatist，瑞士）：高度的实质性控制，较低的程序性控制，文化导向。

4. 官僚—学术权威（德国）：较低的实质性控制、较高的程序性控制，文化导向。学术权威负责学校的学术事务，国家则对大学的预算、战略目标设定、内部组织结构等进行细节控制，由此形成了国家事务和学术事务的二元区分。

5. 执行管理委员会（Collegium，英国）：较低的程序性控制和实质性控制，文化导向。政府的职责主要是为大学提供办学经费，因此保障大学不依赖于市场。

6. 新管理主义（New Managerialism）：较高的实质性控制、较低的程序性控制，以服务为导向。布朗认为当前（1983 年）还没有国家达到这种模式，但在未来可能会成为主要的大学治理模式。

四、希曼克等人的治理均衡器模型

自 20 世纪 80 年代以来，在高等教育大众化、国际化和市场化的影响下，人们对政府管理大学的质疑越来越多，大学治理的范式发生了转变。治理均衡器（The Governance Equalizer Model）是由希曼克、德布尔（Harry de Boer）、尤尔根．安德斯（Jürgen Anders）等人提出的一种用来分析高等教育治理结构的模型。作者特别关注了新公共管理的兴起如何改变了包括高等教育在内的公共部门的治理模式。希曼克等人以五个维度构建了"治理均衡器"模型，而每个国家的治理模式在是由这五种维度形成，这五种维度的此消彼长导致了治理模式的变迁。均衡器是一种允许衰减或增强音频频谱中选定频率的电子设备。它可用于更改频率的相对平衡，以在声音中产生所需的音调特征。

---

31 Ruth Kamm, Michaela Köller. Hochschulsteuerung im deutschen Bildungsföderalismus [J]. Swiss Political Science Review 2010,(16)4: 649-862.

因此，在均衡器模型中，五个治理维度中的每个维度都可以彼此独立地调高或调低，[32]从而使大学治理保持一种动态平衡。这五种维度是分别是：

1. 国家调控（State regulation）：涉及到传统的自上而下的国家权力。这一机制是指通过国家指令进行监管，政府规定了特定环境下控制大学的细节行为。

2. 利益相关者指导（Stakeholder guidance，亦称外部调控）：是指通过目标设定和建议来管理大学的活动。在公立大学系统，政府通常是重要的利益相关者，但不是唯一的参与者。政府可以把某些权力委托给其它利益相关者，比如美国传统的大学董事会，或是在德国新兴的大学理事会。随着高等教育系统的扩散，高等教育系统的利益相关者也不断增加，比如外部的质量评估机构、专业认证机构、研究经费的提供机构、企业等。

3. 学术自治（Academic self-governance）关注专业群体在大学系统中的作用。这一机制在大学内部的合议决策过程中以及学术界中基于同行评价的自我调控过程中被制度化。

4. 行政自治（Managerial self-governance）关注大学作为组织其内部的等级制度，在这里大学领导（校长和院长）在大学的目标设定、监管和决策等方面扮演着重要角色。在大学内部，传统上大学成员地位平等的局面被一种具有权限差异的等级体系所取代，大学校长和中层管理者的权限不断增加，成为典型的官僚制管理体系。

5. 竞争（或曰市场）是指在高等教育系统这个"准市场"内，大学内部和大学之间对稀缺资源（资金、人才、声望）进行争夺。资源的获取要取决于大学取得的绩效，从而对大学和大学成员产生一种激励效应，提高大学教学和科研效率。[33]需要注意的是，在教育领域，市场是竞争的一种特殊形式，在一个完全自由的市场上充满竞争，但是竞争不是一定要以经济利益为导向和以交换关系为基础的。[34]

---

32 Harry F. de Boer, Jürgen Enders, Uwe Schimank. Comparing Higher Education Governance Systems in Four European Countries[M]//Nils C. Soguel, Pierre Jaccard. Governance and Performance of Education Systems. Berlin: Springer, 2008:37.

33 Harry F. de Boer, Jürgen Enders, Uwe Schimank. On the Way towards New Public Management? The Governance of University Systems in England, the Netherlands, Austria, and Germany[M]//Dorothea Jansen. New Forms of Governance in Research Organizations: Disciplinary Approaches, Interfaces and Integration. Dordrecht: Springer,2007:138-139.

34 Martin Winter, Carsten Würmann. Wettbewerb und Hochschulen[J]. Die Hochschule: Journal für Wissenschaft und Bildung, 2012, (21) 2:6-16.

作者们以"治理均衡器"为工具分析了英国、荷兰、德国和奥地利四个国家在各个维度上的改革程度，"治理均衡器"也成为当下一种热门的比较各国大学治理体系的分析工具。

第三节　德国大学治理模式的历史划分

希曼克从五个维度来分析了西欧国家的大学治理结构，在每个维度中有包含着某个或多个治理机制，虽然上文中的四种治理机制并不是本研究划分治理模式的依据，但是却可以借助他们更好地理解德国大学治理方式和手段。所以通过这些机制和希曼克的治理模型，本研究将德国大学治理的历史发展划分为三个阶段及三种模式："文化国家观"下的双元控制模式（1810 年-1976 年）；民主参与理念下的利益群体共决模式（1976 年-1998 年）；新公共管理主义下的大学共治模式（1998 年-至今）。

一、"文化国家观"下的双元控制模式

按照克拉克的分类，德国大学属于官僚-学术寡头控制的类型，从治理均衡器模型来看，这一时期发挥主导机制是国家调控和学术自治，这是基于德国传统的"文化国家观"和"教授治校"的传统。而大学校长作为院校领导只是发挥着代表作用，并没有实质的管理权限，所以这一时期也不存在行政等级控制。此时大学的外部利益相关者只有政府，有了国家的财政资助，大学也完全不需要与社会产生联系，大学的办学目标是由国家和学术寡头制定，大学更多地是满足为政府培养公务员的需求。从竞争的角度看，此时的竞争几乎可以忽略，大学不需要去竞争。竞争主要表现在对个人学术声望的获取，但在大学均质发展的理念下，这种竞争也不是十分激烈，因为这也不会对教授的薪水产生很大影响，也不会影响到教授的学术流动。在这一阶段，在时间节点的划分上，这里需要注意的是，一战和二战虽然对德国的经济、政治等方面产生重大影响，但在高等教育治理并未产生重要的影响。一战后，德国成立了历史上第一个民主共和国魏玛共和国。魏玛共和国由于其短暂的历史，高等教育并没形成独特的模式，但其学术自由得到了极大加强。在纳粹统治的第三帝国时期，国家全面控制高等教育，学术自治彻底被破坏，以希特勒为权力核心的"领袖原则"全面控制了高等教育。为了加强中央集权，纳粹德国于 1934 年成立了"帝国

科学、教育和国民教养部"（Reichsministeriums für Wissenschaft, Erziehung und Volksbildung），高等教育也由该部门统一管理，这是德国历史上第一次建立全国性的教育管理机构，打破了"州管教育"的传统。在大学内部管理上，大批教授流亡海外，大学丧失了管理大学的权力。大学校长和院长改由教育部长任命，评议会和院系委员会被剥夺了选举校长和院长的权力，仅仅保留咨询权。大学校长成为学校最高的领袖，从而彻底动摇了学术寡头把控大学内部治理的传统。[35]此时的双元管控变为了一员的国家控制。但纳粹时代只是一个非常短暂的时期，且在二战后德国又迅速恢复了二元调控模式。在二战后，占领当局普遍非常重视将民主原则融入公共生活，但他们却忽略了大学的民主化改革。这里面包含了德国大学的成功模式及其历史声望等原因，使占领当局觉得回归到二战前的大学治理局面就是一个最优选择。因此，重新开放的大学变得坚定地面向过去。[36]但二战后德国教育界保守力量的反对，才可能是占领国彻底改造德国大学的计划并未实现的根本原因。二战后，德国大学教授的声誉和社会地位仍然很高，德国虽然当时也有一些高等教育改革的建议和革新，但大多被德国教育学界否决，或使改革出现妥协，占主导地位的观点仍然是继承和恢复魏玛共和国时期的传统。[37]国家放松对大学的控制，学术权威的力量却得到空前加强，学术自治达到历史最高水平。在 20 世纪 80 年代，大学改革进入停滞期后，国家对大学的控制重新得到强化。总体来说，一战和二战并未根本改变此前的国家和学术寡头的双元治理模式。在 1810 年到 1976 年漫长的历史时期，虽然不同历史阶段的大学管理有其历史特点和独特的模式，但除去纳粹时期，总体上一直保持着这种"雅努斯之首"的双元管控模式。

二、民主参与理念下的利益群体共决模式

1949 年，德国分裂为联邦德国和民主德国。1951 年，民主德国建立了高等教育秘书处（Staatssekretariat für Hochschulwesen）作为管理大学的国家机构，1967 年升级为部级机构"民主德国大学和高等专业学校事业部"

---

35 李敏，德国大学与纳粹政权（1933-1945）[D]，华东师范大学，2008：19。

36 Kloss G. University Reform in West Germany: The Burden of Tradition[J]. Minerva, 1968,(6)3:323-353.

37 陈学飞，美国、日本、德国、法国高等教育管理体制改革研究[M]，北京：教育科学出版社，1995：129。

（Ministerium für das Hoch- und Fachschulwesen der DDR）。高等教育完全处于国家控制之下，大学的使命变成了培养符合社会主义建设需要的专家，传统的学术自由原则被废除。大学的组织结构也发生了重大变化，原来作为工农学院的一些院系，比如师范学院、社会学学院等直接变成了大学的一部分，大学录取学生更多地取决于学生的政治出身，大学丧失了录取学生的自主权。此外，除了党校外，德国统一社会党（SED）还建立了许多小的研究所（院），这些机构的毕业生占据了大学里的重要岗位，从而使大学处于统一社会党的控制之下。[38]因此，整个民主德国时期，大学处于一种单一的国家控制型治理模式之下。鉴于民主德国单一的大学管理模式以及研究资料的匮乏，本书并未将民主德国的大学治理纳入进来。

1976 年，德国第一部全国性的《高等学校总纲法》生效，这不仅标志着联邦开始介入高等教育事务，而且正式确立了"群体大学"的法律地位。这一阶段的终点并不一定非要准确定位于 1998 年，因为诸多带有新公共管理色彩的大学改革在 90 年代初就已经萌芽，只是因为 1998 年有两件非常重要的事件可以代表第三阶段的开始，一是博洛尼亚进程开启，这改变了德国高等教育系统的外部环境。二是《高等学校总纲法》第四次修改，联邦政府放弃了诸多大学管理权限，还政于州政府，这成为高等教育迈向自由化的里程碑。[39]这一阶段的治理特征大致保持了原来的历史传统，最大的特征体现在大学内部治理发生了重要转折，非教授群体开始参与大学内部治理，德国大学由"教授大学"转变为"群体大学"。竞争机制开始萌芽，体现在部分州开始收取学费，但针对办学经费和第三方经费的绩效分配还没有开始。外部利益相关者还没有参与到大学治理或者对大学治理产生影响。大学校长权限有了形式上的部分提升，任期延长，但总体来看其权力还是极其微弱。

这里还有一个重要的时间点需要解释，即东西德国的统一。民主德国解体后，原民主德国各州开始按照西部联邦德国的模式改造高等教育。但是在 80 年代被普遍认为陷入危机的西德高等教育系统，此时却被视为东德高等教育改革的榜样。具有讽刺意味的是，这种东西德国高等教育制度的趋同被形容为"革新"。虽然，新的联邦州引入了西德诸多制度，譬如建立高等专科

---

38 Ilko-Sascha Kowalczuk. Anfänge und Grundlinien der Universitätspolitik der SED[J]. German Studies Review. 1994(17):113-130.

39 张源泉，德国高等教育治理之改革动向[J]，教育研究集刊，2012（12）：91-137。

学校（Fachhochschule），鼓励跨学科教学和研究，加强大学和校外科研机构的合作。但是，人们错过了利用两德统一这一历史时机来全面改革高等教育系统的机会。甚至有人认为，两德统一为西德大学系统提供了合理的借口，将其自身的改革向后推迟了。[40]

三、新公共管理主义下的大学共治模式

自上世纪 90 年代以来，新公共管理主义以及"治理"理念传入德国，影响了德国大学的改革。德国大学在经历了 80 年代的停滞期后又开启了新一轮改革，改革的方向也沿着新公共管理的制度设计前进，表现在外部治理方面，大学理事会被赋予了诸多监督、建议和战略管理的权力，而外部的质量评估机构和经费分配机构等则对大学的办学和科研产生重要影响。在国家调控方面，国家赋予大学更多自主权，对大学的控制由输入控制转为输出控制、由细节控制转为宏观调控，国家对大学的影响降到历史最低点。在内部治理上，体现"教授治校"的大学评议会权限进一步缩小，并转移给校长和大学理事会，大学校长和院长的权力至少在形式上有了极大提升。而竞争则成为这一时期最主要的治理机制，它在内外部治理中都发挥了巨大的指挥棒作用。

---

40 Ece Göztepe-Çelebi, Freia Stallmann, Annette Zimmer. Looking back: Higher Education Reform in Germany[J]. German Policy Studies/Politikfeldanalyse, 2002,(2)3:1-23.

第二章 "文化国家观"下的德国大学双元管控模式

　　最早的德国大学同样起源于中世纪，但相比于欧洲早期的博洛尼亚大学、巴黎大学以及牛津大学要晚得多。建于 1348 年的布拉格大学被认为是德国的第一所大学[1]，也是阿尔卑斯山以北的首所大学，而此时欧洲南部和西部的大学已经存在了两百多年。在布拉格大学之后，德国又陆续建立了维也纳大学（1365 年）、海德堡大学（1385 年）、埃尔夫特大学（1379 年）、科隆大学（1388 年）、莱比锡大学（1409 年）和罗斯托克大学（1419 年）等。[2]到 18 世纪末，德国以 42 所大学的数量在欧洲各国中排名第一。[3]但在中世纪晚期，德国的大学随着其它欧洲大学一同衰落，特别是在启蒙运动的冲击下，德国大学经历了一轮改革浪潮，其标志为哈勒大学和哥廷根大学的创建。这两所大学虽然并不是真正意义上的现代大学，但也具有了现代大学的萌芽。而柏林大学的建立则标志着真正现代大学的建立，开启了德国大学的成功之路。以"教学和科研"相统一的柏林大学模式成为其它国家大学的模仿对象，对世界高等教育产生了重要影响。从 1810 年到一战前夕的一百年内，德国大学处在其发展的黄金时期，在国际上享有崇高声望。虽然自 20 世纪 60 年代以来德国

1　也有学者认为德国第一所大学是建于 1386 年的海德堡大学，因为布拉格大学和维也纳大学不在当前的德国领土之内。

2　张雪，19 世纪德国现代大学及其与社会、国家关系研究[D]，武汉：华中师范大学，2012：23。

3　陈洪捷，德国古典大学观及其对中国的影响（修订版）[M]，北京：北京大学出版社，2006：11。

大学进行了一系列改革，而且这一改革进程仍未停止。但其基本的大学理念仍未超越洪堡大学理念的范畴，德国大学的改革依然和洪堡这个名字紧紧联系在一起。本书的研究也从洪堡的德国现代大学入手。

第一节　德国现代大学的建立及其管理模式

直到今天，柏林大学还是现代大学的代名词，并奠定了德国在 19 世纪全球学术中心的地位。洪堡的大学理念在 1810 年建立的柏林大学身上得以实现，柏林大学也在二战后改名为洪堡大学。洪堡大学理念包含着"学术自由"、"教学和研究相统一"、"学术寂寞"等原则。其中"学术自由"被写入德国《基本法》，也成为学术共同体最为捍卫的原则。而重视科研则意味着大学从中世纪的教条主义过渡到一种对未知的科学研究上面。研究紧密地和大学联系在一起。大学的教育也不意味一种职业准备，而是一种通识教育。这种大学理念的基本价值体现在对学习内容的自由构建以及"研究工作的寂寞"原则上。[4]由洪堡大学理念支撑的研究型大学的创立为德国带来极大的学术成就，使德国大学成为 19 世纪和 20 世纪上半叶全世界大学的典范。

一、德国现代大学的建立

德国是古典大学的后发地，又是现代大学的先发地。[5]德国现代大学的建立，正处在德国大学内忧外患的时代环境中。早在 17 世纪下半叶，德国大学和其它欧洲大学一样开始面临着信誉危机。进入 18 世纪，虽然在启蒙运动中建立的哈勒大学和哥廷根大学给腐朽的大学带来一丝生机，但依然难以改变大学衰败的局面，[6]而拿破仑战争也成为了德国现代大学产生的最重要的外部因素。

18 世纪的大学在智力上处于休眠状态，"大学危机"似乎成为了一种流行病。大学的教学质量饱受怀疑。教学质量的评价并不能单以学术指标为唯一标准，还要看课程能在多大程度上满足那些支持大学发展的社会团体的需

---

4 George Turner. Hochschulreformen:Eine unendliche Geschichte seit den 1950er Jahren[M].Berlin: Duncker & Humblot,2018:17.

5 别敦荣，现代大学制度的典型模式与国家特色[J]，中国高教研究，2017（05）：43-54。

6 周丽华，德国大学与国家的关系[M]，北京：北京师范大学出版社，2008：43。

要，也许甚至在一定时期内更取决于它们是否能够调和大学学术与大学社会责任之间的矛盾。[7]18世纪末期的德国大学，受制于裙带关系和阶级特权，已经开始日现衰败之相。在教学上，大学提供的仍旧是经院哲学式和学究式的教育，充其量是百科全书式的，也就是说教授们并不是教学生们去探究知识，而只是照本宣科地传授知识，而且是那些不实用的知识，这些知识不能满足时代的要求。大学教授们为了补贴收入，往往在校外兼职或开设规定课程外的私人课程。当时的大学生也并不是纯粹为了追求知识，而是过着终日玩乐、无所事事的生活，并经常和城市居民发生冲突，损害大学的声誉。[8]在18世纪下半叶，人们越来越强烈地要求对大学进行改革，重新组织教学形式，抛弃陈旧的教学内容，并以满足专业需要为目标。当然，改变大学是一个缓慢而漫长的过程，在大学改革进程中，在兽医、采矿和商业等领域出现了一些特殊学校，以满足新时代的要求。正是在这些教育机构以及科学院，率先将理论和实践结合在一起，满足了社会需求，从而显得中世纪大学更加的迂腐和无能。到了18世纪末，大学作为一个机构，在功利主义的自然科学家、理性主义的启蒙哲学家和新兴的资产阶级中都不再享有盛誉。与教堂一起，大学以其中世纪的特点和宗教色彩，成为了古典主义的象征。[9]"狂飙突进运动"的著名人物莱辛（Gotthold Ephraim Lessing）曾批评到："德意志的大学只是一些经院哲学式的神学院，它们正在行会精神、任人唯亲、裙带关系、普遍的僵化和经院哲学的腐败中沉沦。"[10]

但不能否认的是，18世纪后期在启蒙运动中建立的哈勒大学和哥廷根大学，为现代大学的建立带来了学术上的创新。其中一个特别重要的创新是，教授们开始致力于研究，而不仅仅是教学。另一个创新是授课必须与研讨课（seminar）相结合。在讨论课上，学生已经被视为和教师一样平等的参与者。可见，在19世纪繁荣起来并成为德国大学特色的许多东西，都是在更早的时候就已经出现了，一些微小的改革已经孕育着现代大学的建立。但是，重大

---

7 [瑞士]瓦尔特.吕埃格编，贺国庆等译. 欧洲大学史第二卷. 近代早期的欧洲大学 1500-1800[M]，保定：河北大学出版社，2007：53。

8 陈洪捷，德国古典大学观及其对中国的影响（修订版）[M]，北京：北京大学出版社，2006：13。

9 Johan Östling. Humboldt and the Modern German University, An intellectual History[M]. Sweden: Lund University Press，2018:26.

10 李工真，德国大学的现代化[J]，经济社会史评论，2010（00）：5-15。

的教育改革必然与重大的社会变革产生关系。因此，一个独特的普鲁士大学模式的出现必须与 1800 年前后的重大事件联系起来，即普鲁士在拿破仑战争失败后进行的全面政治和社会改革，而现代大学的建立也被视为这种改革的一部分。[11]1806 年，普鲁士参加英俄普组成的反法同盟，但普鲁士军队在短短的一个月内就土崩瓦解。1807 年 6 月 9 日，普鲁士同法国签订了《提尔西特合约》（Der Frieden von Tilsit）。该和约使普鲁士丧失了易北河以西的全部领土，这占到普鲁士全部领土的一半，而且剩余的领土也被切割的支离破碎，难以防守。此外普鲁士还要支付 1.5 亿的战争赔款。此役过后，普鲁士人口从 1000 万骤减到 493 万。[12]法国大革命和拿破仑战争所引发的政治动荡，对欧洲大学产生了毁灭性的影响。拿破仑曾命令军队每横扫一个地方就关闭这个地方的大学，因为他坚信："彻底征服一个民族最为成功的方式就是首先打击他的知识分子"。[13]1789 年，欧洲有 143 所大学。到了 1815 年，仅剩下 83 所。其中法国共有 24 所大学停办，德国 34 所大学中也消亡了 18 所，西班牙也只剩下了 10 所大学。[14]在德意志邦国境内，最早关闭的一批大学有特里尔大学、波恩大学、斯特拉斯堡大学、美因兹大学等；1800 年以后，埃尔福特大学、维滕贝格大学、杜伊斯堡大学等也相继被关闭或者被合并。从 1792 到 1818 年，超过一半的德国大学被关闭，即使那些得以幸存的大学，也面临极大的生存危机。[15]不仅许多规模较小的大学被关闭，1807 年，普鲁士还失去了昔日的学术旗舰哈勒大学。哈勒市成为拿破仑创建的威斯特伐利亚王国的一部分，法国皇帝于 1806 年 10 月 20 日解散了哈勒大学。此后，普鲁士只剩下奥德河畔法兰克福大学和柯尼斯堡大学。哈勒大学的消失并不是柏林大学建立的原因，但至少也是推动因素。在哈勒大学消失后，哈勒大学的教授们请求普鲁士皇帝弗里德里希·威廉三世（Friedrich Wilhelm III）在柏林重建哈勒大学。但威廉三世为了避免和威斯特伐利亚产生冲突并没有采纳教授们的

---

11 Volker Gerhardt, Reinhard Mehring, Jana Rindert. Berliner Geist-Eine Geschichte der Berliner Universitätsphilosophie bis 1946-Mit einem Ausblick auf die Gegenwart der Humboldt-Universität[M]. Berlin: Akad. Verl., 1999:14.

12 丁建弘，德国通史[M]，上海：上海社会科学出版社，2002：138。

13 李工真，德国大学的现代化[J]，经济社会史评论，2010（00）：5-15。

14 [瑞士]吕埃格，张斌贤，杨克瑞译，欧洲大学史第三卷：19 世纪和 20 世纪早期的大学（1800-1945）[M]，保定：河北大学出版社，2013：3。

15 张雪，19 世纪德国现代大学及其与社会、国家关系研究[D]，武汉：华中师范大学，2012：52。

建议，而是打算新建一所大学。

在这民族生死存亡的关头，普鲁士的一些有识之士开始探索改革之路，以实现普鲁士的独立和复兴。德意志的文化民族主义转变为政治民族主义，促成了德意志民族反对拿破仑统治和压迫的民族解放战争。[16]随着德意志民族主义的觉醒，教育的振兴成为了民族复兴的重要一部分。普鲁士国王那句"国家现在必须通过精神力量来弥补物质上的损失"[17]提振了德意志人民的士气。在德国大学处于内忧外患的时代背景下，1809 年，洪堡走马上任，担任柏林内务部文化教育厅厅长（Kultus und Unterricht im Berliner Innenministerium），负担起教育救国的使命。洪堡上任后开启了普鲁士全面的教育改革。但在教育史上，洪堡的名字还是首先和大学改革紧密联系在一起。洪堡在其短短 16 个月的任职历史中，为德国高等教育留下了浓墨重彩的一笔。因此，提到 19 世纪的大学改革，人们首先会想到威廉．冯．洪堡这个名字和 1810 年柏林大学的建立。1810 年 9 月 29 日，柏林大学宣告成立。柏林大学继承了古典大学的院系设置传统，开设法学院、医学院、神学院和哲学院四大学院，并聘请了一大批优秀的学者，比如哲学教授费希特（Fichte）（之后由黑格尔接替）、神学教授施莱尔马赫、法学教授萨维尼（Karl von Savigny）。受到自然理性主义的影响，洪堡还在柏林大学开设了许多新的学科，引进一些著名的自然科学教授，比如化学家奥霍夫曼（August Wilhelm von Hofmann）、物理学家赫尔姆霍兹（Hermann von Helmholtz），以及医学家穆勒（Johannes Müller）。在柏林大学建立后，普鲁士开始了一场对旧大学的改造热潮，新的现代化大学如雨后春笋一般建立起来，德国现代大学初具雏形。1811 年，奥德河畔法兰克福大学和布雷斯劳大学合并，1816 年埃尔福特大学关闭，1818 年波恩大学重新开放，杜伊斯堡大学关闭。因此，1818 年普鲁士共有六所现代大学：柏林大学、波恩大学、布雷斯劳大学、格里夫斯瓦尔德大学、哈勒大学[18]和柯尼斯堡大学。[19]直到德意志统一前的 1870 年，在德意志三十个邦国里已经有八十余所按照"柏林大学模式"改

---

16 丁建弘，德国通史[M]，上海：上海社会科学出版社，2002：138。

17 李工真，德国大学的现代化[J]，经济社会史评论，2010（00）：5-15。

18 此时拿破仑已经战败，哈勒大学回归普鲁士。

19 Volker Gerhardt, Reinhard Mehring, Jana Rindert. Berliner Geist-Eine Geschichte der Berliner Universitätsphilosophie bis 1946-Mit einem Ausblick auf die Gegenwart der Humboldt-Universität[M]. Berlin: Akad. Verl., 1999:25.

建和新建起来的大学。[20]柏林大学模式不仅在德意志范围内产生影响，还成为全世界大学效仿的对象，其影响远至东亚的日本和中国。柏林大学乃至其它现代大学的建立被视为"旧瓶装新酒"，但是旧的瓶子却慢慢破裂了，因为从中世纪大学建立至今，大学这种学术机构从未发生如此根本地改变，使之适应一种新的教育理念。[21]

二、双元管控的形式与内涵

在德国史学界和教育学界，很多学者认为，当前公认的一些洪堡大学理念并不是洪堡本人提出的，而是由 20 世纪初的一些学者构建出来的。诚然，洪堡大学理念并不完全是其个人的理念，而是融合了当时一大批人文主义学者对于德国大学本质和发展的主张。洪堡因其作为柏林大学的实际建立者，被视为德国大学理念的集大成者，并被赋予了符号意义。[22]不论这些理念是出于洪堡本人抑或是后人借洪堡名义构建的，当前德国传统大学模式已经被约定俗成地称为洪堡模式，这并不会影响到人们对传统德国大学理念的认识。因此，本书论述的洪堡大学理念以及具体的洪堡大学治理模式都并不是只涉及到洪堡对大学理念的论述。所以综合 19 世纪以来德国大学理论及实践，洪堡大学理念可以归结为以下几个方面：1. 教学和研究自由。2. 教学和研究相统一。3. 大学应该价值无涉地追求纯粹的科学。4. 科学应该致力于培育具有道德的领导者。5. 大学要追求所有科学的统一性（Einheit aller Wissenschaft）。[23]具体到洪堡大学理念中的大学治理方面，洪堡模式被称为一种国家和大学双元管理的"雅努斯之首"（Januskopf）模式。[24]在德国的行政法术语中，当一个机构同时代表两个不同的法律实体形式时，就会被形容为"雅努斯之首"。雅努斯是罗马神话里的双面神，代表着开始和结束。他有前后两幅面孔，也象征着永恒定律中的二元性，例如创造／毁灭，生命／死亡，光明／黑暗，开始／结束，

20 李工真，德国大学的现代化[J]，经济社会史评论，2010（00）: 5-15。

21 Abraham Flexner. die Universitäten in Amerika, England und Deutschland[M]. Berlin: Verlag von Julius Springer, 1932:221.

22 陈洪捷，洪堡大学理念的影响：从观念到制度——兼论"洪堡神话"[J]，北京大学教育评论，2017,15（03）: 2-9＋188。

23 Sylvia Paletschek. Die Erfindung der Humboldtschen Universität-Die Konstruktion der deutschen Universitätsidee in der ersten Hälfte des 20. Jahrhundert[J]. Historische Anthropologie, 2002,(10)2:183-205.

24 Thomas Oppermann. Ordinarienuniversität - Gruppenuniversität - Räteuniversität. Wege und Irrwege[J]. Wissenschaftsrecht, 2005, Beiheft 15:1-18.

未来／过去，左／右等。他意识到神的一切总是包含一个对手。二元性的两面总是避开客观的评估，因此既不是好事也不是坏事。[25]这恰如在大学治理中国家和大学自身充满着诸多的两面性：院校自主与国家控制、学术自由／国家任务与绩效管理、民主决策与行政效率、以及大学作为国家机构同时也是学术社团的矛盾。在"雅努斯之首"的双面相中，其中一面是国家对大学的管理控制。德国大学从一开始建立时，就带有鲜明的国家主义色彩。早期的博洛尼亚大学和巴黎大学等中世纪大学，不论其组织结构是"学生中心型"，还是"教师中心型"，它们都不是由谁创办起来的，而是自然形成的，而德国的大学建立则恰好相反，它主要是靠王室的捐赠建成的。中世纪的德国处于四分五裂的状态，各个诸侯国都希望通过兴办大学来吸引并培养人才，以达到富国强兵的目的。因此，邦国成为了大学的投资人。这里要指出，中世纪初期的大学设立都要经过教皇的许可，并受到教会的控制。到了中世纪后期，大学逐渐摆脱教会的控制，教会的影响力被诸侯对大学的影响所替代。特别是在宗教改革后，诸侯国用没收的教会资产来资助大学，更进一步加强了对大学的影响，大学成为了国家机构，逐步沦为国家的"婢女"。到了17、18世纪，大学里的校监（Kurator）由原来的教会派遣改为国家派遣，大学的国家化色彩更浓厚了。[26]19世纪，在普鲁士"文化国家观"的影响下，普鲁士文化行政部门在各州教育部门及其大学内的外部机构（监理会和校务长）中创建了一个有效的行政组织，这种组织结构深深地融入到大学结构中。大学的控制权和组织权、预算权和其他行政事项皆属于国家。而"雅努斯之首"的另一面就是大学的学术自治。教授在涉及到教学和科研的事务上享有绝对的控制权，这也是洪堡大学理念的核心之一：学术自由。以讲座制为基础的研究所成为教授的城堡，形成了诸多的小型垄断组织。教授负责研究所的资金分配、课程设置、科研事务，并组成院系委员会来管理学院一级的学术事务，负责推荐空缺讲座职位的候选人，选举院长。学校一级的评议会也由教授来主导，但其权限很小，只负责提供校长人选，最后的任命还是由政府来进行。因此，德国大学就形成了一种哑铃式的管理结构[27]，

25 Wikipedia. Janus(Mythologie)[EB/OL](2019-12-20)[2020-06-16]https://de.wikipedia.org/wiki/Janus_(Mythologie)#cite_note-9

26 肖军，从管控到治理：德国大学管理模式历史变迁研究[J]，比较教育研究，2018，40（12）：67-74。

27 孙进，政府放权与高校自治——德国高等教育管理的新公共管理改革，现代大学教育[J]，2014（02）：36-43。

处于两端的国家和教授拥有实权，而中间的院校管理层对上对下都没有实质性的权力。大学的自治力量虚弱，国家作为外部力量就有机会参与大学管理，[28]并使这种管理具有了合法性"。[29]总结来说，德国大学的管理结构是大学性质的必然结果。大学既是国家机构，由政府建立，受政府资金的支持，同时也接受政府的管理，并完成国家规定的任务。同时，德国大学也是独立的法人团体，享有传统的学术自由，而教授作为知识的传播者和创作者，在学术管理中天然地扮演着重要角色。他们可以自己推选学校的官员，包括校长、教授会成员以及院长（Dekan）。

第二节 政府对大学的细节控制

德国大学发展历程中充满着浓厚的国家主义色彩：德国的大学都是由诸侯或地方领主建立的，之后也由城市建立，并不是由皇帝或教皇建立，因此从一开始就受到创始人、投资人、君主及其王朝或者城市领导阶层（科隆，爱尔福特）的约束。普鲁士的哈勒大学（1693 年）和哥廷根大学（1733）受到启蒙运动中的理性主义和功利主义影响，成为第一批国有化的大学，他们不再拥有自己重要的资产。大学的土地和建筑等都是国家提供并属于国家，大学只有使用权。大学失去了其财务独立，并接受国家财政资助，而不是像从前靠捐赠、教会俸禄或者基金会生存。同时大学也失去了作为曾经"国中之国"的独立社团的（unabhängige Korporationen）地位，成为了国家机构，并丧失了免税以及大学成员独立的司法裁判权等特权。[30]国家对大学自治进行了大规模干预，以实现大学的革新，其中包括建立被认为"有用"的新学科，培养国家需要的人才，设定新的课程条例等。如果没有这些大规模的国家干预，大学的停滞很难被打破，创新也无从谈起。这种国家对大学的全面干涉直到 1830 年左右才有所减弱，但在卡尔斯巴德决议后以及阿尔特霍夫（Friedrich Althoff）时代又开始增强。不论在人文主义学者的关于大学发展的

---

28 Christine Burtscheidt. Humboldts falsche Erben[M]. Frankfurt/New York: Campus Verlag.2010:56.

29 肖军，从管控到治理：德国大学管理模式历史变迁研究[J]，比较教育研究，2018，40(12)：67-74。

30 Sylvia Paletschek. Zurück in die Zukunft? Universitätsreformen im 19. Jahrhundert [M]// Sylvia Paletschek. Das Humboldt-Labor: Experimentieren mit den Grenzen der klassichen Universität. Freiburg: Albert-Ludwigs-Universität, 2007:12.

理论阐述中，还是大学发展的实践中，国家在德国大学创建及发展的过程中扮演了重要的角色。国家对大学具有重大影响也是欧陆大学普遍具有的特征。虽然宪法保障大学学术自由并赋予院校自我管理权，但直到 20 世纪 90 年代，国家对大学的共同塑造功能（mitgestaltende Funktion）还是渗透到高等教育的各个领域。[31]

一、政府管理大学的权利

在许多人文主义学者眼中，国家并不应该干预大学事务。他们认为政府并不具备管理大学的能力，因为大学作为高等教育机构，其教学活动和科研活动有其自身的规律，而政府的干预只能打乱这种规律，对大学的发展起到阻碍作用。洪堡也持有这样一种观点，并认为国家除了提供外部制度和资金外，要赋予大学充分的学术自由。同时洪堡认为，对学术自由的威胁不仅来自国家，同时也来自大学内部，因为开创者有了既定的观念，便更倾向于压制其他的观念。政府必须预防由此产生的弊端。[32]因此，洪堡在对政府干预学术自由保持戒备之心的同时，也希望借由国家的力量来平衡学术集团内部的力量。洪堡大学改革的目的，不是通过赋予大学独立的法人社团来消解国家的文化管理，而是要将其升华。洪堡大学理念中的大学并不是完全相对于国家自给自足的独立组织，大学自治主要涉及的是教学内容，并不涉及独立于国家机构外的大学组织。洪堡秉承着"文化国家"应对教育机构负责并对其进行监督的理念，并在其作为教育部官员的履职经历中践行了这一理念。一个证明就是他将教授的任命权紧紧地握在自己手中。此外，洪堡还将原来的科学院收为国有。因此，不论从大学在国家的法律地位还是大学自己的章程来看，相比于学者社团，大学作为国家机构的色彩更浓一些，国家一如既往地对大学拥有广泛的干预权。在这一点上，洪堡和其他许多人文主义先驱所倡导的大学理念有所不同。比如舍尔斯基（Schelsky）或者施莱尔马赫，他们都强调大学要争取全面的"国家自由"（Staatsfreiheit）和广泛的学术自治，而洪堡大学模式中，大学依然很大程

---

31 Ulrich Teichler. Hochschulen: Die Verknüpfung von Bildung und Forschung [M]// Rudolf Tippelt. Bernhard Schmidt-Hertha. Handbuch Bildungsforschung. Wiesbaden: VS Verlag für Sozialwissenschaften,2010:421-422.

32 陈洪捷，中德之间——大学、学人与交流[M]，北京：北京大学出版社，2010：31。

度上依赖于国家。[33]国家享有在大学立法、考试管理、教授任命等方面的权力。

1. 规定大学的组织结构

政府通过立法对大学的组织结构、考试规定、学位授予、学生管理等做出宏观规定，构成了国家对大学的元治理。作为国家机构，大学由政府当局设立、资助和管理，同时，也是由政府来决定其组织形式和制定相关法律。大学和学院管理的规章也由地方政府（Landersregierung）在咨询大学的建议后颁布的。中央政府（Staatsregierung）还规定了大学的职能并授予其法律权利。[34]比如1860年的普鲁士《大学法》规定了大学的法律地位及其内部管理结构：

> 大学是为青年人提供学术课程的国家机构，它只能在国家知情且批准的情况下建立。同时大学也是享有特权的法人团体，由全体教师、注册的学生以及行政管理人员组成。每所大学都由传统的四个学院构成，即神学院、法学院、医学院和哲学院。隶属于学院的所有正教授组成一个学术机构，构成狭义上的学院，并从正教授中选出一位教授担任院长。为了执行大学层面的共同事务以及在法律范围内对学生尽心监督和行使纪律处分权、报告大学的事务以及和其它机关协调合作，特由包含所有正教授的全体成员大会（Generalkonzil）组建学术评议会（Senate），评议会由校长、正教授和大学法官组成。[35]

在规定大学内部的组织结构及其选举程序上，直到今天政府都没有放弃这一方面的立法权力，各州高等教育法都明确规定了大学组织结构，包括大学的院系构成、大学和院系的领导机构及其权限和选举程序。

2. 设立国家教育行政部门管理大学

为了将高等教育事务归为国家行政管理范畴内，大多数国家都创建了公共教育部。当洪堡创建柏林大学时，他正是普鲁士内务部宗教事务与教育司

---

33 Albrecht Blümel. Von der Hochschulverwaltung zum Hochschulmanagement [M]. Wiesbaden: Springer Fachmedien, 2016:115.

34 Friedrich Paulsen. die deutschen Universitäten und das Universitätsstudium[M]. Berlin: Verlag von A. Ascher, 1902:92.

35 Thomas Ellwein. die deutsche Universität vom Mittelalter bis zur Gegenwart[M]. Königstein: Athenaum Verlag GmbH,1985:146.

司长。当时并没有独立的教育主管部门，因此洪堡致力于建立独立的教育主管部门。但他的这一想法并没有实现，洪堡在担任了 16 个月的教育司司长后于 1810 年辞职。[36]1817 年，普鲁士将原来分属于内务部的宗教、教育和医疗事务分离出来，成立了单独的宗教、教育、医疗事务部（Das Ministerium der geistlichen, Unterrichts- und Medizinalangelegenheiten），主要对教会进行国家监督以及负责普鲁士的教育事业。该部又分为三个司，即宗教司、教育司、医疗司。其中教育司分管柏林皇家图书馆、哥廷根科学院、柏林科学院以及所有大学，所有大学受该部直接管辖。[37]比如，波恩大学 1863 年的大学章程中第 12 条写明：

> 我们国家的宗教、教育、医疗部负责所有大学最高的领导与监督，维护和促进大学的繁荣和使命，确保大学遵守内部和外部的各种条例。因此宗教、教育、医疗部有权力颁布必要的条例、规定、说明以及其它的规章制度。而这些规章制度的适切性必须按照学术机构以及其它机构、特别是法律的规范来操作。

3. 规定教学人员的权利和义务

所有的教授，不论是正教授还是编外教授，都属于国家公务员。他们由政府聘用并完成规定的教学任务。教授的权力和义务通常都是由规范公务员的公务员法来界定。和其它公务员一样，教授没有任职时间限制，从实际来看，几乎就是终身制的。与其它公务员不同的是，教授群体并没有退休这一说，他们到达一定年龄后可以解除教学义务并继续领取工资。[38]大学教授受雇于国家，因此大学教授的任命权也在国家手中。大学教师最终成为接受州政府委托并在州政府监督下任教的政府官员，这种公务员和学者的双重身份经常导致国家控制和学术资助间的紧张关系，这种局面至今仍然存在。1860《普鲁士大学法》将大学教师分为三类：

> 教授、私人讲师、艺术教师和实习师父（Exercitienmeister）。其中教授也分为两类，一类是正教授团体，他们由国王颁发委任状，有资格成为学术评议会成员以及狭义的学院成员。另一类是编外教

---

36 [瑞士]吕埃格，张斌贤，杨克瑞译，欧洲大学史第三卷：19 世纪和 20 世纪早期的大学（1800-1945）[M]，保定：河北大学出版社，2013：92。

37 周丽华，德国大学与国家的关系[M]，北京：北京师范大学出版社，2008：81。

38 Friedrich Paulsen. die deutschen Universitäten und das Universitätsstudium[M]. Berlin: Verlag von A. Ascher, 1902: 97.

授，他们由地方教育部门任命。他们同教授处于同一等级，可以授课并使用研究所。但是他们没有资格成为学术评议会成员以及狭义的学院成员。教授每学期必须教授一门课程目录中规定的课程，并额外做一场他学术领域分支的学术报告。参加教授资格考试的前提必须是获得博士学位或国家考试证书。私人讲师属于学校整体的一部分并属于广义上学院成员。他们有义务定期上好他们申报的课程。所有的大学教师，包括编外教授、讲师、政府派驻官员等都享有公务员的权利。[39]

政府不仅立法规定了教学人员的权利和义务，还直接参与教授的任命工作。当大学新增教席或原来的教席教授退休后，需要学校选举新的教席教授。其程序通常是由学院委员会（Fakultätsausschuß）向学院推荐三名候选人，在提交教育部前学院可以对这份推荐名单进行更改。教育部长可以自由从这三位教授候选人中选出任何一位，也可以完全否定大学的提名而自己任命一位校外学者。教育部在教授候选人的遴选的问题上是十分谨慎的，提交的名单通常也是令人信服的，从而避免给教育部否认大学的提名并任命外部人员的机会。因此这也无形中提高了选拔教授的标准。偶尔也会出现教育部长没有考虑学院的意见或者要求重新提交候选名单的情况。部长行使这种权力有阻止大学内部拉帮结派的意图，但是即使这样做也不能够完全避免这种情况。当然在教授选举问题上，大学偶尔也会出现矛盾。大学将教授的建议权掌握在自己手中，是为了反抗国家对大学的过度干涉。一般说来，当一个强有力的教育部与一个强有力的学院相遇时，德国的教育系统运行得最为平稳。双方都很强势，处理问题时会更多地进行协商，从而能获得一种较为理性的结果。如果教育部很弱，那么很可能导致大学内部出现拉帮结派的现象。如果学院势力很弱，那么教育部就可能对大学施加更大的影响。[40]

4. 主持国家考试

为了加强对大学的控制，除了大学自己的学业考试外，德国还引入了国家考试。国家考试或称官方考试（staatliche Prüfung）是选择公务员或某种特

---

39 除了教授之外其它大学教师并不是国家公务员。资料来源：Thomas Ellwein. die deutsche Universität vom Mittelalter bis zur Gegenwart[M]. Königstein: Athenaum Verlag GmbH,1985:147。

40 Abraham Flexner. die Universitäten in Amerika, England und Deutschland[M]. Berlin: Verlag von Julius Springer, 1932:229-230.

定职业申请者的一种方法。因此国家考试不是由大学教师主持，而是由专门认定的考官按照官方确定的规则（通常是考试条例）来执行，其目的是考察考生是否具有某一职业或公务员岗位所要求的知识和能力，考生能否入围某一职位的选拔范围取决他是否通过了考试。国家考试类似于我国的公务员考试、教师资格证考试和律师资格考试等国家举办的考试。国家考试起源于中世纪的招募牧师的教会考试。18 世纪末期德国大学质量急剧下降，受到诸多批评。因此各邦国的领主也开始单独开设国家考试来选拔公务员，国家考试进一步发展起来。到 19 世纪中期，神学、医学、法学、以及文理中学教师四个学术专业都执行了国家考试，通过国家考试成为进入这些行业的前提条件。[41]国家考试消解了从前国家公务员录用上受到人脉和宗教关系影响的评价标准，而直接取决于考试成绩，提高了国家公务员准入的公平性。国家考试是伴随着现代国家以及公务员制度形成和发展起来的，目的是为国家选拔合格的人才，但是本来由大学执行的学术考试就已经有了证明学生职业能力的作用，国家又通过国家考试进行再次筛选。从某种意义上讲，国家考试暗示国家对大学的不完全信任，通过自己的考试来检查潜在公务员的忠诚度，并由此获得了干预大学教学活动的合法性。[42]

二、政府监督大学的学监制度

学监制度是政府对大学进行监督与控制的一项重要制度。德国大学学监（总务长）发展的历史体现了国家控制和大学追求自主权之间的紧张关系。人文主义者反对国家对大学的全面监督，并将其视为科学进步的障碍。费希特、康德、施莱尔马赫以及后来的洪堡等人的一个基本诉求是，大学的组织结构和发展需求要和科学知识的自由完全一致。洪堡的大学改革也追求将大学从严格的国家控制和教会教条中解放出来，实现教学方法和教学内容更广泛的自由，大学应该完全负责所有的学术事务。洪堡大学理念得以在 1810 年新成立的柏林大学身上体现，并在后来的布雷斯劳大学（Breslau）和波恩大学延续下去。但是洪堡关于大学组织的概念绝不是为了实现独立于国家之外的全面大学自治。洪堡意义上的大学自治主要与学术内容有关，而不是独立于国家机构外的大学组织。相反，洪堡坚信"文化国家"对教育机构负有更

41 Volker Müller-Benedict, Jörg Janssen, Tobias Sander. Akademische Karrieren in Preußen und Deutschland 1850-1940[M]. Göttingen: Vandenhoeck Ruprecht, 2008:31.
42 周丽华，德国大学与国家的关系[M]，北京：北京师范大学出版社，2008：82。

大的责任，需要国家对教育机构进行全面的监督，特别是在大学的资产和人事管理方面。[43]因此，在普鲁士大学时期，国家仍然对大学具有广泛干涉的权力。除了上一节提到的法律法规形式（Rechtsaufsicht）的国家管理外，国家更是向大学派遣学监（Kurator）对大学进行监督以及直接管理大学的财政预算和人事事务，此为专业监督（Fachaufsicht）。

学监的设置最早可以追溯到中世纪大学设置的总务长制度。11、12 世纪在巴黎和博洛尼亚建立的第一批大学是从教会学院和法律学校发展而来的。德国大学总务长是模仿早期意大利大学由教皇或皇帝委派的负责监督考试和授予学位证书的官员。早期的大学都是在教会的庇护下建立起来，教会就派遣人员对大学进行监督。大学的直接监督通常被委托给一个高级别的教会人员作为总务长，总务长的职位来源于教会里的职位 cancellarius，原指教堂中负责开关栏杆、引导座位的人，后来指教堂里负责文书记录的人。虽然大学总务长的职位并不是宗教职位，但是作为教皇的代表，总务长对大学的监督职能是受到教皇权威支持的。总务长的任务是保障大学依法平稳运行，并作为大学的保护者保障大学的自由。通常教务长不驻扎在大学，而是委任一名大学教授作为副总务长来代表他执行公务。而从 14 世纪开始，越来越多的大学由世俗统治者建立，德国早期的大学都是由世俗领主建立，比如海德堡大学、埃尔夫特大学、科隆大学等。但是为了被认可为学术机构并能够教授罗马法和教会法律，大学必须得到教皇的认可，所以也必须接受教会的监督。随着各邦国的领主成为大学的建立者，邦国对大学的要求也逐渐提高，邦国既要决定总务长的任命，又要了解大学的流程和发展。[44]越来越多的邦国开始要求由政府任命总务长，这标志着世俗权威对大学影响力日益增强。从历史来看，由教会任命大学总务长到由邦国领主任命大学总务长经历了一个漫长的渐进历程，从 15 世纪初一直到 18 世纪末才完全结束。中世纪大学时期的总务长代表教会行使对大学的保护和监督职能，而在向现代大学过渡的过程中，总务长行使的是国家监督职能，总务长的任务和权力也日益增加。总务长负责监督考试事务和学位授予事务，保障大学作为社团所享有的院校自由和学术自由，并在大学成员犯下严重罪行时做出司法裁决。总务长充当了大

---

43 Albrecht Blümel. Von der Hochschulverwaltung zum Hochschulmanagement[M]. Wiesbaden: Springer Fachmedien, 2016:115.

44 Albrecht Blümel. Von der Hochschulverwaltung zum Hochschulmanagement[M]. Wiesbaden: Springer Fachmedien, 2016:110.

学、教堂和世俗领主之间的纽带和调解人。

在洪堡大学改革后，学监（Kurator）制度开始全面发展，1895 年的一本百科全书将拉丁语 Kurator 的含义解释为"监护人"，即一个人的法定监护人，特别是指那些无完全行为能力人群的监护人，比如未成年人、精神疾病患者。此外，Kurator 也指那些被任命来监督大学的官员。[45]特别是在卡尔斯巴德决议后，学监制度超出普鲁士的范围在所有德意志地区建立起来。18 世纪后期发展起来的学监行政制度和大学校长管理制度标志着大学学术事务和国家任务的分离，不同的行政组织负责不同的任务。学术事务和学生事务（包括学费事宜）等都属于大学自治范畴的事务，这也体现出大学自中世纪以来具有的独立于国家的法人社团特征。而人事、经济和财务事务则属于国家行政事务，由国家派驻大学的学监负责。在具体执行上，校长、院长以及学院负责学术事务；学监（Kurator）负责国家事务。这种学术事务和国家事务二元性的区分在 18 世纪和 19 世纪得以巩固，特别是在普鲁士，大学行政组织结构的二元体系塑造了之后整个德语区国家高等教育的发展。[46]1860 年的普鲁士《大学法》对学监的职责做出如下说明：

> 大学由各邦文教部管辖，文教部在各大学设立监督委员会（Kuratorium），监督委员会是大学的监督机构，同时也是行政机构，其最高领导是国家派驻的学监。学监对大学实施最直接的监督，同时也是大学经济和财务事务的直接领导。[47]

学监在监督大学方面享有很多的权限。与中世纪大学的总务长不同，学监作为教育部长的代表，在部长的支持下以"地方行政"的形式监督和管理大学的发展。作为国家派驻到大学的官员，学监以多种方式实现对大学的监督。组织上来讲学监并不属于大学里的机构，而是国家派驻到大学直接解决问题的。学监扮演了在大学教育和人事任命事务方面的官方监督代表的角色，同时又负责学校预算、现金及财产事务的规划、执行和控制。学监是大学的法律代表，也是大学非教学人员外的服务人员的主管。作为教育部和大学的

45 Michael Breitbach. Kurator, Kanzler, Vizepräsident, ein deutscher Irrweg?[J]. Wissenschaftsrecht, 2005, Beiheft 15:119-139.

46 Albrecht Blümel. Von der Hochschulverwaltung zum Hochschulmanagement[M]. Wiesbaden: Springer Fachmedien, 2016:116-117

47 Thomas Ellwein. die deutsche Universität vom Mittelalter bis zur Gegenwart[M]. Königstein: Athenaum Verlag GmbH,1985:146.

中间人，大学评议会、学院以及个人的文件由学监提交给教育部。[48]学监必须严格遵守部长的命令和决议。因此，如果学监没有展现出友善的态度，那么一些自我管理的基本决定就根本无法形成，特别是通过甄选和任命教授，学监对大学的发展产生了重大影响。与教育部长不同，学监大多对大学程序和大学内部的良好关系有很好的了解。一些历史上声望显赫的学监形象表明，学监在大学管理中具有一种双重面向，即他们不会仅仅把自己当作大学的管理者，而是也当成对科学有着广泛兴趣的大学维护者。因此这种双重面向要求学监同时保障对国家和大学的忠诚，这就需要很多个人的以及非正式的沟通和妥协。但是学监的职业合法性仅来自于国家，因此只有大学利益和国家利益一致时，学监才会强调大学的利益，也就是说，学监首先维护的是国家的利益。[49]

阿尔特霍夫在1882年到1907年任职教育部长期间，国家对大学的控制达到了大学自建立以来的顶峰，这一时期学监也被赋予了更多权限。教育部派遣到大学的学监对大学实施全面的监督，并对大学的发展和办学效率负责。其职责范围包括：1. 确保大学依照法律法规进行学术教学活动。2. 维护大学的特许权和利益。3. 直接负责大学的经济管理和现金管理。4. 任命教师及确定其薪水等级。5. 监督大学作为学术机构是否遵守法律以及各种学术纪律规定。[50]在这一阶段，大学管理作为国家行政管理的一部分，其作为国家机构的特征比作为学术社团法人的特征更加突出。此时的国家和大学关系是一种专制的、家长统治式的。

学监作为中央政府驻当地的代表，其职责是代表国家履行对大学的全面监督，并确保大学各个方面的效率与发展。正是通过学监，大学与教育部建立起了沟通和联系。学监对于国家对大学的监督来说是一个非常重要的职位，因此这不是一个在大学里无足轻重的职位，对学监的职业能力也是有着很高的要求。从大学自治的角度考虑，由于大学官员的任期很短，更换频繁，且学者并没有专业的管理能力，所以大学作为一个行政性实体的效能是不会很

---

48 Michael Breitbach. Kurator, Kanzler, Vizepräsident, ein deutscher Irrweg?[J]. Wissenschaftsrecht, 2005, Beiheft 15:119-139.

49 Albrecht Blümel. Von der Hochschulverwaltung zum Hochschulmanagement[M]. Wiesbaden: Springer Fachmedien, 2016:120.

50 Michael Breitbach. Kurator, Kanzler, Vizepräsident, ein deutscher Irrweg?[J]. Wissenschaftsrecht, 2005, Beiheft 15:119-139.

高的，[51]这也凸显出学监岗位的重要性。

三、政府对学术自由的侵犯

个人的、政治的、经济的各种因素都会破坏大学制度的运行。虽然学术自治作为一种理想的大学制度被人们认可和遵守，但依然会受到其它因素、特别是政治因素的干扰。19 世纪，普鲁十的文化国家观要求国家将保护并促进文化机构、艺术、教育、科研等事业作为国家义不容辞的义务，因此国家对大学的管理也日趋制度化。[52]"文化国家"是指国家保护和促进文化机构、艺术、科学研究和教学、教育和艺术活动，并将这些活动视为国家目标和国家任务。自从 1817 年设立文化部（主管宗教、课程和医疗事务）以来，普鲁士就越来越认识到资助和管理文化事务是一项国家事业，这些文化领域包括课程（中小学及大学）、学术（科学院）和艺术。由于当时普鲁士在学校、科学和艺术政策领域取得了国际公认的成就，所以德国在 1933 年之前一直都受到"文化国家观"的影响。"文化国家观"肇始于"文化民族"的概念，而德意志民族以文化优越而自豪，并以此区别于其他欧洲国家。文化民族其实是人文主义学者倡导的文化民族主义，并在后期转向了政治民族主义。这种"文化"和"国家"的关系，既不像美国那样，将文化推给私人领域，造成国家和教育、文化及科学的分离，也不像法国那种中央集权模式，造成国家事务和文化领域的完全融合。而德国的"文化国家观"要求将对科学和文化的保护和国家文化使命相协调。这种"文化国家观"的确使国家为文化事业的发展提供了保障，但同时也成为了国家干涉文化事务的借口。"文化国家"逐渐发展为"文化干涉国家"（Kulturinterventionsstaat）。[53]

从大学管理的角度来看，国家对大学一方面作为大学投资人，赋予了大学建立和发展的基础。另一方面，尤其是在 19 世纪，国家对大学的管理和干涉也是无处不在，有时甚至会发生在学术事务方面。由于人口增长导致大学生人数不断增加，同时科学也不断发展，这些都需要巨大的国家财政资金来维持，这就为国家干预大学的管理提供了理由。起初，还有一些财务

---

51 Friedrich Paulsen. die deutschen Universitäten und das Universitätsstudium[M]. Berlin: Verlag von A. Ascher, 1902:93.

52 周丽华，德国大学与国家的关系[M]，北京：北京师范大学出版社，2008：75。

53 Hans Christof Kraus. Kultur, Bildung und Wissenschaft im 19. Jahrhundert[M]. München: Oldenbourg Wissenschaftsverlag GmbH, 2008:25.

状况比较好的大学还可以抵御国家对大学的全面行政干预。在卡尔斯巴德决议（Karlsbader Beschlüsse）通过后，大学引入了常驻大学的"政府全权代表（Regierungsbevollmächtigte）"制度，从此实现了国家对大学所有日常活动进行不间断的监督。在1848年之后，"全权代表"基本都是国家委任的大学学监担任。[54]卡尔斯巴德决议是1819年在各邦国部长会议上通过的一项旨在压制德意志联邦的民族运动和自由主义运动的决议，来自奥地利、普鲁士、汉诺威、萨克森、巴伐利亚、符腾堡、巴登、拿骚和梅克伦堡的代表参加了会议。通过这项决议的起因是作家和剧作家奥古斯特. 冯. 科泽布（August von Kotzebue）在1819年3月被狂热的大学生协会成员卡尔. 路德维希. 桑德（Karl Ludwig Sand）在曼海姆刺杀。1815-1818年恰是德国大学生掀起的民族运动的高潮期，而科泽布是俄国沙皇的顾问，他向沙皇报告了德国大学生协会在大学的活动情况，并嘲讽学生们的民族目标和自由目标，因此招来杀身之祸。奥地利首相梅特涅（Klemens Lothar van Metternich）以此为契机，将德意志地区的爱国民主运动扼杀在萌芽中。1819年8月6-31日，梅特涅在与普王希威廉三世以及其他邦国的君主会谈后，在小城卡尔斯巴德召开德意志邦代表会议，制定了镇压自由运动的诸多措施。据此奥地利具有了在所有德意志邦国进行直接干预暴乱的权力。[55]卡尔斯巴德决议包含了三项法律，即《大学法》、《出版法》和《调查法》。其中《出版法》规定，对320页以内的著作进行预审，对受到制裁的报社或杂志社的从业编辑进行为期五年的职业禁令。《调查法》决定在美因茨建立"中央调查委员会"，监督和跟踪各个邦国具有革命倾向的积极分子。[56]特别是《大学法》的出台，更是将大学至于国家的全面监督之下。《大学法》又称为《针对大学采取措施的联邦临时决定》。该法令只有四条：

　　§1 每所大学都应该设置一个具有广泛权限的、指导大学活动的、常驻在大学所在地的、由君主委任的特殊全权代表，这个代表可以由之前的学监（Kurator）担任，也可以由政府认定有能

---

54 Hans Christof Kraus. Kultur, Bildung und Wissenschaft im 19. Jahrhundert[M]. München: Oldenbourg Wissenschaftsverlag GmbH, 2008:25.

55 丁建弘，德国通史[M]，上海：上海社会科学出版社，2002：171。

56 LEMO. Die Karlsbader Beschlüsse 1819[EB/OL] (2014-10-10)[2020.07.01]https:// www.dhm.de/lemo/kapitel/vormaerz-und-revolution/der-　deutsche-bund/karlsbader-beschluesse-1819.html

力的其他人担任。该代表的职责是监督大学是否严格遵守了现有
法律和纪律法规,认真观察教师在公开和私人讲座中表达的思想,
但是不可以直接干涉教师的科研方法和教学方法,从而为青年学
生的未来决定指明有益的方向,采取一切措施来促进学生养成良
好的道德和礼貌并遵守秩序。至于全权代表的职责范围和管理活
动、以及和大学学术评议会的关系,要在考虑到最高主管机关赋
予全权代表的权利及任命方式的情况下,尽可能准确得被确定下
来。

§2 大学教师及其他公办教师因为明显违背其义务或者超过其
职业权限、滥用其法律权利对年轻人产生影响、传播损害公共秩序
和和平局面以及国家机构的有害学说等行为而不能完成国家赋予
的职责时,政府有权力开除他们。因为上述缘由被开除的教师不可
以在其它德意志邦国的任何公立教育机构重新任教。

§3 应严格遵守已经存在很久的对大学秘密的或未经授权的大
学生社团的法律,尤其要制裁成立多年并不断扩大的大学生兄弟
会,他们违反了学生结社和各大学社团相互交流沟通的法律要求。
因此,在这一点上,政府全权代表应保持警惕。各邦国政府决定,
在宣布本决定后仍然留在或将要加入秘密的或未经授权的学生社
团中的个人,未来不得获得任何公职。

§4 被政府全权代表批准或应学术评议会要求被开除的学生,
或为避免这种处罚而逃离大学的学生,不可以被另一所大学录取。
如果没有令人满意的证据证明他在所离开大学中的良好行为,则任
何其他大学都不能招收该学生。[57]

卡尔斯巴德决议成为各邦君主镇压民族主义者和自由主义者的工具。它
极大地干涉了各邦国的权利并使各邦国成为警察国家。许多大学教授被解雇
并被禁止重新任教,并使人们不敢再介入公共事务。卡尔斯巴德决议直到1848
年的三月革命才被废除。

国家干涉大学学术自由的另一个领域就是人员的任命。德意志帝国时
期,阿隆斯(Martin Leo Arons)是柏林大学一名教授物理学的私人讲师,

---

[57] Document Archive. Bundes-Universitätsgesetz[EB/OL](2004-05-03)[2020-07-01]
http://www.documentarchiv.de/nzjh.html

同时也是一名社会民主党成员。他积极投身社会民主活动，但是他并没有将政治活动带入到课堂中。尽管如此，普鲁士政府仍然打算撤销阿隆斯的任教资格，而负责罢免程序的哲学院以政治信仰自由且私人讲师非公务员身份为理由拒绝了政府的要求，但是迫于政治压力仍然给予了阿隆斯警告处分，并敦促他日后限制自己的政治活动。政府仍然不甘心，但由于政府没有权利直接干预私人讲师的雇用，因此 1898 年政府通过了一部法律，将私人讲师置于州纪律处分机构的管辖之下，并以此为依据最终剥夺了阿隆斯的任教资格。由于该法律主要是为阿隆斯量身定制的，因此被称为"阿隆斯法案"（Lex Arons）。[58]这是政府对大学法定自由的一次影响深远的攻击，为大学教师的言论自由设置了不可忽视的边界。[59]尽管如此，德国学术界并没有进一步的抗议，接受了该部法案。[60]而另一件影响深远的人事任命干预事件则是"施潘事件"。德国大学教授都是由大学向政府提交候选人名单并最终由政府任命。但是在 1901 年，德意志第二帝国宗教、教育及卫生部直接在斯特拉斯堡大学哲学院增加一个历史教授职位，并且绕过了大学任命年仅 26 岁的天主教徒施潘（Martin Spahn）为新增教席的教授。这一非常规任命激怒了斯特拉斯堡大学哲学院的教授们并使其直接拒绝了政府的任命。这一事件也立刻引起了德国学术界关于国家和教会的关系以及国家和学术自治关系的公开大讨论，成为 20 世纪初文化斗争的标志性事件。批评者认为政府在聘任一事上完全违背了大学对教授推荐权的传统和法律规定，这种没有和大学进行任何沟通就任命教授的行为是对大学学术自由的严重干涉。由于学术界的强烈反对和其它方面的压力，这一事件以施潘拒绝任命而告终。虽然阿尔特霍夫任命施潘掺杂着复杂的政治和宗教动机，但其以行政力量取代大学自治的管理行为从根本上违背了大学学术自由传统。[61]

---

58 Wikipedia. Leo Arons[EB/OL](2021.01.02)[2021.01.20] https://de.wikipedia.org/wiki/Leo_Arons

59 Klaus Schwabe. Deutsche Hochschullehrer als Elite:1815-1945[M]. Boppard am Rhein: Harald Boldt Verlag, 1983:13.

60 Fritz K. Ringer. The Decline of the German Mandarins: The German Academic Community 1890-1933[M]. London and Hanover: Wesleyan University Press, 1990:142.

61 张斌贤，王晨，张乐，"施潘事件"与德国的学术自由[J]，教育研究，2012, 33（02）：134-140。

第三节 大学的学术自治

作为大学双元管理中另一元的学术自治，直到今天都扮演着重要的角色。发端于中世纪大学的学术自治理念和原则塑造了这一时期大学的内部管理结构。在学术自由的庇护下，大学教授控制着大学的内部管理和负责资源分配。但是，大学教师群体中教授群体和非教授群体存在的不平等，也隐藏着大学内部管理的矛盾。

一、学术自由庇护下的大学自治传统

德国大学在资金上完全依赖于国家并接受国家的监督，国家也参与到大学教师任命、教席设立、考试章程制定等学术事务。在缺少大学理念和传统的情况下，国家的这些干预很容易成为大学自治的危险之源。但德国大学借助于法律、理念和传统来免受国家的过渡干扰，并以此保障了大学的自我管理和独立性。尤其洪堡大学理念成为 19 世纪关于大学本质的主流理念，大学是一个学术机构，那么学术自由就是大学的应有之义。国家也确信，除了大学外，并没有其他政治机构具备认识和传播科学真理的能力。[62]教授和国家派驻的行政官员会讨论大学的本质，按照大学发展的逻辑来管理大学。不论是政府还是大学都没有忘记大学的历史的和法理的理念、大学的功用以及大学对国家发展的必要性。[63]因此，国家在对大学的财政、人事等事务进行控制的同时，在学术领域赋予了大学最大的自由，此自由虽偶有被干涉，但依然成为德国大学理念中最核心的一个，是大学的基本权利和核心价值，得到法律保障和大学及学术共同体认同。学术自由通常包含三个维度：研究自由、教学自由、学习自由。研究自由是指研究人员有权独立地探寻新的科学知识，并在这一过程中可以自由地提出研究问题，自由地采用研究方法（只要不违反法律），自由地评价和传播其研究成果。教学自由涉及到科学知识的传播，教学自由赋予大学教师在组织课程的过程中自由地规定教学内容和使用教学方法的权力和自由表达其学术观点的权力。学习自由是赋予学生自由选择课程和参加考试的自由，从而赋予其更多的学术独立性。随着洪堡大学改革的深入，学术自由和学术自治的原则

---

62 Friedrich Paulsen. die deutschen Universitäten und das Universitätsstudium[M]. Berlin: Verlag von A. Ascher, 1902:99.

63 Abraham Flexner. die Universitäten in Amerika, England und Deutschland[M]. Berlin: Verlag von Julius Springer, 1932:247.

被确立为对国家科学政策的一种正式限制。[64]

学术自由的理念也受到法律的保障。1850 年的普鲁士宪法第 20 条[65]以及 1871 年的德意志帝国宪法第 152 条都写明：学术和教学是自由的。1919 年魏玛共和国的宪法第 142 条也写明：艺术、学术以及教学是自由的，国家应予以保护和维护。[66]二战后的《基本法》第 5 条第 3 目规定：艺术和科学、研究和教学是自由的。教学自由不能脱离对宪法的忠诚。为了维护学术自由，德国大学也建立了一套由学者管理学术事务的内部管理体系。学术自治（akademische Selbstverwaltung）是德国高等教育管理的重要支柱之一。自治（Selbstverwaltung）的概念最早来自社区管理和城镇管理，后来延展到公共机构管理。自治理念是指，涉及到某个团体的公共事务应该直接由这个团体的人自己处理。自治的民主合法性来源于相关人对其自身事务的自我管理。那么学术自治就是指大学的学术事务由大学成员自己处理，具体来讲就是大学内所有关于大学的专业结构、教学科研事务的安排、大学的内部组织等基本的决策都要由大学成员来做出。但这里的决策者并不涉及每一个学校成员，而是由各个成员集团的代表组成的各种委员会。大学自治的理念起源于中世纪的大学自治传统，并成为后来各国大学推崇的理念之一。在中世纪，德国的大学是一种典型的学者共和国，科研和教学活动都是高度独立的，教授的教学和科研都是自身爱好所驱动的，教和学是一种非结构化的交流过程，教授也不会受到控制。大学成为一种授业者和学习者共同的生活空间，双方的职业活动和私人生活是融合在一起的。在这种学者共和国里，其决策流程只是涉及到各个不同专业（讲座）的协调过程，整个大学呈现出一种松散耦合的特性，并不存在一种自上而下的等级制结构。而不同专业是由那些教席教授来代表的，教授们以一种俱乐部式的、非常松散的、合议制的方式管理着学校。在德国现代大学建立的过程中，人文主义者更加强化了这种观点，他们毫无怀疑地认为，只有由学者和学生构成的行会式的大学才能最好地维护和传播科学。即使后来大学是由教会或国家建立，他们也要赋予大学特权，

64 Albrecht Blümel. Von der Hochschulverwaltung zum Hochschulmanagement[M]. Wiesbaden: Springer Fachmedien, 2016:115

65 Universität Würzburg. Preußische Verfassung[EB/OL][2021.04.15]https://www.jura.uni-wuerzburg.de/lehrstuehle/dreier/verfassungsdokumente-von-der-magna-carta-bis-ins-20-jahrhundert/revidierte-preussische-verfassung-1850/

66 Armin Klein. Kulturstaat[M]//Rüdiger Voigt. Handbuch Staat. Wiesbaden: Springer VS, 2018:330.

将学术事务交由学者们打理,不去干预大学的自治。[67]

当然,任何自由都有其边界,譬如不能违背法律或者学术科研伦理乃至公序良俗,这些是保障学术正常发展的必要约束。但是,学术自由常常受到政治、宗教、民族主义等势力干涉。在德国,政治当局对学术自由的干涉最为突出,学术自治也始终处于一种与政治当局不断地抗争与妥协之中。国家在最大限度地保障学术自由的同时,教学和科研也受制于当权者,关于国家和学术自由的关系可以从1737年哥廷根大学哲学院的学院章程看出端倪:

> 教授对于教学自由应具有责任感,同时也应具备教学自由之理念,其可自由选择课程讲授所需之教材与学说,但其教学不可危害宗教、国家与善良风俗。[68]

因此,韦伯认为德国的学术自由只存在于官方接受的政治和宗教观点的范围内。[69]前面提到的施潘事件就是国家权威和学术权威博弈的典型案例,这也说明学术自由面临的两难处境,原因就在于学术权威和政治官僚的互不信任。政治官僚们认为学术权威以学术自由为屏障形成了"卡特尔"式的门阀体系,他们缺乏政治理解、无视国家和社会利益、自利自闭且缺少自律,因此需要"以超然的社会角色、无个人利益、无政治动机"的国家官僚作为学术自由的守门人。[70]而学术群体则认为政治官僚们并不懂学术运作的逻辑,粗暴地以行政权力来干涉学术自由,阻碍了学者探求知识和真理。另外,从教授的公务员身份来讲,教授的学术自由也不能侵犯到其雇主(国家)的利益,即不可以"吃国家的饭,砸国家的锅"。

二、大学教授主导下的学术自治

大学自治本质上涉及的是管理学术事务的独立组织,即在学术事务上谁来做决策,怎样做决策。19世纪德国大学的学术自治是通过两个方面体现的,一是在组织上,由校长、学术评议会以及院系来决定学校的教学和科研任务。

---

67 Ludwig Bernhard. Akademische Selbstverwaltung in Frankreich und Deutschland[M]. Berlin: Verlag von Julius Springer, 1930:98

68 张源泉,德国高等教育治理之改革动向[J],教育研究集刊,2012(12):91-137。

69 Fritz K. Ringer. The Decline of the German Mandarins: The German Academic Community 1890-1933[M]. London and Hanover: Wesleyan University Press, 1990:143.

70 张斌贤,王晨,张乐,"施潘事件"与德国的学术自由[J],教育研究,2012, 33(02):134-140。

二是在教学上，教授和学生享有完全的教学自由。法律规定大学是传播和创造知识的场所，教师的教学不会受到法律、条例或者行政命令的限制，教育部也不会规定大学教科书的内容。

相比于其它组织，大学是一种松散耦合的组织结构，其组织形式和享有的独立性都远远超过其它国家机构。这样的形式和地位可以追溯到大学的最初起源——学者社团。古老的中世纪大学由学者自主选择大学领导的传统被保留下来，即教授们可以自己选举院长和校长，概括起来就是"教授治校"。[71]同时正教授垄断了大学的领导职位，不论校长还是院长都必须是正教授，但这两个职位都是"作为平等中的首位"，并没有太多的决策权。而这种情况反过来又不断地强化了教学教授的地位。总的来说，可以确定的是，在"教授大学"中，学术团体内的正教授集团潜移默化地塑造了德国大学，在各种学术自治机构以及在和国家及社会的交流中长期有着决定性的影响。如果将正教授视为大学的基础的话，那么德国大学系统的决策机制可以被看作一种基层民主（Basisdemokratie），即决策层不在领导层。但是这个基层不包含更基层的群体，数量巨大的非教授群体被排除在大学学术自我管理之外。如果将这些大量的非正教授成员也视为大学的基础，那么德国大学的内部管理又不是基层民主了，而是受到那些"学术寡头"（akademische Oligarchie）控制。[72]韦伯将学术自由"比作一条横线，将"大学官僚制"比作一条纵线，而这两条线不论在大学的外部管理还是内部管理中始终交织在一起。而韦伯所指的内部官僚制是指大学正教授与非正教授之间形成了领导与被领导的支配关系，正教授成了国家权力机构中权力执行者之一，[73]形成了教授治校的局面。教授治校的权力体现在以下几个组织层面。

（一）讲席教授领导研究所

进行教学和科研的基层单位是研究所（在社会科学和自然科学领域称为Institut，在人文学科领域称 Seminar），它由一名正教授担任所长。所长独揽

---

71 陈洪捷，德国古典大学观及其对中国的影响（修订版）[M]，北京：北京大学出版社，2006：77。

72 Otto Hüther. Von der Kollegialität zur Hierarchie? Eine Analyse des New Managerialism in den Landeshochschulgesetzen[M]. Wiesbaden: Verlag für Sozialwissenschaften, 2010:55.

73 何生根，韦伯的学术自由思想及其当代反思[J]，教育学报，2007（02）：78-86。

研究所中研究和教学、人事和财务的决策权。[74]在内部，德国大学一个鲜明特点是：由一名正教授负责一门专业（Fachgebiet），并成为这个专业的唯一代表。而包含这个专业的研究所由正教授所代表和领导。他是所里唯一具有举办考试权限的人，因此控制了教学内容和课程。正教授还决定研究项目和人事政策。众多的研究所就构成学院，而学院的发展是由正教授们共同参与，按照合议制原则决定的。[75]在教席教授模式中，学院和学校领导层扮演着不重要的角色。权力更多地集中在教席教授身上，而领导阶层却很弱。

（二）正教授是学院管理机构的唯一成员

19世纪德国大学延续了中世纪大学的学院设置，设有文学院、法学院、神学院和医学院四大学院，个别学院有五个学院。正如前面提到的，学院分为广义的学院和狭义的学院。狭义的学院成员只有正教授，这种情况一直持续到1918年革命前。在1918年后，各大学章程中开始规定部分编外教授群体也属于狭义的学院。普鲁士和巴伐利亚的大学都开始在狭义学院中增加非正教授成员的数量。如果学院成员有3到5名，那么通常要有一名非正教授代表。如果有6到10名成员，则需要有2名非教授代表。如果超过10名成员，则需要有3名非正教授代表。[76]而广义的学院包含整个学院的所有教师。从今天来看，最广义的学院也包括了学生。但广义的学院并没有任何功能，只是大学成员的一种归属。作为组织单位的学院只是狭义上的学院（即院务委员会，Fakultätsrat），并由它进行学院的自我管理。院务委员会负责所有学院事务，因此就教学和研究问题来说，学院的职责范围也可以缩小和扩大。不同的学院作为自治实体，也拥有一些重要的功能，构成学院管理主体的正教授，每年都要选举自己中的一员作为学院的院长，作为领导来主持院里的活动。学院要暗中对学生的道德品行和学习进行监督。学院负责主持考试，宣布有奖论文的题目并颁发奖励。此外，学院还要监督教学工作，以确保每一学期所有科目都要被安排进课程设置，如有某些专业教学人员不足，还可

74 陈学飞，美国、日本、德国、法国高等教育管理体制改革研究[M]，北京：教育科学出版社，1995：130。

75 Otto Hüther. Von der Kollegialität zur Hierarchie? Eine Analyse des New Managerialism in den Landeshochschulgesetzen[M]. Wiesbaden: Verlag für Sozialwissenschaften, 2010:54.

76 Alexander Kluge. die Universitätsselbstverwaltung, ihre Geschichte und gegenwärtige Rechtsform[M]. Frankfurt am Main: Vittorio Klostermann, 1958:118.

以申请补充教学人员。最为重要的是，学院要主持授予学术学位的相关考试，并由院长颁发学位。学院还要为年轻学者颁发大学任教资格证书（venia legendi），赋予他们作为私人讲师在学院执教的权力，由此将他们纳入到更广义的学术教师群体中。最后，当新立教席或教席空缺时，学院向教育部提供候选人名单。[77]

院长和院系的其它人员并没有等级关系，他只是作为"平等中的第一位"（primus inter pares/Erster unter Gleichen）来执行院里的事务。波恩大学1863年的大学章程第22条对院长的选举和任期做出如下规定：

> 为了处理学院的事务，每个学院要从学院中选出一位院长（Dekan），院长任期一年。哲学院的候选人如果没有超过选票的四分之一则不能当选，其它学院则遵从多数票原则，如果票数相同则通过抽签决定。院长选举在校长选举两天后进行。院长候选人和校长候选人名单一起由学监提交给教育部进行公示确认。

（三）教授团体把持校级管理岗位和机构

校级层面的学术管理机构主要是校长和学术评议会。大学的校长由所有正教授选举产生，校长人选也必须从正教授团体中产生。虽然校长最后需要由州政府任命，但通常政府不会否决大学教授们的提名。校长是大学评议会的主席，同时也是大学学术事务的最高领导，也是处理学校外部事务时的最高代表。不同于学监，校长的任期并不是终身制，甚至非常短。在19世纪的大学，校长的任期通常只有一年，基本上由正教授轮流坐庄。这种模式既不会对学术有什么损害，也不会形成长期的教育政策。校长并没有太多话语权，学校事务都是由学院或者评议会集体决策。校长只是代表学校，并不是管理学校，他的首要职业仍是学者，这也导致校长的影响力十分有限。相比于美国大学校长的权力，德国大学校长似乎更像是大学的一种装饰，但他却并非完全没有意义，设想一下，如果让政府随心所欲地任命一位国家官员担任大学校长，那么大学自己能够选举校长的意义也就显示出来了。德国大学校长是大学法人社团地位的显著象征。[78]波恩大学1900年章程第40条对校长选

---

77 Friedrich Paulsen. die deutschen Universitäten und das Universitätsstudium[M]. Berlin: Verlag von A. Ascher, 1902:95.

78 Friedrich Paulsen. die deutschen Universitäten und das Universitätsstudium[M]. Berlin: Verlag von A. Ascher, 1902:94.

举和职责做出规定：

> 所有的正教授，只要符合选举资格的，都有从正教授中间选举校长和评议会的权力。二者都是每年选举一次，任期一年。校长的选举在每年的七月一日举行……选举结果需要得到宗教、教育和医疗事务部部长的确认。确认结果最晚在选举结束八天内由学监宣布。如果选举结果没有被批准，则需立刻举行第二次选举。如果第二次结果仍然被拒绝，则教育部长有权直接任命一名教授作为校长。校长是学术事务的最高主管，也是大学一切对外活动的代表。校长主持评议会的会议，评议会的事务按照多数票原则进行决定。此外，校长负责监督档案室，参与学术事务的司法判决。在学监的参与下校长和评议会负责领导和决定学校的总体事务，在需要的情况下和上级机关进行谈判，在法律法规范围内处理学生违反纪律的事件。

评议会是西方大学最重要的学术机构。在德国，学术评议会除了拥有大学全部学术事务审议决策权之外，还拥有一些重大行政事务审议决策权。大学评议会由各系部的正教授选举产生。评议会除了那些选举出来的成员外，作为评议会主席的校长、大学的检查官以及各院系的负责人则是评议会的当然成员，他们组成了一个执行委员会。评议会和校长掌握着纪律管理权。[79]在19世纪，由评议会主导的大学管理往往把教席教授（正教授）以外的所有教师排除在外。评议会在维护自治和自我管理方面扮演着重要的角色。通过它们，教学人员参与到管理之中，并承担了一定的职责。[80]

根据波恩大学1900年章程第45条规定，在校长委员会完成任务交接后，就开始组建新的评议会，评议会的成员包括：

1. 当时的校长
2. 刚退出评议会的校长
3. 五个学院的院长
4. 从正教授大会中选举的四名正教授
5. 除了上述评议会轮换成员外，大学法官是评议会的常任成员

---

79 Friedrich Paulsen. die deutschen Universitäten und das Universitätsstudium[M]. Berlin: Verlag von A. Ascher, 1902:94.

80 [瑞士]吕埃格，张斌贤，杨克瑞译，欧洲大学史第三卷：19世纪和20世纪早期的大学（1800-1945）[M]，保定：河北大学出版社，2013：125。

由于评议会成员任职都是有期限的，一般只有一年，最多不会超过两年。为了避免因为短期的频繁交接导致工作衔接不畅以及新任议员业务不熟，评议会规定每次选举时都要保留上任评议会里的三名教授，即上任的校长以及四名正教授议员中的两名。而唯一不需要轮换的是国家派驻在大学的法官，他也是唯一一个不需要经过教授们选举、而是由政府直接任命的评议会成员。法官本来是主管学生纪律事务的，逐渐也扮演了解决大学所有法律问题、管理问题方面的顾问角色。在 1816 年的柏林大学章程中，大学法官还只是法律顾问的角色，他的职业也仅限于参与评议会中涉及到的法律事务，并隶属于校长和评议会。到了 1919 年卡尔斯巴德决议后，法官才成为评议会的完全成员，监督学生和教授的反动行为。

三、大学教师群体的差异性及冲突

自 19 世纪下半叶，德国大学形成了一种在保障专业代表原则（Fachvertreterdisziplin）的前提下大学教师的等级分化。这一现象首先出现在自然科学专业中，随着大学不断扩张，也出现在人文学科中。教授团体成为了大学内部的特权阶层，而编外教授和私人讲师的地位和待遇则差得多，在大学管理中没有任何话语权，大学正教授和其它大学教师群体充满矛盾。

（一）大学教师的人员构成

关于 19 世纪德国大学学术人员的划分，不同的时期和不同的邦国略有区别，但大都包含以下人员。包尔生（Friedrich Paulsen）依据法律地位将大学教学人员分为两类：由国家雇佣并支付薪水的教授群体和由大学雇佣的没有薪水的私人讲师群体。处在学术顶端的是教授群体，这其中又分为正教授（Ordinarius/ordentlicher Professor）和编外教授（Extraordinarius/außerordentlicher Professor）。大学教席所有者被称为教席教授或者正教授。教席（Lehrstuhl）和某个研究领域连接在一起，并有附属的研究所，研究所的预算和员工都由教席教授负责。而编外教授没有教席，有很少的或者没有学术员工，没有预算或者很少的预算。正教授是学术管理的执行者，而编外教授既不参加学校的也不参加学院的学术管理。此外，在 19 世纪下半叶出现了名誉教授（Honorarprofessor）这一学术称谓。他们的地位比编外教授要高，但他们既没有教学义务，也没有工资，但从这点来看和私人讲师类似。通常能担任荣誉教授的都是年纪较大、有威望的人，他们以这种方式和大学建立一种自由的联系。[81]

　　另一类重要的教师就是私人讲师，私人讲师是指那些通过了教授资格考试（Habilitation）并有教学权力的学术人员，但他们并没有教学义务，即他们的教学活动不能是强制的。他们受雇于大学，没有从国家获得的固定工资，只能靠收取学生的课时费（Kolleggeld）作为生活来源。私人讲师是大学的学术后备人才，他们需要通过教授资格考试才可能成为教授。教授资格考试成为学术职业发展中通向教授职位的一个特定的阶段，成为一种正式的筛选未来教授的考试程序，也被称作是"第二个、要求更高的博士考试"。[82]与教授不同的是，讲师可以自由地授课，开设他想开的课，只要有学生选课即可。

　　在所有的非正教授教师群体中，私人讲师的处境最糟糕，他们在大学不仅没有话语权，也没有固定的工资，只靠给学生授课获得收入。在 19 世纪初期，私人讲师们要和教授们竞争学生的听课费，所以在授课上面还要受到教授的压制和反对。由于私人讲师们更加年轻，更加善于辞令，因此相比上了年纪的教授们更受学生欢迎，这种矛盾使得教授们以掌握的学术权力来限制私人讲师们的授课科目和考试辅导。[83]为了获得教授资格私人讲师也要在收入微薄的情况下苦熬多年。从博士毕业到成为正式教授的进阶之路，几乎在德国历史上的每个阶段都是一件乏味且困难的事情。私人讲师往往很多年都不能晋升，尤其当正教授对他不感兴趣甚至有敌意时。这种职业体系导致了可悲的、有学问的无产者出现。[84]到 1900 年，德意志帝国和奥地利的私人讲师平均年龄已达 38.5 岁，且获得教授资格也不等于就获得了教授岗位，他们必须等待空余的教授岗位出现。尤其在 19 世纪中期之前，一个教席只有一名教授，空余教授的名额十分少。特别是后期很多薪水极低的编外教授也加入了私人讲师的队伍，因此在 1900 左右就产生了非常严重的"非正教授团体"问题。这不仅涉及到大学教师中位于助教和教授之间庞大的中间阶层的法律地位，还关系到他们的生存状况。1875 年，普鲁

81 Friedrich Paulsen. die deutschen Universitäten und das Universitätsstudium[M]. Berlin: Verlag von A. Ascher, 1902:97.

82 孙进，选拔以学术为业的精英人才——德国大学教授资格考试制度评述[J]，中国人民大学教育学刊，2013（02）：47-58。

83 孙进，选拔以学术为业的精英人才——德国大学教授资格考试制度评述[J]，中国人民大学教育学刊，2013（02）：47-58。

84 Abraham Flexner. die Universitäten in Amerika, England und Deutschland[M]. Berlin: Verlag von Julius Springer, 1932:232.

士教育部专门设立基金会以资助私人讲师，改善私人讲师的经济状况。然而，由于薪金发放权力通常掌握在学系教授们的手中，私人讲师薪金的设立反而使得私人讲师对教授的依附性增强，这进一步加剧了大学教师内部的等级性。[85]这种现实状况迫使私人讲师开辟除了课时费收入外的其它收入来源，以减轻在成为教授前的经济压力。文科类讲师的工作机会较少，一般只能做图书管理员或档案管理员。相比之下，自然科学类的讲师的工作机会要多一些，可以在实验室或者校医院担任助理。这样他们可以使用实验室的设备进行科研，并有一份收入。助理由实验室或研究所的教授直接聘用，由教授直接管理。从下表可以看出，1910 年文科私人讲师有 139 名，其中助教所占的比例只有 8%，而自然科学中的私人讲师有 202 人，助教占比却达到了 35.6%（见表 2-1）。

表 2-1：1880-1910 年德国大学讲师数量

	1880		1910	
	私人讲师（总数）	其中助教占比（%）	私人讲师（总数）	其中助教占比（%）
文科总计	86	3.5	139	8
天文学	2		8	25
数学	7		17	11.8
地质学	13	23.1	26	42.3
生物学	18	33	59	37.3
化学	25	40	92	38
自然科学总计	65	29.3	202	35.6

资料来源：Klaus Schwabe. Deutsche Hochschullehrer als Elite:1815-1945[M]. Boppard am Rhein: Harald Boldt Verlag,1983:164.

（二）正教授群体的特权地位

正教授群体十分精通如何保持对非教授群体的特权地位，他们要保持自己明显的群体和阶级意识，这种意识会在教授群体的精神文化自我表达中、社会行为中以及政治态度中以某些特定的形式表达出来。在 19 世纪初期，德国教授就将自己定义为文化贵族中的一份子。正教授群体从这种意识中不仅

85 吴清，德国大学教授制度研究[D]，南京：南京理工大学，2017：17。

获得了公开发表政治言论的权力，而且还获得了采取政治行动的权力。[86]在德国，受过学术教育的人群成为了一种知识分子贵族阶层，其中包括神职人员和教师、法官和公务员、医生和技术人员，总之就是那些通过大学课程获得从事教育或者管理职位的人。总体而言，它们构成了一种正式的国家官员贵族（Amtsadel）体系，因为它们都参与了政府和其它公共行政部门的工作，比如国家部委、法院、教会、学校以及各级卫生和技术管理部门。[87]接受大学教育在19世纪还只是少数人能享受到的权利。在现代大学建立后，大学教师主要出身于富裕的市民阶层以及那些传统的教育阶层（官员家庭和学者家庭）。这些学者自身构建了一个处于领导层次的阶级，尤其是大学为教会和政府机构培养了众多职员，教授本身又是领取国家薪水的公务员，大学教授由于其育人功能而相对于其它社会精英具有了特殊地位。当然大学教授的社会地位不仅仅是由他们的社会阶层决定的，尤其在19世纪，科学发展的成就也是奠定教授地位的重要因素，甚至可以说是决定性的因素。在现代大学教学和科研相统一的理念下，德国大学的教授创造了世界领先的科学成就，许多科学成就成为改变社会的决定性因素。19世纪是名副其实的"科学世纪"（wissenschaftliches Jahrhundert）。[88]科学研究在大学中占有日益重要的地位，这种状况无疑也提升了教授的社会地位。大学教授不再像中世纪的教授那样只是在教室里照本宣科地传授知识，而是将教学和科研相统一。实验室、讨论课以及研究所等组织创新也创造了教授作为科学研究项目领导的新角色。[89]教授群体相对于大学内部其它群体的地位和影响不断增加，这一趋势在19世纪逐渐增长并在一战前达到顶峰，这一时期的大学被称为"学者王国"或"教授大学"。

德国大学教授的职业晋升之路并不平坦，但一旦进入了教授行列，尤其是正教授行列，那么他们就是大学这个学者共和国里最有权力、最有声望的人。相比于其它教师群体，正教授群体的特权主要体现在三个方面：举办正

86 Hans Christof Kraus. Kultur, Bildung und Wissenschaft im 19. Jahrhundert[M]. München: Oldenbourg Wissenschaftsverlag GmbH, 2008:84.

87 Friedrich Paulsen. die deutschen Universitäten und das Universitätsstudium[M]. Berlin: Verlag von A. Ascher, 1902: 149.

88 Thomas Ellwein. die deutsche Universität vom Mittelalter bis zur Gegenwart[M]. Königstein: Athenaum Verlag GmbH,1985:131.

89 Klaus Schwabe. Deutsche Hochschullehrer als Elite:1815-1945[M]. Boppard am Rhein: Harald Boldt Verlag, 1983:29.

式的课程、获得除课时费外的固定薪酬、以及在各种大学决策机构中占据主导地位。不论在大学的正式事务还是非正式事务上大学的教席教授都发挥决定性的作用，只有正教授才享有所有的学术权力，他们控制学院的学术管理，只有他们才有资格成为学校最高决策机构的成员，作为每个专业的代表决定科研的方向，定义学习内容和形式，决定学术后备人才（私人讲师和助教）的命运，并可以被选举为院长和校长。作为每个专业的教席拥有者，正教授的权威不断地被制度化，而编外教授只能被限制在教学和科研的某个领域内。正教授来主持正课（Hauptvorlesung）并主持专业考试，而其它教师只能讲授非正式课程（außerordentliche Vorlesung）。此外，正教授的薪水也要比编外教授高的多，比如 1899 年正教授工资为 4000-6000 马克，而编外教授的起始工资只有 2100 马克，正教授的课时费也要比编外教授高得多。而私人讲师只能依靠学生缴纳的课时费获得收入。[90]从私人讲师过渡到教授阶段是一个非常艰苦的过程，面临着非常大的精神压力和经济压力。即使在 1900 年非教授群体的数量超过正教授群体的时候（见表 2-2），正教授在大学内的主导地位依然没有发生改变，非正教授群体的境遇依然糟糕，特别是私人讲师。

表 2-2：1800-1953 年德国各类大学教师数量

年份	正教授		荣誉教授		编外教授		临时教授		私人讲师和助教	
	总计	女性	总计	女性	总计	女性	总计	女性	总计	女性
普鲁士时期										
1800	108				36				32	
1834	223				104				112	
1853	238				98				150	
德意志帝国时期										
1864	723		12		277				364	
1873	853		9		328				346	
1880	941		22		383				457	
1890	1035		36		494				577	
1900	1404		73		702				979	

90 Bernd Kleimann. Universitätsorganisation und präsidiale Leitung-Führungspraktiken in einer multiplen Hybridorganisation[M]. Wiesbaden: Springer Fachmedien, 2016:205.

1910	1688		109		830				1401	
1920	1953		217		873				1539	
1931	2384	2	116		297	3	1558	13	1804	16
1938	2164		25		338		1306	12	1223	12
联邦共和国时期										
1949	1447	2	21		246	4	671	14	907	27
1953	1929	4	130		304	8	1073	27	1425	43

资料来源：Bernd Kleimann. Universitätsorganisation und präsidiale Leitung-Führungspraktiken in einer multiplen Hybridorganisation[M]. Wiesbaden: Springer Fachmedien, 2016:203.

（三）大学内非正教授群体的反抗

1848 年的欧洲革命，是一场现代化浪潮对抗欧洲封建复辟的进步运动。[91]在德意志三月革命的大氛围影响下，德国大学也出现了反抗专制和追求民主的浪潮。许多地方召开了非教授群体大会（波恩、蒂宾根、维尔茨堡），而有的地方则建立起改革联盟（慕尼黑、耶拿）。各种改革派别都提出了许多改革建议，比较极端的有，一个法兰克福俱乐部提出要建立"普遍的、面向所有德国人的、自由的学术大学"（allgemeine、deutsche、freie、akademische Universität），即取消大学入学考试，每个人都有进入大学的权力。稍微不那么极端一些的，但对传统的"教授大学"来说其革命性一点也不低的建议，来自于非教授群体。他们要求大学的最高管理机构要由所有的教师和学生构成，大学校长、评议会以及各种委员会都应该由这个最高机构从教授中选举人员担任或组成，他们最终都要对最高机构负责。此外，评议会以及学院也要有一定比例的非正教授人员。而这一系列大学改革的高潮就是 1848 年 9 月 21 日-24 日在耶拿召开的全国高校教师大会。[92]来自德语地区 18 所大学的 123 名教师代表参加了会议，但普鲁士的大学由于政府的阻挠未能派代表参加。大会的主题包括以下几个方面：彻底的教学自由、修改大学法、改善非教授群体的地位、以及国家公务员和教堂职员的国家考试问题等。[93]但是这次改革

---

91 丁建弘，德国通史[M]，上海：上海社会科学出版社，2002：187。

92 Alexander Kluge. die Universitätsselbstverwaltung, ihre Geschichte und gegenwärtige Rechtsform[M]. Frankfurt am Main: Vittorio Klostermann, 1958:86.

93 Heinz-Elmar Tenorth, Charles McClelland. Geschichte der Universität Unter den Linden: Band 1: Gründung und Blütezeit der Universität zu Berlin 1810-1918[M]. Berlin: Akademie Verlag, 2012:407.

会议只是大学教师们的一厢情愿，并没有受到各邦教育主管部门的重视。随着 1948 年革命的失败，这些改革建议也烟消云散，改革中提到的非教授团体参与大学管理的畅想也没有丝毫实现。编外教授参与大学管理直到 1923 年的大学改革后才实现，而大学讲师更是在二战后"群体大学"形成后才得以参与大学管理事务。

20 世纪初，这些收入和社会声望都远低于正教授的弱势教师群体又开始团结起来争取自己的利益，出现了一股结成联盟抵抗正教授集团的潮流，比如 1909 年成立的"普鲁士编外教授联合会"、1910 年成立的"德国私人讲师社团"、1912 年出现的德语区国家"德意志非正教授教师联合会"。[94]但是从正教授集团和非正教授集团间的结构性不平等程度来看，这些非正教授集团的反抗运动并没有导致决定性的变化。正教授的社会声誉和特权仍旧保持不变，他们依旧可以通过大学的自治、薪金制度以及作为研究所的领导等机制维护他们的特权，德国大学依旧是"（正）教授大学"（Ordinarien-Universität）。正教授全权负责研讨会、研究所或大学医学院的管理，并负责预算、人事、教学和研究等几乎所有事务。正教授处于大学金字塔的顶端，掌管一切学术事务，并竭力维护其特权，这种状况直到 20 世纪 70 年代"教授大学"消解后才略有减轻。从大学权力的运行机制来看，只要正教授处于大学内部治理结构的顶端，那么这种家长式统治的组织结构（Das patriarchalische System）就会持续运行。而一旦非教授团体想摆脱压迫，追求更多的权益时，矛盾就会出现。特别是随着科学的专业化和劳动分工的改变，助教和编外教授被证明有和正教授同等的能力，从前正教授这一职位的专业化程度（Profession）就失去了合法性。[95]

---

94 Bernd Kleimann. Universitätsorganisation und präsidiale Leitung-Führungspraktiken in einer multiplen Hybridorganisation[M]. Wiesbaden: Springer Fachmedien, 2016:205.

95 Bernd Kleimann. Universitätsorganisation und präsidiale Leitung-Führungspraktiken in einer multiplen Hybridorganisation[M]. Wiesbaden: Springer Fachmedien, 2016:204.

第三章　民主参与理念下的德国大学利益群体共决模式

　　二战之后的德国到处一片废墟，由于盟国的持续轰炸和希特勒执行的焦土政策，德国很多城市和工业区被摧毁殆尽，经济凋敝，百姓民不聊生，德意志民族为希特勒的纳粹战争承受了巨大的代价。由于受到希特勒纳粹政权的迫害，大量优秀的科学家和学者流亡海外。德国科学事业遭受毁灭性打击，世界高等教育的中心由德国转移到了美国。战后德国的教育事业恢复面临着物质和精神上的重重考验，在思想上，德国的青少年、乃至青年教师都经历着领袖信仰的破灭，处于一种颓废迷茫的精神状态，而战争的损害也导致教育基础设施的极大破坏。战后西部占领区有一半以上的学生宿舍变成了断壁残垣。不莱梅市原有教学大楼 150 栋，在战争中被彻底夷为平地的有 48 栋，遭受到中等程度和严重程度破坏的有 72 栋。1938 年，西柏林有教学楼 397 栋，教室 8389 间，战后只剩下大楼 198 栋，教室 2344 间。[1]大学的实验室和图书馆也损毁严重，许多学生只能从废墟中寻找未完全损坏的实验设备，修理后继续使用。而更加突出的问题是师资紧缺，许多年轻的教授由于具有纳粹思想被清除出教师队伍，战后的大学主要由一些老教授主持，他们的经验仍然来自于洪堡时代的大学理念。

　　在战后，众多的改革文件都涉及到加强大学自主权以及取消"教授大学"的内容，但在联邦州的教育实践中，这种"雅努斯之首"的双元管理体

1　李其龙，德国教育[M]，长春：吉林教育出版社，2000，173。

制却并没有被改变。[2]纳粹时代之后，西德大学将国家干预视为对知识自由的威胁，并成功地争取到维持高度自治的权力，甚至比第二次世界大战前的自治程度还要高。大学的社团自治得到了加强，甚至扩展到了以前由国家行政部门控制的领域。高等教育政策得到了跨越整个政治领域的支持。但在此期间，高等教育政策仅专注于重建传统大学系统，虽然从国际比较来看，在德国国家对学术基本原则的规定以及对大学的财政事务有着非常强的影响。但从历史维度来比较，二战后德国大学却享受着历史以来最全面的大学自治。[3]大学内部管理上依旧保持着 19 世纪以来形成的洪堡模式下的"教授治校"传统，其管理主体和管理机制几乎没有发生改变，甚至教授治校的传统还有所加强。但是，人们对这种早期的教授占统治地位的科学组织日益感到不满。因为恢复传统的高等教育管理体制的依据既不是宪法中所申明的民主原则，也不是当时教学和科研及人才实际培养的实际需要，而主要是对纳粹集权统治的否定。因此，新恢复的高等教育管理体制乃至整个高等教育体系从一开始就隐含着封闭和脱离时代要求的倾向。[4]从 20 世纪六十年代起，战后兴起的全球民主运动之风也吹拂到了德国。德国爆发了"六八学生运动"，动摇了德国"教授治校"的内部管理传统，在"民主化"的口号下，德国大学也由"教授大学"转变为"群体大学"。

第一节　高等教育扩张和大学民主运动

二战之后，德国大学在最初的稳定过后，也经历了巨大的变革。一是世界范围内的民主化浪潮波及德国，德国兴起了要求大学民主化的"六八学运"，这深刻改变了大学的内部管理模式，大学由原来的"教授大学"转变为"群体大学"，教授的权力受到削弱，其它大学内的群体获得了大学管理的参与权。此外，大学校长的权力得到加强，被赋予了更多权限。此外，由于联邦经济的发展，联邦层面获得了更多干预大学的机会，新的全国层面的管

2　Thomas Oppermann. Ordinarienuniversität - Gruppenuniversität - Räteuniversität. Wege und Irrwege[J]. Wissenschaftsrecht, 2005, Beiheft 15:1-18.

3　Ece Göztepe-Çelebi, Freia Stallmann, Annette Zimmer. Looking back: Higher Education Reform in Germany[J]. German Policy Studies/Politikfeldanalyse, 2002,(2)3:1-23.

4　陈学飞，美国、日本、德国、法国高等教育管理体制改革研究[M]，北京：教育科学出版社，1995：130。

理机构出现。德国大学在 1945 年并没有经历过那些浴火重生、或者破旧立新的重大转折性事件使大学脱离 19 世纪以来形成的大学模式。战后消除组织结构中的"领袖原则"以及回归到 1933 年存在的大学和国家的关系之中，是一件理所当然的事情。战后的英国占领当局于 1948 年制定了一份《鉴定报告蓝皮书》，对战后德国大学的重建做出规划，《蓝皮书》认为"高等院校具有悠久的历史，其核心传统是健康的"，改革的任务是"让传统的健康核心服务于我们时代的必要性"。卡尔.雅斯佩尔在 1945 年就强调："在重建大学时，通过现今的创新回归我们最好的传统，完全是我们精神生活的命运问题。"[5] 战后的混乱局面并没有导致高等教育新局面的开始，反而使大学回到了洪堡传统，一种帝国主义和魏玛共和国时代遗产混合的模式。一直到 60 年代末，传统的大学制度才出现了突破，大学进入"群体大学"模式，这种改革是对战后的教育扩张和大学民主化的回应。

一、60 年代的高等教育扩张

（一）导致 60 年代高等教育扩张的因素分析

20 世纪 60 和 70 年代大学改革浪潮的一个最重要起因就是教育扩张。温多夫（Paul Windolf）在论述 1870-1990 年德国经历的历次教育扩张时，提出了导致教育扩张的三种理论。一是人力资本的观点，二是个人为了改善社会地位的竞争而接受教育，三是认为社会不同阶层（团体）的竞争导致教育扩张。在战后教育扩张的大潮中，第一种和第三种理论尤其发挥了重要的作用。

人力资本理论认为，大学的扩张是与经济增长和技术进步同步的，是为了满足社会对人才职业资格的需求。教育扩张的驱动力不是来自教育系统内部，而是来自经济系统，教育系统只对劳动力市场的需求做出反应。[6]从 60 年代的教育扩张开始，根据统计，只有 20% 的教育扩张是因为人口发展，而 80% 是因为社会和经济因素。[7]二战后，联邦德国在占领国的支持下，经济逐渐恢复并快速增长，创造了 50 年代到第一次石油危机时长达二十年的经济繁荣，

5　[德]克里斯托弗.福尔，肖辉英，陈德兴，戴继强译，1945 年以来的德国教育：概览与问题[M]，北京：人民教育出版社，2002：216。

6　Paul Windolf. Zyklen der Bildungsexpansion 1870-1990, Ergebnisse der Spektralanalyse[J]. Zeitschrift für Soziologie, 1992,(21)2:110-125.

7　George Turner. Hochschulreformen:Eine unendliche Geschichte seit den 1950er Jahren[M].Berlin: Duncker & Humblot,2018:38.

这一现象被称为"经济奇迹"。[8]联邦德国的国民生产总值在 1955-1960 年间平均增长 6%，1960-1965 年为 5%，1966-1970 年为 4.8%，虽然增长率呈减缓趋势，但是国民生产总值的绝对额却是直线上升和迅速增加。1950 年联邦德国在资本主义世界国民生产总值中所占比重为 5.4%，1970 年为 7.5%，仅次于美国和日本，居资本主义世界第三位。1971 年联邦德国工业生产占整个资本主义世界工业生产比重为 9.8%，与日本并列第二，商品输出增至 1360.11 亿马克，在资本主义世界中占比 12.6%，与美国的 14%相差无几。联邦德国的国民收入也快速增加，1970 年的人均收入已达 8725 马克，较 1950 年增加了 5.5 倍。[9]虽然战后德国经历了经济奇迹，但是教育却停滞不前，甚至不能为经济发展提供足够的人才。战后的德国大学不是没有扩张，而是传统的大学模式并不能满足经济对劳动力数量和质量上的需求。战后，联邦德国付出了巨大的努力来恢复几乎崩溃的高等教育事业。从 1949 年到 1959 年，各个州累计为大学建筑物重建和新建投入了 15 亿马克。从 1949 年到 1960 年大学增加了 952 个教席，达到了 3165 个；增加了大约 6000 个助教岗位，达到 9243 个。[10]虽然战后德国教育快速进入恢复期，联邦政府也为教育投入资金，但是教育系统却没有为社会和经济提供更多的毕业生。人们将战后教育和经济的关系描述为"教育成为经济奇迹这片大草原边缘的一朵不起眼的小花"。显然，大学教育的停滞乃至开倒车已经引起了社会的不满。

而另外一种教育扩张的政治理论则认为，由经济引发教育扩张的论点并不成立，或者至少论证不足。该种理论认为，教育扩张是由竞争引起的，但不是个人竞争，而是不同社会群体为争取政治解放和文化解放、以及参与政治决策过程而进行的竞争。大学不仅传授职业知识和技能，进入大学也是争取政治和文化主导权的集体斗争的一部分。[11]随着教育民主化进程的推进，人们将享受高等教育视为一项公民权利，认为每个年轻人都应该有接受教育的机会，而不应该取决于其社会背景和父母收入。但是战后的德国中学仍然实行分轨制，即使占领当局想改变这种传统的教育制度，却由于德国教育各界

8 有学者认为经济的发展并不能被称为经济奇迹，因为德国经济发展是战后经济自然调适的过程，战前的德国经济在资本主义国家中本就处于领先地位。

9 丁建弘，德国通史[M]，上海：上海社会科学出版社，2002：422。

10 Wissenschaftsrat. Empfehlungen des Wissenschaftsrates zum Ausbau der wissenschaftlichen Einrichtungen[R]. Bonn: Wissenschaftsrat, 1960:22.

11 Paul Windolf. Zyklen der Bildungsexpansion 1870-1990, Ergebnisse der Spektralanalyse[J]. Zeitschrift für Soziologie, 1992,(21)2:110-125.

的反对而没有成功，大学教育依旧是一种精英教育。当时只有 6.8% 的中学毕业生能够进入大学。皮希特（Georg Picht）将这种教育系统内如此严格的选拔称为精英的再生产过程。[12]1965 年，德国自由民主党（FDP）的政治家达伦多夫（Rolf Dahrendorf）认为教育在实现平等的社会机会方面具有重要的作用，并首次提出"教育是一项公民权"。[13]教育被视为一种促进社会公平和平等的手段，使更多阶层的学生接受更高等级的教育成为教育政策的目标之一。这些因素无疑促进了教育系统的扩张，促使德国大学从一种精英教育机构转变为一种大众教育机构。

如果要确定战后教育和高等教育政策的新纪年，那么 1964 年无疑是最具标志性的一年。在这一年，皮希特发表了在德国教育史上具有影响力的一系列文章，并将德国当前的教育困境称为"教育灾难"（Bildungskatastrophe），同时奏响了德国教育繁荣的序曲。[14]皮希特认为在比较学校统计数据中，联邦德国在欧洲国家中排名垫底，"教育赤字"意味着经济困境。如果缺乏合格的年轻人，那么到目前为止的经济复苏将很快结束，没有他们，任何生产系统都无法在技术时代有所作为。如果教育失败，整个社会就会受到威胁。高等教育领域同样面临着"教育灾难"。随着经济条件的改善，越来越多的年轻人希望进入大学学习，文理中学毕业生不断增加。再加上战后生育高峰等原因，联邦德国的大学在 20 世纪 60 年代出现了人满为患的现象。[15]师生比严重失调，教室不足，学业时间过长等问题突出。大学改革的历史首先是一部大学的危机史，[16]当前大学面临的危机使大学改革迫在眉睫。1950 年 10 月 3 日，许多大学校长，教育学者在蒂宾根参加了"大学生集体教育和通识教育大会"，并确立了开放大学的目标。关于向社会弱势阶层开放大学的问题，参会者一致认为，解决这个具体问题的责任首先在于国家，国家通过财政拨

12 Robert Lorenz, Franz Walter. 1964 - das Jahr, mit dem »68« begann[M]. Bielefeld: transcript Verlag, 2014:248.

13 Ota Konrad. die Modernisierung der westdeutschen Universitäten nach 1945[J]. Studia Territoralia, 2008,(8)14:97-124.

14 Bartz Olaf. Expansion und Umbau. Hochschulreformen in der Bundesrepublik Deutschland zwischen 1964 und 1977[J]. Die Hochschule: Journal für Wissenschaft und Bildung, 2007, (16) 2:154-170.

15 岳伟，联邦德国 "68 运动" 与高校管理体制变革——以西柏林自由大学为中心[J]，世界历史，2019（04）：108-120＋156。

16 Anne Rohstock. Von der „Ordinarienuniversität" zur „Revolutionszentrale"? [M]. München: R. Oldenbourg Verlag, 2010:17.

款才能够增加教师、研究所、教室以及奖学金的数量。[17]

（二）高等教育扩张政策的执行

高等教育系统的扩张主要体现在两个大的方面，一是大规模扩建和新建高等学校。二是推行"开放入学"政策。

在 60 年代，各州从四个方面扩张高等教育机构。一是新建大学。1960年，科学审议会发布了《扩大科学机构的建议》，其中第一部分提出了一项大学大范围扩张的计划。《建议》认为，单纯的扩建大学并不能满足学生的入学需求，而且一所大学的规模必须有上限，才能满足教育和学生培养的规律。因此，新建大学成为解决学位供给不足的必须选择。1965 年，联邦议院投票通过了一项旨在扩大第三级教育的国家教育科学计划，这是一项全面的扩大大学的计划。从 1960 年到 1975 年，形成了德国教育近代史上新建大学的高潮。在这些年间，联邦德国总共新建了 24 所综合性大学和综合院校。[18]二是自 20 世纪初开始就讨论的"教师教育[19]学术化"开始付诸实践，师范院校的地位提升，并在 60 年代获得了博士培养资格以及教授资格授予权，取得了和综合大学同等的地位。三是转设高等专业学校（Fachhochschule）。[20]1964 年，文教部长联席会将传统的工程师学院升格为一种独立的学校类型，将其位于其它的职业院校类型之上。1968 年 7 月 5 日，联邦各州教育部长将这些机构提升到高校水平并将其命名为"高等专业学校"，另外将一些提供经济学和社会学专业的学校整合为管理类高等专业学校（Verwaltungsfachhochschule）。1968 年 10 月 31 日，《各州关于统一高等专业学校事业协定》出台，紧接着各州开始制定本州的相关法律。1969 年 7 月北威州出台《高等专业学校法》，为其它州的立法树立了榜样。1969 年石荷州（Schleswig-Holstein）的吕贝克（Lübeck）、弗伦斯堡（Flensburg）和基尔（Kiel）建立了德国第一批高等专业学校，在 1971 年全国大部分州都建立

---

17 Stefan Paulus. Vorbild USA? Amerikanisierung von Universität und Wissenschaft in Westdeutschland 1945-1976[M]. München: R. Oldenbourg Verlag, 2010:148.

18 [德]克里斯托弗．福尔，肖辉英、陈德兴、戴继强译，1945 年以来的德国教育：概览与问题[M]，北京：人民教育出版社，2002：217。

19 传统上德国中小学教师实行分轨培养，文理中学教师由综合大学来培养，而其它类型学校的教师由师范学院培养。

20 彭湃，德国应用科学大学的 50 年：起源、发展与隐忧[J]，清华大学教育研究，2020，41（03）：98-109。

了高等专业学校。1998 年，为了便于国际理解和国际交流，德国大学校长联席会决定将高等专业学校的官方英文名称定义为"应用科学大学"（University of Applied Science），当前国内学界也普遍采用了这种称谓。应用科学大学致力于培养技术型应用型人才，为工业的快速发展提供劳动力，成为了和综合大学并重的高校类型之一，并在争取博士生培养资格，目前，部分州的应用科学大学已经可以和综合大学联合培养博士生。四是新建总合学院。总合学院（Gesamthochschule）是一种新的高校类型，它同时具有综合大学和高等专业学院的特征。总合学院开设有"融合专业"，获得普通大学入学证书（Abitur）或者高等专业学院入学证书（Fachhochschulreife）的中学毕业生都可以报考这类大学。在一些"融合专业"中，学生可以获得不同的毕业证书，一种是一类毕业生证书（Diplom I[21]），学生通过短期大学学术学习就可获得。另一种是二类毕业证书（Diplom II），等同于传统的综合大学毕业证书。此外，这里还提供纯粹的高等专业学院专业，学生毕业后获得高等专业学院毕业证书（Fachhochschul-Diplom）。自从上世纪 60 年代中期，建立总合学院的计划就开始在各个州被讨论，首先是巴符州的"达伦多夫计划"（Dahrendorf Plan）以及柏林的埃弗斯模式（Evers-Modell），但是第一所总合学院并不是建立在这两个州，而是 1971 年建立在黑森州的卡塞尔总合学院。一年之后，北威州也建立了五所总合学院。1976 年的《高等学校总纲法》第 5 条对建立总合学院做出规定：

（1）为了实现第 4 条第 3 款中的高等教育目标，需要将所有的高校类型引入到一个新的高等教育系统之中，合并和建立新的、或者在保持高校法律独立地位的前提下设立共同管理机构的总合高校（合作型总合高校）。

（2）在建立总合高校的过程中，要保障高校按照各专业的结构、院校规模以及地理分布有效地完成教学和科研任务，提供合适的专业。

虽然《高等学校总纲法》对总合学院的建立做出了规定，但是总合学院并未存在多久，在 80 年代都转设成了综合大学。

---

21 Diplom 是德国在本硕博三级学制改革前的传统学制，理工科学生毕业时获得的学位叫 Diplom，而文科生则获得 Magister。

　　而另一个影响高等教育系统扩大的因素就是"开放入学决议"的政策。为了应对战后教育民主的诉求以及经济发展需要高素质劳动力的需求，联邦和州政府于 1977 年做出了开放大学入学的决定，增加学习名额的供应，吸纳各个阶层的学生进入大学，大学生数量快速增加。高校学生人数从 1950 / 1951 学年的 12.8 万人增加到 1975 / 1976 学年的 83.6 万。此后高校学生数量持续增加，到 1995 年已经增长到了 166.2 万。[22]但是学生数量的增长并没有导致相应的教育机构的增加，因为德国政府的一项政策评估错误地估计了未来的教育走向。政策决策者认为当前大学生数量的增长只是 1990 年前的一种人口过渡现象，因此持续地增加高等学校的数量是不必要的。科学审议会预测，大学生数量到 60 年代末会达到 25 万左右，之后会逐渐稳定下来。此外，1973 年的石油危机导致经济危机波及到德国，大学财政锐减。另外，与后工业社会转型期保持经济发展的紧迫任务相比，教学科研支持显得并不那么重要，政府对教育政策的关注下降。[23]这些因素都导致政府对大学的财政投入减少。但是政府关于人口的预测与现实出现偏差，1970 年高校学生数量就已经达到了 31 万人，而这超出了当年的预测。[24]政策的误导使高等教育的基础设施建设没有跟上学生人数的增长，不断增加的学生数量和紧缩的高等教育预算不匹配导致校舍不足、师资匮乏、师生比失衡、大学资金投入不足。在 70 年代，德国高等教育大众化进程是在没有增加教职人员和充分的教学资源的情况下实现的，这导致高等教育出现了供需之间巨大的矛盾，进而影响了高等教育质量和办学效率，从长远来看，这也导致德国大学在国际高等教育的比较中逐渐后退，从德国大学当前世界各国大学排名的地位来看，德国高等教育的衰退在战后就埋下了祸根。

　　伴随着高等教育快速扩张的是高等教育功能和形式的深刻变化。随着高等教育的扩张，日益增加的学术中层人员（教授以下的学术人员）和学生要求大学自治的共决权，伴随着国际民主学生运动的潮流，德国爆发了"六八学生运动"。

---

22 Maria Engels. Die Steuerung von Universitäten in staatlicher Trägerschaft[M]. Wiesbaden: Springer Fachmedien, 2001:345.

23 Mitchell von Ash. Mythos Humboldt:Vergangenheit und Zukunft der deutschen Universitäten[M]. Wien: Böhlau Verlag, 1999:71.

24 李其龙，孙祖复，战后德国教育研究[M]，南昌：江西教育出版社，1995：173。

二、联邦德国大学的民主运动

战后高等教育的恢复首要目标就是要消除纳粹化，将大学从纳粹时期的国家控制中解放出来，赋予大学独立地位。战后的《基本法》确保了教学、研究和艺术发展的自由，各联邦州也赋予了大学制定大学章程的权力。被纳粹政权废除的学术自我管理原则也被重新引入大学管理之中，大学的内部决策结构重新回到了魏玛共和国时期的水平。[25]

高等教育的扩张一方面和经济发展进程有关，另一方面也和追求社会的民主有关。战后德国大学的民主化议题体现在两个方面，一是要求大学内部管理的民主，即除教授外的其它大学群体要求大学管理的共决权，二是民众要求享有高等教育权利的社会民主。这些民主改革的呼声伴随着全球民主运动的兴起而愈发强烈，但是直到 60 年代，这种民主改革的呼声依然没有得到积极的回应。大学生的不断增加又使大学的处境更加艰难，这些都无疑助推了学生民主运动的兴起，并导致 1968 年学生运动的爆发。

德国"六八学运"和 60 年代的国内和国际环境紧密联系在一起。在多年的经济发展以及德国积极融入西方的政策执行之后，联邦德国在政治、经济、生活方面发生了持续的改变。德国在 1966—1967 年出现了战后首次生产过剩危机，国民经济出现战后首次负增长，通货膨胀率和失业率上升。20 世纪 60 年代时，第二次世界大战快结束时出生的和完全在战后出生的"68 一代（68er）"德国年轻人陆续进入高中、大学及工作岗位。年青一代大学生对先辈们所信奉的恪守秩序和服从权威的传统价值观产生了深深的质疑。[26]他们批评大学僵化的结构、要求教育公平和平等以及更好的学习条件。从国际环境来看，"六八学运"是和美国及西欧其它国家的反对越南战争的学生运动同时发展起来的。战后一代要求重新改写德国历史和社会变革，抗议活动在1968 年达到高潮，"六八学运"还产生了新妇女运动和反核运动。学运最直接的导火索是发生在 1967 年的欧内索格（Benno Ohnesorg）之死事件。1967年 6 月 2 日，信仰和平主义的西柏林自由大学日耳曼文学学生欧内索格在德意志歌剧院抗议当时的伊朗国王穆罕默德．礼萨．巴列维访问柏林时被便衣

---

25 Michael Borggräfe. Wandel und Reform deutscher Universitätsverwaltungen. Eine Organigrammanalyse[M]. Wiesbaden: Springer Fachmedien GmbH,2019:23.

26 岳伟，联邦德国"68 运动"与高校管理体制变革——以西柏林自由大学为中心[J]，世界历史，2019（04）：108-120＋156。

警察射杀，该事件导致了联邦德国"六八学运"的全面爆发。在此之前，示威活动一直是嬉戏和反威权的事件，但是欧内索格之死导致学生们的抗议活动转向激进。尤其是在 1968 年 4 月 11 日德国学生运动领袖杜契克（Rudi Dutschke）被暗杀之后，学生就再也无法按捺怒火，到那时为止一直是和平的抗议运动演变成一场学生革命，运动几乎席卷了所有大学城，部分学生积极分子占领了教室和图书馆，殴打教授，正常的教学秩序被打破。学生运动的主要推动力量来自 1947 年建立的"社会主义德国学生会"（Sozialistische Deutsche Studentenbund）。1965 年初，杜契克加入"社会主义德国学生会"，并很快担任了重要职务。从那时起，该学生会成为无政府主义的反独裁左翼组织，在议会外反对党（简称 APO）中也发挥了重要作用。杜契克参与了几乎所有"议会外反对党"组织的大型抗议活动，并且在其中发挥了重要的作用。这当中就包括 1968 年 2 月由议会外反对党组织的轰动一时的反越战会议。

德国的"六八学运"受到当时的国际大背景影响，所以也具有一些和其它国家共同的特征，比如，反战、生态保护以及男女平等。此外，和其他国家一样[27]，德国"六八学运"也有自己的诉求，即反对专制，反对威权，要求民主，而这几点都可以看作学生对家长式权威的一种反思和反抗，从而具有更多社会而非政治的意味。"六八学运"体现的对纳粹极权的反思和要求更多大学民主就带有这样的色彩，这从"袍子里的千年腐朽之气"（unter den Talaren, Muff von 1000 Jahren）这句标语就可以看出来，学生们反对的是以教授拥有绝对学术自治权力为标志的德国学术体制。1967 年 11 月 9 日，汉堡大学在报告厅举行校长换届仪式，大厅里坐满了身穿学袍的教授，大厅门口有两位学生阿尔贝斯（Detlef Albers）和贝默（Gert Behlmer）在抗议。当教授们走下楼梯时，阿尔贝斯和贝默跑到教授身前，拿出事先准备好的横幅在教授身前扯开。横幅黑底白字，上书"袍子里的千年腐朽之气"。黑色的横幅正是贝默从被警察枪杀的学生欧内索格的葬礼上捡来的一条黑色丝带。横幅后面恰好是两位身穿黑色学袍、白色轮状皱领的现校长和下任校长。虽然当时两位校长乃至其他人并不能读懂横幅上标语的含义，但这两位 23 岁和 24 岁的年轻人创造的标语却成为"六八学运"中最有影响力的一句口号，这句口号影射了从 1933 年到 1945 年的纳粹独裁统治。纳粹政权曾经宣称要建立

---

27 例如美国的种族平等、法国的要求戴高乐总统下台的呼吁、捷克斯洛伐克的布拉格之春。

一个"千年帝国"（1000-jähriges Reich），有些人也将"千年帝国"比作发展了数百年的大学，而发展至今的大学已经现出腐朽之气。学袍所隐喻保守的教授群体，他们塑造的大学精英结构和陈旧的高等教育政策遭到质疑，学生们要求大学的民主化以及参与大学事务（Mitbestimmung）。

1969 年底，学生运动逐渐平息，这主要是因为运动内部产生分裂，"社会主义德国学生会"不再以整体而出现，内部成员间充满了权力斗争和不同的政治目标。1968 年底，学生运动成员的一部分转移到了新成立的德国共产党（DKP）和马克思列宁党（ML），而其它部分则形成了激进的"红军派"，施行了一系列的绑架、暗杀、纵火行动。而"六八学运"的领袖人物杜契克日后则以创始成员的身份加入了绿党。尽管现在许多人对当年的学生运动持批评态度，认为学生运动过于极端，打乱了原本的改革进程，且学生运动将社会改革目的和学校改革目的混为一谈，导致其大部分的诉求都没有实现。但是从大学管理的角度来看，学生运动的确改变了当时大学的内部管理结构，是"教授大学"转变为"群体大学"的重要推力。1969 年，汉堡修改了高校教育法案，彻底改变了教授在教学中的绝对权威，同时也从立法上确保了学生参与大学管理的权利。[28] 1969 年 10 月，联邦政府总理勃兰特（Willy Brandt）在其第一份政府声明中提出，联邦政府要制定全国统一的教育政策和《高等学校总纲法》，以结束目前大学混乱的状态，改变大学中"过时的统治模式"。[29] 1976 年，德国出台了第一部在全联邦都具有法律效力的《高等学校总纲法》。如果这部法律意味着在原有各州法律基础上进行的一场改革，那么它的内容则超过各个州的范围，标志着全联邦放弃了"教授大学"模式。

第二节　"教授大学"到"群体大学"

"文教部长联席会"（KMK）于 1968 年出台了"现代大学法律的基本原则"，使各州进一步对未来的法律规范达成了一致。根据最初的预测，由于扩张政策，中学毕业生将会大幅增加。文教部长联席会要求大学应该在自

28　澎湃新闻，模仿与失真：德国六八脉络下的 2018 汉堡大学占领运动[EB/OL] (2018.07.10)[2021.04.17]https://baijiahao.baidu.com/s?id=1605568329900765712&wfr=spider&for=pc。

29　岳伟，联邦德国"68 运动"与高校管理体制变革——以西柏林自由大学为中心[J]，世界历史，2019（04）：108-120＋156。

身的结构和能力上适应当前教育扩张的现实，并指出哪些方法和措施可以提高大学的效率。[30]此外，文教部长联席会还认为，要提高大学中的国家管理和校级行政管理的决策能力，并减少现有的非常广泛的学术自治权，从而将大学的控制权掌握在政府手中。可见，各州已经达成一致，致力于削弱大学内部学术自治力量，改变大学的管理结构。

一、正教授群体学术权力的弱化

自中世纪大学建立以来，大学分为两种主要类型，一种是学生教师型大学，比如博洛尼亚大学，这种大学作为学生和教师的联合体，学生也享有一定的管理权力。另一种是巴黎大学为代表的教师型大学，这种大学的权力完全属于教授。而中世纪的德国大学都是以巴黎大学模式创建的，因此教师群体天然地享有绝对权力。到了 16 世纪，那些享有国家公务员地位的教师被逐渐称为"教授"，之后教授和非公务员地位的普通教师的地位差距逐渐拉大，特别是到了洪堡大学改革后，政府赋予大学更多空间，教授在学术自由的法律庇护下，成为大学这种独立王国里的绝对统治者。1796 年，德国 39 所大学里有 791 名正教授、141 名编外教授、86 名私人讲师。到 1914 年，在 21 所大学里有 1123 名正教授、835 名私人讲师。在整个 19 世纪，非正教授群体（编外教授和私人讲师）从 28%增加到 58%，虽然比例上非教授群体已经超越了正教授群体，但是双方的权力结构并没有发生改变。[31]二战后，为了应对蜂拥而来的大学入学潮，各州以及大学都采取了诸多扩张举措，包括增加教席和其它学术中层人员、新建和扩建大学、建立高等工业学院和总合高校、大学系部改革、教授公开招聘等，这些都可以看作是"教授大学"去合法化的重要起因。

第一，大学扩张导致学术中层人员数量急剧增加，为"群体大学"的出现提供了重要的契机。二战后，大学扩招使大学招聘了大量的教授以下的学术人员，这导致大学内学术人员结构发生显著变化。传统大学中的教授合议原则已经不能适应日益变大和差异化的大学，且这种"教授寡头"管理排除

---

30 Bartz Olaf. Expansion und Umbau. Hochschulreformen in der Bundesrepublik Deutschland zwischen 1964 und 1977[J]. Die Hochschule: Journal für Wissenschaft und Bildung, 2007, (16) 2:154-170.

31 Norbert Koubek. vom Ordinarius zum Hochschullehrer[M]//Jürgen Klüver, Wolfdietrich Jost, Karl Ludwig Hesse. Gesamthochschule—Versäumte Chancen? 10 Jahre Gesamthochschulen in Nordrhein Westfalen. Opladen: Leske Budrich,1983:110.

了大学其它利益相关者的参与权。这种教授团体间的"合议制原则"一方面体现在大学学术自我管理中参与程度的差异，另一方面体现在研究所内部权力关系的不平衡上，即在大学学术自治的合议原则并不适用在研究所内部。博士生、助教以及编外教授都受制于正教授，正教授围绕自己的需求建设研究所，不论在人事结构上还是在资金分配上。而另外一个问题同样十分重要，随着学术中层人员的扩大，获得教授资格的学术人员数量也不断增加，这就意味着竞争教席教授名单上的候补人员更多了，年轻学术人员的职业晋升之路变得更加困难。所以这不仅是一个参与管理的问题，还是一个职业生涯发展的问题。除了学术中层人员外，学生群体也要求参与大学的建设和管理、这不仅仅是因为学生人数增加，也由于扩招后的大学生群体变得异质化，包含了不同的社会阶层，而不是从前单一的学者子弟和权贵子弟。

第二，大学组织单位改革削弱了研究所的地位。欧洲大学建立初期只有三个学院，即神学院、法学院和医学院，并设置了通识教育为主的预备教育机构哲学院，在19世纪初期洪堡大学改革过程中哲学院取得了中心位置。到了19世纪中期，由于知识的分化，大学又分为人文学院和数学-自然科学学院两大类。传统的学院被看作是具有单独行动能力的教席的集合体，其并不能促进各个研究所之间的合作和协调。由于学科分类越来越细致，传统的基础单位"教席"已经妨碍了科学发展和跨学科合作。在20世纪70年代的改革中，德国大学开始模仿美国大学建制，引入了系部制，系（Fachbereich）成为大学基本的组织单位，大学组织结构发生变化。[32]为了加强和扩大各机构协调教学和研究问题的能力，传统的、规模庞大的四大学院被划分为由系主任（Dekan）领导的较小的系，一个系通常由几个研究所组成，而每个研究所由一个所长和几个正教授组成。过去，正教授的个人收入和额外资源由教授、校长以及州教育部长来协商，现在，额外的资源（包括辅助人员）由教授、系部以及校级管理部门共同协商，而系部控制着上述事项的预算。[33]根据《高等学校总纲法》64条第一款规定，系成为大学的基本组织单位。当然，大学教

32 Martin Winter. Fachbereiche und Fakultäten-Bestehende Organisationsstrukturen und aktuelle Reformprojekte an Universitäten[J]. Die Hochschule: Journal für Wissenschaft und Bildung. 2004, (13) 1:100-142.

33 Barbara M. Kehm. Higher Education in Germany: Developments, Problems, and Perspectives[M]. Wittenberg and Bucharest: the Institute for Higher Education Research Wittenberg and the UNESCO European Centre for Higher Education, 1999:70.

学和科研这两项核心任务还是在研究所层面完成，但是这些研究所不再是由唯一的教授领导的机构，而是实行多个领导共同管理的合议型领导。

第三，教育部要求大学实现教授公开招聘。以前任命委员会自己决定哪些人适合成为教授，并提交三名候选人名单。虽然最后的任命权在州教育部手中，但是州教育部一般不会轻易否定教授提交的名单，因此可以看出，由教授组成的任命委员会在选择新的教授时具有很大的权力。但现在一旦出现教授岗位空缺，大学需要公开发布岗位招聘公告，而且新的选举委员会也有非教授团体参与，从而保障了其它大学成员在教授招聘问题上的共决权。1998年修改的《高等学校总纲法》第45条要求大学面向全球招募教授，因此越来越多的大学发布双语的全球公告，以招募全世界的优秀人才。这就有利于打破教授团体对教授招聘的决定支配权，也有利于防止学阀集团的形成。

随着1976年《高等学校总纲法》的实施，大学教授成为了除学生、学术中层、其它员工外的独立群体。《高等学校总纲法》规定了四个群体，但并没有区分正教授（ordentlicher Professor/Ordinarius）和编外教授（außerordentlicher Professor），因此，正教授、编外教授等称呼逐渐被取消。在70年代，整个德国开始执行C-薪酬政策，这就打破了教授群体内部的不平衡。在1976年北威州文教部长的公告中，要求在教授招聘中避免使用教席／教席教授等概念，而用高校教师取而代之。[34]同时，由于教授岗位的统一，学术后备人才的职业道路也变得更加宽阔。他们的职业目标不再只是很少的正教授岗位，而是众多的教授岗位。除了教授个人权限受到削弱外，大学评议会的权力也不再由教授群体单独控制，而是实现了四方团体共同参与决策。

二、大学评议会成员的多元化

评议会是大学内部最主要的学术管理机构，也是"教授治校"的重要体现。在这阶段，大学评议会的主要职责包括：（1）确定校长的候选人。（2）批准学校预算申请案。（3）最终确定录取学生的数量。（4）就建立、改建及撤销系、学术机构等做出决定。（5）对涉及科研和学术人才培养的一般性问题做出决定（主要指大学任教资格的规定）。（6）审议考试规定。（7）批准教授候选人名单。但在传统大学内部管理中，唯一的参与主体只有正教授，

---

34 Norbert Koubek. vom Ordinarius zum Hochschullehrer[M]//Jürgen Klüver, Wolfdietrich Jost, Karl Ludwig Hesse. Gesamthochschule—Versäumte Chancen? 10 Jahre Gesamthochschulen in Nordrhein Westfalen. Opladen: Leske Budrich,1983:115.

正教授把持着研究所、学院的院委员会以及校级管理机构评议会。但是随着大学扩张以及民主化浪潮的袭来，正教授逐渐失去了其大学管理中的权威地位。学生们认为，大学的民主化的实现需要通过掌握大学的决策权才能够得到保障，学生们需要在大学学术自治机构中占有重要位置。关于其他群体学术的参与权问题，早在《施瓦尔巴赫准则》（Schwalbacher Richtlinien）中就有提及。1947 年秋季，美国占领区的大学代表和各州文教部长组成了一个专家委员会，并发布了含有一系列大学改革建议的《施瓦尔巴赫准则》，其中首要涉及的就是大学组织形式和决策流程，其中要求不仅正教授群体，其他教师群体（编外教授和私人讲师）也要参与到决策流程中，而实现这一目的的手段就是扩大大学评议会并设立具有选举校长功能的委员会，将所有取得授课资格的教师都包含在内。在处理涉及到学生利益的事务时，比如奖学金、学费减免、录取、体育设施等，应该要将学生群体代表吸纳到大学管理机构中。[35]此外，英国占领当局邀请专家于 1948 年出台了《高校改革专家意见书》（Gutachten zur Hochschulreform），其中也提及了扩大大学管理中的人员参与并设立校外人员参与的大学理事会。尽管战后各占领区都对德国高等教育现状进行了评估并提出了改革建议，但是这些都遭遇了德国保守教授们的反对。相比于繁多的改革建议，一句在《高校改革专家意见书》中被轻描淡写的句子却在德国学术精英中得到了更大的回应，即"德国大学承载着一种古老且本质上健康的传统"（Träger einer alten und im Kern gesunden Tradition），回归传统的大学模式就是对学术去政治化的最大贡献。[36]因此，战后的德国大学管理改革并没有取得实质性的进展。直到 60 年代的学生运动兴起，才推动了大学内部管理改革。自 60 年代以来，许多学生组织提出了"三方对等共决"（Drittelparität）的原则。1961 年 10 月 8 日，德国社会主义学生联盟（Sozialistischer Deutscher Studentenbund）的西柏林小组向该组织联邦委员会提交了多达 180 页的《民主中的高校》（Hochschule in der Demokratie）备忘录，明确要求制定新的大学章程，让教授（兼及其他教学人员）、助教（包括科研助理及教辅、行政人员）、学生三个"群体"按照对等原则参与学校的各决策机构，以"取消

---

35 Ota Konrad. die Modernisierung der westdeutschen Universitäten nach 1945[J]. Studia Territoralia, 2008,(8)14:97-124.

36 Ota Konrad. die Modernisierung der westdeutschen Universitäten nach 1945[J]. Studia Territoralia, 2008,(8)14:97-124.

所有与事实不符的统治性力量和依附性关系"。[37]由于学生们的诉求得不到回应,柏林自由大学的学生们决心通过实际行动来推动改革,1966 年 22 日-23 日,学生们举行静坐示威活动,明确要求在自由大学内实现"三方对等共决"的管理模式,并要求学生在各级管理委员会中享有永久的参与权和决定权。1967 年,来自汉堡大学法学院的学生阿尔贝斯,也正是前面提到的提出"袍子里的千年腐朽之气"口号的学生运动领袖,受汉堡大学学生委员会(AStA)委托提交了名为《大学民主化》(Demokratisierung der Hochschule)的研究报告。他在报告中论述了每个群体参与大学管理的理由。首先,从学生的角度来说,学习环境已经发生了深刻的变化。其次,主要服务于教学任务的独立的学术中层群体已经形成,学校的管理部门对这种原来的"临时岗位"不能够再漠不关心。最后,对于正教授团体来说,教育扩张已经从许多方面改变了教授的传统活动,而由于正教授群体将自我管理权力抓在手中,使得正教授的管理工作负担繁重。对于学术中层和学生来说,这些变化使得民主参与大学的决策机构变得愈发紧迫。据此,他提出了他的"三方对等"原则,即正教授、助教和学生三方以同等人数和同等票数,即各以三分之一比例加入大学的学术自我管理机构。[38]此外,德国社会主义学生联盟也从《基本法》中的保障学术自由的角度来论证了学生参与大学治理的正义性。他们认为学术自由包含了所有的学术活动,因为所有这些活动在学术进程中都具有某种功能。大学学习也是学术工作的一部分,也是为某些学术活动做准备。只有当可以自由地使用必要的教学和研究资源,才能够自由地开展学术活动。在这里,学术自由体现为参与权,它使所有从事学术活动的参与者在分配和管理大学内部财务和组织资源方面享有发言权。[39]不论是从保障各群体的利益出发的民主观点还是从保障学术自由的观点出发,大学正教授垄断大学决策机构的状况必须得到改变,各利益群体必须有参与大学管理的机会。但是阿尔贝斯提出的"三方平等"模式却并非是真正民主的,因为他的构想中没有考虑到大学中的第四类团体,即非学术人员。在后来的《高等学校总纲法》

---

37 岳伟,联邦德国"68 运动"与高校管理体制变革——以西柏林自由大学为中心[J],世界历史,2019(04):108-120+156。

38 Anne Rohstock. Von der „Ordinarienuniversität" zur „Revolutionszentrale"? [M]. München: R. Oldenbourg Verlag, 2010:168.

39 Alexandra Ortmann. Die Gruppenhochschule und die Wissenschaftsfreiheit [EB/OL](2009.07.08)[2020.04.15]https://www.linksnet.de/artikel/24687#_ftnref5

中以及大学管理实践中，虽然没有实现三方的绝对平等，但却实现了四方共同参与，即包含了非学术员工，相对于阿尔贝斯的方案更加民主。除了学生们的积极抗争外，助教团体也发挥了积极的作用。1968 年 3 月，德国历史上第一个全国性的助教组织"联邦助教协会"（Bundesassistentenkonferenz）建立起来。在该组织的成立大会上，助教们"迫切要求实现对大学事务及大学改革的全面参与"，让"大学中的助教职位获得全新的权力"。与此同时，康斯坦茨大学、哥廷根大学的助教们也纷纷发表声明，要求打破教授在大学中的垄断地位。[40]

　　学生们的民主抗争活动取得了成效，"六八学运"过后，各州都开始修改高等教育法，明确了除教授外其它群体参与大学管理的权力。1969 年 4 月，汉堡市通过了《汉堡高校法》，这被看作联邦德国第一部大学改革法案，其中规定了学术自我管理中所有群体的共决权。1969 年 7 月，西柏林颁布了新的《高校法》，规定大学学术委员会由 11 名教师（教授）、6 名助教、5 名学生和 2 名其他工作人员的代表组成。到 1971 年时，已经有 8 个州通过立法确定了学生和助教参与大学管理的共决权，[41]下萨克森州的高等教育法甚至使在学术评议会中大学教授的人数低于其它利益群体的人数。1973 年联邦宪法法院判决和 1976 年出台的《高等学校总纲法》则在联邦范围内确认了"群体大学"的法律地位，标志着德国"教授大学"的终结。《高等学校总纲法》取消了以教席教授为主导的"教授大学"，在全德国范围内确定了大学内部不同团体的共同参与权。[42]从前在大学评议会、学院委员会中仅由少数教授掌控的决策权和决策职位现在被一种广泛参与的模式所代替。

　　《高等学校总纲法》对共决权的基本原则做出规定，指出参与大学自治是每个大学成员的权利和义务，除非有重要的理由，否则不可以拒绝参与大学的自治。这里的管理人员已经不再局限在教授团体，而且大学自治的共决权不仅是一种权力，而且是一种义务。有哪些人员可以参与以及何种方式参

40 岳伟，联邦德国"68 运动"与高校管理体制变革——以西柏林自由大学为中心[J]，世界历史，2019（04）：108-120＋156。

41 岳伟，联邦德国"68 运动"与高校管理体制变革——以西柏林自由大学为中心[J]，世界历史，2019（04）：108-120＋156。

42 Otto Hüther, Georg Krücken. Hochschulen —— Fragestellungen, Ergebnisse und Perspektiven der sozialwissenschaftlichen Hochschulforschung[M]. Wiesbaden: Springer Fachmedien, 2016:36.

与大学治理，《高等学校总纲法》第 38 条第 2 款规定：

> 各成员群体（Mitgliedergruppe）以及成员群体内部共决权的实现方式与范围，取决于成员的资质、职能、责任和相关性。不同群体在校级委员会以及系部委员会（Fachbereichsrat）中的投票比例由各州法律做出规定。委员会的成员必须要包括：教授、学生、学术及艺术类教师、其它员工等四类群体。其它高校成员的参与问题由各州高等教育法来规定。如果某类成员人数过少不能组成一个成员群体，可以参与到其它成员群体中。

三、教授群体对治校权力的维护

在《高等学校总纲法》出台前，各州已经开始陆续承认"群体大学"这一新的组织结构，并在各州的高等教育法中做出规定，这也招来了教授群体的反对。教授们认为在大学内任职的共同体并不完全等同于国家政治理论中的"人民"，因此那种要求所有群体都要参与学术自我管理而不考虑成员的功能和责任的大学民主，是对民主一词的误解。[43]在大学这种专家型组织中，教授们作为专家对于教学和科研事务理应享受更多的管理权限，这也是出于对教学和科研规律的尊重。教授的这种专业能力并不是指处理普遍的大学政策方面的能力，而是指涉及到学术员工的任命、教授资格考试、考试规则制定等教学科研方面的处理能力。[44]显然这些任务并不是所有的大学成员都能胜任的，尤其是学生群体。全面地贯彻"三方对等共决"违背了教学和科研的基本规律，令大多数的教授难以接受。1968 年 4 月 17 日，马尔堡大学一些保守派教授组成了"马尔普大学保护教学和研究自由工作小组"，并由小组中的 35 名教授起草了《马尔堡宣言》，短时间内就有全德国 1500 多名教授签名。[45]《宣言》指出，黑森州的学生参与学术自我管理的规定违反了《基本法》第 5 条第 3 款关于学术自由的规定。但同时，宣言的签署者也声明，他们并不是完全反对改革，并且欢迎那些能够使所有大学成员都参与到大学管理中

---

43 Karl Otto Edel. Marksteine des Wandels 1810-2010, Zwei Jahrhunderte Hochschulreform [EB/OL][2020.04.15]https://opus4.kobv.de/opus4-fhbrb/frontdoor/deliver/index/docId/1/file/Manuskript_Hochschulreform.pdf

44 George Turner. Hochschulreformen:Eine unendliche Geschichte seit den 1950er Jahren[M].Berlin: Duncker & Humblot,2018:56.

45 Tobias Sarx. Reform, Revolution oder Stillstand?[M]. Stuttgart: W. Kohlhammer Verlag, 2018:50-51.

的措施，但是他们坚决反对学生们在研究和教学问题上具有对等共决权。该《宣言》于 1968 年 7 月 5 日刊登在《法兰克福汇报》上，旨在向公众解释大学民主化对大学的教学和研究自由存在的威胁。[46]在绝对对等参与的问题上，左派内部也存在着分歧，即使是属于法兰克福学派的左派教授哈贝马斯，[47]也认为有必要区分不同的参与权，在做出那些需要特殊专业能力的决策时，比如选拔教授和研究资金的分配，要赋予教师群体更大的决策权，这类问题不能够违背多数教授群体的意愿而做出决策。黑森州文教部长许特（Schütte）提出，学生、助教、取得授课资格的非正教授、正教授四个群体，按照 2:2:2:4 的比例派代表参加学校各决策机构。社会民主党（SPD）的教育委员会也提议，大学校级和系部级的决策机构要由教授、助教、学生按照 5:3:2 的比例构成。[48]

　　而此次争论是以联邦宪法法院的一纸判决而结束的。1973 年，在下萨克森州的改革计划之际，398 位大学教授向联邦宪法法院提起诉讼，指出改革计划违反《基本法》。联邦宪法法院在 1973 年 5 月 29 日的判决中宣布黑森州《高校法》中关于不同群体参与权的规定违反了《基本法》中规定的学术自由原则，并明确规定，在"群体大学"的教学决策中，教授要拥有"权威性影响力"，即要占有一半的选票，而在科研和人事任命决策中，教授则必须拥有"决定性影响力"，即要占有超过一半的选票。[49]1973 年联邦宪法法院的判决确立的原则成为各州高等教育法关于大学组织结构立法的基础。1976 年出台的《高等学校总纲法》第 38 条第 3 款也对参与大学治理的各群体代表的比例做出了具体规定：

> 在校级合议机构以及系部委员会（Fachbereichrat）中，所有的成员群体要按照票数比例派出代表参加。在对科研、艺术发展规划或者教授任命事务具有决策权的机构中，教授要拥有绝对多数的投

46 Alexandra Ortmann. Die Gruppenhochschule und die Wissenschaftsfreiheit[EB/OL] (2009.07.08)[2020.04.15]https://www.linksnet.de/artikel/24687#_ftnref5

47 哈贝马斯也被称为"群体大学"理念的"精神教父"，是提倡建立高效的、自我管理的、多方参与的大学的代表人物。

48 George Turner. Hochschulreformen:Eine unendliche Geschichte seit den 1950er Jahren[M].Berlin: Duncker & Humblot,2018:59.

49 Alexandra Ortmann. Die Gruppenhochschule und die Wissenschaftsfreiheit[EB/OL] (2009.07.08)[2020.04.15]https://www.linksnet.de/artikel/24687#_ftnref5

票权。在涉及到科研、艺术发展规划或者教授任命事务的决策时，委员会中的教授、学校领导或者学校领导委员会中的成员、助教和学术员工、学生以及按照 36 条第 3 款规定的具有同等地位的人员，都具有投票参与权。委员会中的其它成员，只要他在学校中从事和研究相关的工作并拥有研究领域的特殊经验，那么他在科研事务中也具有投票权。这一共决原则同样适用于教学事务和艺术发展事务。如果委员会中的某些成员不具有投票权，则以提供建议咨询的方式参与决策。涉及到科研、艺术发展规划或者教授任命事务的决策时，不仅要求整个委员会的多数票、且要求委员会中的教授的多数票同意，决策才能通过。如果决策经过两轮投票仍未通过，那么只需要委员会中教授成员的多数通过即可。

在 80 年代高等教育进入停滞期后，高等教育发展的重心从形式和规模转向质量和内容，提高大学教育和科研的质量成为政策讨论的热点。在此背景下，加强教授在大学内部管理中的地位的呼声日渐增多，[50]教授的权力也重新强大起来，高等教育管理政策也日趋保守。1985 年修订的《高等学校总纲法》在第 63 条第一款中增加了"在这一合议机构中（这里指大学评议会），教授必须拥有绝对多数的席位和票数"，从而使教授在进行非教学研究事务的决策中也占有了优势地位。

同时，在《高等学校总纲法》中被统称为"学术机构"的大学最基层教学和科研组织研究所（研讨班）中，教授依然处于绝对支配地位。机构的领导决定内部一切重大事项，如编制外辅助人员分配和使用、事业经费的分配等。虽然大的研究所会设置许多平行教席教授，其教授地位已经平等，但这也只是抹平了传统的正教授和编外教授之间的地位差异。小的研究所由单个教授来领导，大的研究所可以试行单个教授的集权式领导，也可以是多个教授组成领导机构实行集体领导。1976 年《高等学校总纲法》第 66 条第三款中规定："学术机构可以由一个合议领导机构，或者一个非常设领导机构，或者一个合议的、非常设领导机构来管理。"具体说就是下面三种管理形式：（1）集体制，即选出几名教授组成领导机构，集体领导；（2）任期制，选一名教授担任领导，到期改选；（3）集体兼任制，由几名教授共同组成领导集

---

50 陈学飞，美国、日本、德国、法国高等教育管理体制改革研究[M]，北京：教育科学出版社，1995：138。

体，大家轮流担任领导人。[51]1985 年《高等学校总纲法》在这一款第一句后增加了一句"（该）学术机构领导机构里的最高领导人必须由该机构内的教授担任"，从而确立了教授在学术机构内的绝对权威。

从回顾的角度来看，"六八学运"引起的大学改革产生的成果并不算是丰硕，"群体大学"的引入尚未实现德国大学内部决策流程民主化的主要目标。[52]教授以其学术专业能力获得了在教学科研事务决策中的特权，特别在 80 年代高等教育改革进入停滞期后，在大学内部中教授的统治地位重新得到强化。大学民主化的倒退不仅体现在教授权力的重新加强，还表现在学生群体参与大学管理的兴趣迅速降低，比如，在不莱梅大学，参与全体大会选举的学生比例从 1971 年的 73.4%下降到 1980 年的 9.5%。在 70 年代，学术中层人员也丧失了参与大学内部治理的兴趣，学术员工和学生呈现出一种非政治化的态度。[53]

第三节　联邦政府参与下的大学管理

针对高等教育系统的国家调控主要体现在两个立法层面：一是联邦州。德国大学一直以来都是由各州政府管辖。1957 年联邦宪法法院认为，文化主权，尤其是与高等教育领域有关的主权，是"各州独立性的核心部分"（Kernstück der Eigenstaatlichkeit der Länder）。[54]由于各州享受文化主权，因此享有教育领域最大的立法权，高等教育的创办和组织权、法律监督、财政主权和人事主权都是各州的权限。[55]特别是战后为了彻底肃清纳粹集权思想，教育恢复了第三帝国前完全由州负责的传统，实现教育联邦主义。二是联邦政府。在希特勒时代之前，德国从来没有全国性的大学主管机构，[56]而在 60

51 陈学飞，美国、日本、德国、法国高等教育管理体制改革研究[M]，北京：教育科学出版社，1995：150。

52 Ece Göztepe-Çelebi, Freia Stallmann, Annette Zimmer. Looking back: Higher Education Reform in Germany[J]. German Policy Studies/Politikfeldanalyse, 2002,(2)3:1-23.

53 Otto Hüther. Von der Kollegialität zur Hierarchie? Eine Analyse des New Managerialism in den Landeshochschulgesetzen [M]. Wiesbaden: Verlag für Sozialwissenschaften, 2010:65.

54 Guido Speiser. Die Rolle des Bundes in der Hochschulfinanzierung[J]. Beiträge zur Hochschulforschung, 2016,(38)3:8-25.

55 杜卫华，德国和奥地利高等教育管理模式改革研究[M]，天津：南开大学出版社，2018：129。

56 陈学飞，美国、日本、德国、法国高等教育管理体制改革研究[M]，北京：教育科学出版社，1995：129。

年代后，联邦政府不断介入高等教育事务，逐渐和各州共同负责大学基本建设、科研资助和学生资助等事项。本节所涉及到国家影响的不断增强，是指联邦政府对高等教育和科学政策的影响力增强。

一、联邦政府介入大学事务的法律依据

在"文化主权"的理念影响下，除了纳粹政权时代，高等教育从来都属于州政府的管辖范围，战后这一管理传统依旧延续下来。在战后，联邦政府对高等教育管理的程度也达到了最低限度，当时仅有的协调全国高等教育政策的两个机构是 1948 年成立的"文教部长联席会"和 1949 年成立的"西德大学校长联席会"（Westdeutsche Rektorenkonferenz）。但"文教部长联席会"只是一个具有建议权的工作小组，并不是政府机构，"西德大学校长联席会"更多的是大学校长们进行交流和表达利益的场所。但在上世纪 50 年代末开始，教育领域出现了一种联邦中央计划调控的趋势。联邦政府开始认识到加强科学研究和发展高等教育国际战略的重要性，并希望通过加强联邦政府和州政府的合作来提高科研竞争力。此外，联邦政府参与高等教育事务的意愿，也是建立在其财政经费充盈的基础上。在经历过经济恢复期后，联邦德国国家财政出现了盈余，即所谓的"Juliusturm"[57]。联邦的财政盈余必须在联邦政府与联邦州之间适当协调，因此联邦有了投资高等教育的机会来改善大学的财政状况，并制定一些全国统一的高等教育政策。而联邦政府能够介入高等教育事务的另一个重要契机则是"六八学运"。大规模的学生运动改变了联邦德国大学内部的治理结构，政府立法大大减少了教授的权力垄断，赋予更多利益群体参与大学内部管理的机会。但是这些民主化的改革并未提高大学内部管理效率，反而导致大学内部各群体参与的"群体大学"决策效率低下，大学教师们在各种委员会中的行政事务大大浪费了他们的精力和时间，并拖累了他们的教学和科研任务。"闲暇作为一种研究资源"变得越来越稀缺。在"群体大学"中，学生们也似乎未对民主有着如"六八学运"中展现出的那种热情，不到 10% 的选举参与率也表明，大多数的学生对这种按照政治设想塑造的教育机构缺乏兴趣。[58]大学

---

57 Juliusturm 是柏林一座 32 米高的塔，1870 年的普法战争后，德国将一部分法国的战败赔款存于该塔之中，因此该塔也成为了财富的代名词，现在专指 1953-1957 年联邦德国累积起来的联邦财政盈余。

58 Thomas Oppermann. Ordinarienuniversität - Gruppenuniversität - Räteuniversität. Wege und Irrwege[J]. Wissenschaftsrecht, 2005, Beiheft 15:1-18.

的自我管理能力受到削弱，大学的权力真空则使国家权力乘虚而入。国家因此成为"六八学运"的最大受益者，大学成为直接的、与政府毫无距离（distanzlos）的国家机构。[59]新的权力结构导致了国家官僚机构以及州的研究和教育部门成为非常重要的政策参与者，从而在很大程度上削弱了大学的原有自治权。[60]

但是，因为"文化联邦主义"的传统，联邦政府参与大学管理并没有法理依据。因此在进一步扩大联邦对教育的权限方面，基本法规定的关于保持联邦各部分生活状况统一性的社会政策原则起了很大作用。在全国财政改革的过程中，有人从这一原则出发，建议由联邦参与各州对公众来说有重大意义的、而且联邦的参与对于发展各州的生活状况来说是必不可少的那些任务，并把这些任务称作"共同任务"。[61]1969 年，《基本法》修订，其中第 74 条第 13 项增加了"教育补助金和科研资助的规定"；第 75 条使联邦获得了关于"高等教育的一般基本原则"的"通则立法权"（Kompetenz zur Rahmengesetzgebung）；第 91 条 a 目和第 91 条 b 目赋予了联邦政府参与大学建设的机会。

91 条 a 目

（1）联邦政府会在以下领域参与联邦州的任务，前提是这些任务对整个国家具有重大意义且联邦政府的参与对改善生活是有必要的（共同任务）：

第 1 项：改善区域经济结构

第 2 项：改善农业结构和海防事务

（2）通过议会批准的联邦法律来进一步确定联邦和州的共同任务以及协调的细节。

（3）在上述第 1 项中的情况下，联邦政府承担每个州一半的支出。在第 2 项的情况下，联邦政府承担至少一半的支出。所有的支出都要列入联邦和各州的财政计划。

---

59 George Turncr. Hochschulreformen:Eine unendliche Geschichte seit den 1950er Jahren[M].Berlin: Duncker & Humblot,2018:30.

60 Ece Göztepe-Çelebi, Freia Stallmann, Annette Zimmer. Looking back: Higher Education Reform in Germany[J]. German Policy Studies/Politikfeldanalyse, 2002,(2)3:1-23.

61 李其龙，孙祖复，战后德国教育研究[M]，南昌：江西教育出版社，1995：45。

91 条 b 目

（1）在协议的基础上，联邦政府和州政府可以共同努力以促进具有跨地区重要性的科学、研究和教学活动。那些涉及到高校的协议需要所有联邦州的一致同意，但是这一原则不适用于那些有关科研建筑以及大型科研设备方面的协议。

（2）在达成协议的基础上，联邦和州可以在国际比较和相关报告及建议的基础上来确定教育事业的绩效标准。

（3）双方承担的费用通过协议来确定。

《基本法》的修订为联邦政府参与教育规划、与各州共同建设高等教育奠定了新的基础，联邦政府逐渐在高等教育领域扮演越来越重要的角色，也使传统的完全分权的联邦文化主义（Kulturföderalismus）适应新的条件而转变为"合作式联邦制"（Kooperativer Förderalismus）。[62]为确保联邦政府能够行使于 1969 年获得的部分教育主管权，当时的联邦科学研究部被扩大为联邦教育与科学部。[63]

在修订后的《基本法》的基础上，联邦政府于 1976 年出台了适用于全国的《高等学校总纲法》，并要求各州的高等学校法律要依据《高等学校总纲法》制定，不得与《高等学校总纲法》冲突，从而在德国历史中第一次实施了全国统一的高等教育政策。《高等学校总纲法》共 7 章 82 款，包含高校的任务、录取和学习、高校成员、高校的组织和行政、国家认可、州法律的相应调整、相关的联邦法律变更等内容。《高等学校总纲法》对塑造全国统一的高等教育政策和科研政策产生了重要影响，为联邦介入大学管理提供了法律依据，成为联邦调控高等教育的重要工具。[64]直到 2006 年，在联邦主义改革进程中，各州的权限重新得到强化，而联邦政府几乎不再承担对大学的责任，只是以科研资助的方式对大学产生了一定的影响，[65]历经四次修订的《高等学校总纲

---

62 Barbara M. Kehm. Higher Education in Germany: Developments, Problems, and Perspectives[M]. Wittenberg and Bucharest: the Institute for Higher Education Research Wittenberg and the UNESCO European Centre for Higher Education, 1999:17.

63 李其龙，孙祖复，战后德国教育研究[M]，南昌：江西教育出版社，1995：45。

64 Helga A. Welsh. Higher Education in Germany: Reform in Incremental Steps[J]. European Journal of Education, 2004,(39)3:359-375.

65 George Turner. Hochschulreformen:Eine unendliche Geschichte seit den 1950er Jahren[M].Berlin: Duncker & Humblot,2018:19.

法》也于 2008 年被正式取消。

二、联邦政府参与大学管理的权限和协调机构

联邦和州在高等教育领域的共同任务包括：建立和扩建高等学校以及高等学校的附属医院；规划教育和促进科学研究；联邦政府有权就高等教育的一般性原则做出纲领性规定。[66]为了完成这些共同任务，在国家层面，联邦政府建立一些重要的管理机构（见图 3-1）。

图 3-1：联邦德国高等教育宏观管理体制

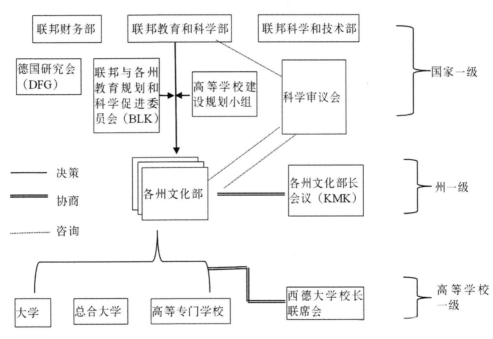

资料来源：陈学飞，美国、日本、德国、法国高等教育管理体制改革研究[M]，北京：教育科学出版社，1995：145。

（一）科学审议会

自 50 年代中期起，联邦政府就开始在促进科研与人才培养、扩建高等学校等方面为州政府提供部分经费支持。1957 年，科学审议会的建立为联邦与州在科学领域的合作提供了重要的基础。科学审议会是联邦和州在一项管理协议的基础上建立的科学咨询机构，它为联邦政府和州政府就科学、研究和

---

66 陈学飞，美国、日本、德国、法国高等教育管理体制改革研究[M]，北京：教育科学出版社，1995：143。

高等教育领域的所有问题提供咨询建议。科学审议会由来自联邦政府、州政府以及科学界的 39 名代表共同组成，[67]这就可以明显看出其代表了一种国家利益。随着联邦科学审议会的成立，人们可以预见，高等教育会出现重大转折，在高等教育事业和科学政策上出现了整个联邦协调的局面，特别是因为它的成立是为了明确地支持和促进德国科学事业的发展，尤其是大学发展。在 60 年代，科学审议会为高等教育系统的扩张做出了巨大贡献。1960 年，科学审议会发表了《扩大学术机构的建议》（Empfehlungen des Wissenschaftsrates zum Ausbau der wissenschaftlichen Einrichtungen），其中就包括了要求扩张现有大学的具体建议，具体形式包括增加教席、增加学术人员和非学术人员的数量。1962 年，科学审议会又发布了备忘录《科学审议会关于新高校建设的倡议》（Anregungen des Wissenschaftsrates zur Gestalt neuer Hochschulen），为各州建立新高校的计划提供了统一的基础。科学审议会在塑造新大学的组织结构、工科专业的整合和改善大学附属医院科研等问题提出了全面且具体的建议。在两德统一阶段，科学审议会致力于在新的联邦州建立高效的科研系统。在 21 世纪初，科学审议会又将精力放在促进高端研究、男女学者平权、绩效评估和科研治理等问题上。科学审议会是咨询机构，其提出的建议对联邦和州都不具有约束力，但实际上它们往往都成为一些重大教育决策的直接依据。因此，科学审议会的工作是高等教育管理中不可或缺的一部分。

（二）联邦和州教育规划委员会

1969 年《基本法》修改以后，联邦政府开始参与大学的建设、研究和总体立法工作，逐渐在高等教育领域扮演越来越重要的角色。1969 年 9 月 1 日，联邦政府出台了具体的《关于共同任务"扩建和新建学术型高校"的法律》（Gesetz über Gemeinschaftsaufgabe „Ausbau und Neubau von wissenschaftlichen Hochschulen），该法也被称为"高校资助法"，其主要内容为制定扩建和新建高校的总体规划，并规定了规划的内容、参与的主体、执行流程等。为了执行总体规划，1970 年"联邦和州教育规划委员会"（Bund-Länder-Kommission für Bildungsplanung）宣告成立，该委员会由 7 名联邦代表和 11 个州的文教部长组成。在决策上，联邦和各州双方各拥有 11 票，只有四分之三的多数票

---

67 陈学飞，美国、日本、德国、法国高等教育管理体制改革研究[M]，北京：教育科学出版社，1995：145。

才可以通过决议。[68]委员会负责规划的审批工作，而具体的规划由各州提交，科学审议会也在其中发挥咨询建议的作用，并可以就规划内容发表意见。在这一时期的大学扩张中，可以明显看出联邦政府的影子以及在推动高等教育大众化方面发挥的作用。1975 年，由于《科研资助法》，该委员会又获得了额外的资助科研的任务，因此更名为联邦和州教育与研究资助委员会（Bund-Länder-Kommission für Bildungsplanung und Forschungsförderung），该委员会对塑造德国的科研环境起到了重要的作用，德国的"研究与创新协定"（Pakt für Forschung und Innovation）以及"卓越计划"项目都是在该委员会的参与下制定。由于后来的联邦制改革，教育事业基本由各个州独自负责，委员会逐渐失去它的功能。2007 年 12 月 31 日，联邦和州教育规划与研究资助委员会停止了活动，其科研资助的功能也被新成立的"共同学术联席会"（Die Gemeinsame Wissenschaftskonferenz）所取代。

（三）科学基金会

德国科学基金会（Deutsche Forschungsgemeinschaft, DFG）的历史可以追溯到 1920 年成立的"德国科学互助协会"（Notgemeinschaft der Deutschen Wissenschaft）。1951 年，"德国科学互助协会"和"德国研究委员会"（Deutscher Forschungsrat）合并组建成新的德国科学基金会。科学基金会是德国最重要的科学自治组织，通过资助大学和其它研究机构的研究项目为基础科学研究服务。它通过竞争机制筛选最优秀的科研项目并给予资金支持，科学基金会是德国大学最大的第三方经费来源，为"卓越计划"和"高校2020 协定"等项目提供资金，同时积极促进国际科研合作。当前，科学基金会尤其关注学术后备人才的培养以及科学家的性别平等，在科学问题上为议会和政府机构提供政策建议。在法律地位上，德国基金会是一个私法协会，它的成员有德国大学、研究机构、各类科学协会和学者。虽然基金会是非政府机构，但其资金大部分来源于政府部门，每年的经费达到 33 亿欧元，其中联邦政府占到 69%，各州占 29%，还有来自于欧盟和私人捐赠的资金。[69]德国科学基金会是联邦政府参与大学科研的最重要工具，虽然负责审查项目申

---

68 陈学飞，美国、日本、德国、法国高等教育管理体制改革研究[M]，北京：教育科学出版社，1995：144。

69 DFG. Was ist die DFG? [EB/OL][2021.04.12]https://www.dfg.de/dfg_profil/aufgaben/was_ist_die_dfg/index.html

请的审查委员会由学者组成，但其主要的决策机构主委会和评议会里面都有来自联邦政府和州政府的代表。主委会负责制定资助政策和经济计划，评议会负责制定基本的资助条例和评估审查的基本程序以及组建审查委员会，譬如德国科学基金会对"卓越计划"的资助就体现出德国政府打造世界一流大学的决心。

第四节　行政自治机制的初步发展

早在 1968 年，文教部长联席会就提议将每年一换的大学校长转变为一种多年轮换的机制，并要提高大学管理中的国家管理和校级行政管理的决策能力，以此来制约大学内部强大的学术自治。这一阶段，旨在提升大学行政调控的改革有统一管理制度的实施以及大学校长权限的微弱加强。

一、总务长制度及统一管理制度

总务长职位可以看作是普鲁士时期学监制度的历史遗产。如上一章所述，学监制度是一种基于任务分配的双元管理体制，学监作为国家官员监督大学，并履行财政和人事方面的职责，而学术管理机构则负责学术事务的管理。这种二元管理体系的弊端在于，大学的学术管理和国家行政管理分离，学监有其独立的办事机构和人员配置，负责除学术事务外的整个大学的事务。他直接受雇于州教育部并对大学行使监督职能，校长要通过学监才能将各种报告提交给教育部，学监的合法性来自国家。这种制度确保了学监可以了解大学所有事情，同时使他有机会立即采取任何必要措施。这种制度体现出国家对大学的强力控制和监督，并限制了大学的自我管理和自我负责。二战后，学监作为大学组织外部的代表来管理大学被认为是不合时宜的。因此，西部大学校长联席会以及科学审议会等都提出取消学监制度，通过将经济管理和财政预算的权力转移给大学来加强大学的自我责任，并尽可能地削弱国家对大学经济的政治控制。在 60 年代，德国各州陆续设置了总务长职位，替代原来的学监，总务长不再是和学术机构并存，而是成为大学的一部分。但是在监督权限上，总务长已经失去了原来学监代表国家对大学进行监督的权力，只是作为国家的财政专业代表。总务长作为财政预算的全权代表，在财务决策中拥有独立的权力，不受校长干涉。但是这种权限的划分仍然导致学术自治和国家任务的完成之间存在着紧张关系。随着统一管理（Einheitsverwaltung）

政策的引入，这种关系得到了改变。1976《高等学校总纲法》第 58 条（3）规定："大学通过统一管理制度来完成其任务，即使是涉及到国家事务"。统一管理意味着大学的学术事务和国家事务由大学统一管理，而不再在两个不同的主管部门中以任务导向来执行，大学校长也对原来的国家事务具有管理权限。在"统一管理"原则下，国家管理和大学自我管理在形式上的界限已经模糊。在"统一管理"体系中，校长总领学校的管理事务。"统一管理"将学校的行政事务和学术事务结合起来，并将其置于校长的统一领导之下，将原来只限于学术管理的权限延伸到国家事务。同时延长校长的任职年限，赋予其实权，弱化其仅仅是学校代表的角色，从而确保大学的行政管理和学术自治统一。而原来代表国家的总务长角色逐渐弱化，在组织原则上，总务长现在置于大学校长的监督之下。总务长成为大学的领导之一，参与大学全面的管理，按照校长／校长委员会的指令负责学校总体的行政事务，为校长委员会所有成员完成其任务提供服务。另一方面，总务长作为国家的财政专员，对大学实施财务管理和监管，对财务事务相关的决定具有反对权，但失去了原来不受校长不得干涉财政事务的特权。[70]因此总务长具有了与原来学监不同的双重角色，这种双重角色不仅体现在职务上，也表现在总务长既代表了国家利益，也要维护大学的利益。

　　在引入"统一管理"体制后，学术事务和国家事务的区别主要体现在监督的类型上，即对于国家管理的任务，国家拥有专业监督权（Fachaufsicht），体现在由总务长管理财政经费事务；对于非国家管理的事务，主要是学术事务，国家只通过立法来行使法律监督权。但是国家仍然通过立法在在一些重要的学术事务中享有一些监督权限，比如《高等学校总纲法》第 59 条规定：各州对大学实施法律监督。监督的手段由各州高等教育法确定。59 条第二款还特别规定：大学在完成国家任务时，特别在人事管理、经济管理、财政管理以及医疗保险事务方面，需要更进一步的监督。这一原则同样适用于教育规模（Ausbildungskapazität）和入学学生人数事务。

　　"统一管理"消除了历史上形成的大学管理的空间分离以及学术管理和国家行政管理的二元性，不论是校级的还是院系层面的行政事务都不再由不同的行政机构来完成。"统一管理"的另一个目标在于，尽可能减轻学院、

---

70 Albrecht Blümel. Von der Hochschulverwaltung zum Hochschulmanagement [M]. Wiesbaden: Springer Fachmedien, 2016:125.

研究机构等从事学术任务部门的行政事务压力。在 1998 年第四次修改时,《高等学校总纲法》取消了原来的第四章第一节的标题"自我管理和国家管理",这说明国家在大学中不再进行管理职责的二元划分。而原来第 58 条第 3 目也被删除,联邦放弃了对大学组织和领导的规定,由各州高等教育法自己做出对总务长的职位规定。从学监系统过渡到"统一管理",是大学内部行政管理发展的重要一步,大学行政领导从原来的"外人"变成大学的"自己人",从制度上来讲,大学行政管理成为大学组织的一部分。[71]

二、校长制度改革

德国大学治理属于典型的欧洲大陆模式,与英国模式和美国模式相比,欧洲大陆院校治理的一个显著特点是,在学校层面展现出较弱的自治权威。教授们不希望有一个独立的行政阶层存在,因此就简单地选举校长作为业余的行政管理人员。为了更加削弱校长的权力,校长们的任期很短且容易轮换,所以权力下沉在教授层面。而代表国家的教育部则负责人事和组织事务,制定统一的标准。在这种传统模式中,向下的官僚遇见向上的学术寡头,这两个强力集团都无意再创造出一个独立的第三方自治阶层。[72]为了弥补这一弱点,德国政府开始探索加强大学校长权力的改革,首先便是改革大学校长的职业类型。

传统的大学校长制度是大学评议会选举一位对内对外代表学校的校长,而改革后的校长制度分为两种基本类型及四种模式:从校长身份区分,两种基本类型是指是 Präsident 和 Rektor,[73]皆翻译为校长。Rektor 是从教师中选举的,并脱离教师工作作为大学领导工作至少两年,而另一类校长 Präsident 则是长年工作的专职校长,其任期至少为四年。他不一定非得是大学教师,可以是从社会上招聘的人员,并为其配备几位教师作为副校长。从管理模式上区分,两种类型是指单权型(monokratisch)和合议型(kollegial),单权型是指学校由一位校长领导,而合议型是指学校由一位校长加上几位副校长(包括总务长)组成的校长委员会领导。因此德国大学校长的领导类型可以划分

71 Michael Borggräfe. Wandel und Reform deutscher Universitätsverwaltungen. Eine Organigrammanalyse[M]. Wiesbaden: Springer Fachmedien GmbH, 2019:25-27.
72 Burton R. Clark. The Higher Education System: Academic Organisation in Cross-National Perspective[M]. Los Angeles: University of California Press, 1983:126.
73 国内有学者将 Präsident 译为主席,将 Rektor 译为校长。但主席这一翻译并不能很好地体现大学的语境,顾本人将二者皆翻译为校长。

出四种模式：

1. 设置一位专任校长（der hauptamtliche Präsident）的集权型领导。

2. 设置一位专职校长（der hauptberufliche Präsident）以及几位兼任的副校长（weitere nebenamtliche Vizepräsidenten）以及总务长（含有投票权或无投票权），组成合议型的校长委员会。

3. 设置一位专任校长（der hauptamtliche Rektor）的集权型领导。

4. 设置一位专任或兼任的校长（der haupt- oder nebenamtliche Rektor）以及几位兼任的副校长（nebenamtlichen Vizerektoren）以及总务长（含有投票权或无投票权）。

表 3-1：各州大学校长类型

州／时间	1971-1980				1981-1990				1990-2000			
	R	R-R	P	P-R	R	R-R	P	P-R	R	R-R	P	P-R
巴登符腾堡州		√	√			√	√			√	√	
巴伐利亚州		√	√	√	√	√	√	√	√	√	√	√
柏林			√				√				√	
不莱梅	√				√				√			
汉堡			√				√			√	√	
黑森州			√				√				√	
下萨克森州	√		√	√	√		√	√		√	√	√
北莱茵威斯特法伦州		√				√				√		
莱茵兰普法尔茨		√					√				√	√
萨尔州		√					√				√	
石荷州				√	√					√		
勃兰登堡									√	√	√	√
梅前州									√	√		
萨克森										√		
萨克森安哈尔特										√		
图林根									√	√	√	√

注：R=Rektor，R-R=Rektorat，P=Präsident，PR=Präsidium 资料来源：Albrecht Blümel. Von der Hochschulverwaltung zum Hochschulmanagement[M]. Wiesbaden: Springer Fachmedien, 2016:137

通过大学校长改革，使来自经济界和政界的富有管理经验的人担任校长成为可能，虽然目前这种情况并不多。在 1971 年至 1990 年期间，大学主要配备一位集权型校长，而从 1991 年-1998 年间，大学明显出现合议型校长委员会来领导大学的趋势，校长委员会成为大学核心管理机构。

但是由于"群体大学"分配到不同群体的权力并没有在大学内部产生等级差别，这就导致了教授们不愿意接受校长职位。校长职位并没有太多吸引力，虽然他们具有形式上的权力，但却不是事实上的权力，而且校长权力还面临着各种合议机构（评议会和大学理事会）的羁绊。这种校长和合议机构的摩擦给了国家作为冲突的调解人出现的机会，从而扩大了国家对大学的影响，并减少了大学的决策能力和自我组织能力。可见，当政治资本不能产生真正权力的时候，追求大学的政治资本就变得没有意义。德国大学就是一个典型的例子。[74]

74 Otto Hüther. Von der Kollegialität zur Hierarchie? Eine Analyse des New Managerialism in den Landeshochschulgesetzen[M]. Wiesbaden: Verlag für Sozialwissenschaften, 2010:66.

第四章　新公共管理主义下的德国大学共治模式

进入到 20 世纪 80 年代，欧洲大学开始进入了改革期。英国自 80 年代就开始改革传统的大学管理结构，荷兰的大学管理改革也相对较早。从 90 年代开始，几乎所有西方高等教育系统都可以观察到传统管理结构的变化，特别是传统的研究型大学。大学治理的全球浪潮正在兴起，它不仅在欧洲而且在世界范围内主导着大学改革的话语权。这些新的治理模式发端于"新公共管理主义"、"新管理主义"或者"创业型大学"。到了 90 年代末期，针对在 70 年代建立的"群体大学"的批判和质疑日益增加，"群体大学"的一些基本理念被认为效率低下以及对大学组织不负责任。直到 90 年代中期，最晚以 1998 年《高等学校总纲法》的第四次修订为标志，德国也开始追随国际高等教育改革趋势，各州政府开始在高等教育领域全面落实以新公共管理为导向的治理体制改革，[1]因此德国被称为新公共管理改革的"后来者"，但德国大学治理改革的力度之大，被称为 60 年代之后规模最大的高等教育改革浪潮。[2]

---

[1] 孙进，政府放权与高校自治——德国高等教育管理的新公共管理改革，现代大学教育[J]，2014（02）：36-43。

[2] Hochschulverband. Organisation und Leitung der Universität[EB/OL][2021.04.17] https://www.hochschulverband.de/fileadmin/redaktion/download/pdf/resolutionen/Organisation.pdf

第一节　全球化背景下的德国大学改革浪潮

德国大学作为现代大学的鼻祖，自 19 世纪初柏林大学模式建立以来，保持了相当大的稳定性。直到 20 世纪 60 年代，大学民主运动才打开了大学坚固的堡垒，大学由"教授大学"转变为"群体大学"，大学治理改革拉开了序幕。进入 20 世纪 90 年代，德国教育系统更多地受到国际环境的影响，德国大学一直处于持续的改革过程中，[3]大学的生存环境变得更加复杂，新的治理机制和措施也不断出现。传统的大学正经历着转型过程，这种转型并不是线性和持续的，而是受到总体社会发展的影响，而这种发展不仅仅辐射到大学，而是影响了整个（准）公共机构管理改革。哈里.德布尔等学者总结了这一时期高等教育治理改革的环境因素，这些因素不仅存在于德国，而且存在于大多数工业国家。这些时代因素可以概括为以下几点：第一个因素是财政支出方面，高等教育大众化带来的高等教育系统的持续扩张使公共财政捉襟见肘，这就需要新的治理工具和手段以开源节流，在保障大学办学质量的同时提高大学的办学效率，用更少的钱办更多的事。第二，全球化、国际化和欧洲化都挑战了高等教育体系的国界，给各国政府和高等教育机构提出了新的问题。第三，经验表明，新公共管理组织方法在公共服务"现代化"方面具有影响力。一些欧洲国家越来越多地将其公共服务部门视为公司企业，新公共管理的理念也日益影响到大学治理。[4]探究这一时期德国大学治理改革的环境要素，可以大致总结为三个方面：从根本上讲高等教育大众化可以作为诸多问题的根源。另一方面，全球化以及新公共管理主义成为大学治理改革的外部因素。

一、捉襟见肘的公共财政

当前高等教育面临的诸多困境都可以和上世纪 60 年代末的高等教育扩张联系起来。德国奉行"文化国家"的教育理念，国家作为大学的举办者对大学承担无限的责任和义务，大学在国家的庇护下享有很大的学术自由。在政府资助的前提下，德国大学自柏林大学改革以来获得了全球声望。德国大学之所以能得到高水平的发展，一是源于政府乐于支持大学，二是由于政府

3　HIS. Rahmenhandbuch Neue Hochschulsteuerung[EB/OL][2021.04.17]https://www.revosax.sachsen.de/GetAttachment.link?id=8466

4　Harry de Boer, Jon File. Higher Education Governance Reforms Across Europe[R]. Brussel: European Platform, 2009:11.

具备支持的能力。[5]但进入 21 世纪 90 年代以来，这两种因素都发生了改变：由于各种原因政府资助大学的能力下降，进而导致政府支持大学发展的意愿也大大降低。而这种循环，虽然称不上是恶性，但至少给德国高等教育带来了十分消极的影响。财务危机促使大学不得已走上改革的道路，而被迫改革必然带来阵痛。这种高等教育财政紧缩的政策是 70 年代大学扩招产生的持续影响，大学扩招不仅仅是学生数量的增长，大学的国际化进程、继续教育的扩张、向没有高中毕业证书的人开放大学入学等因素使学生群体在年龄、社会阶层、教育基础方面也变得更加异质化。[6]大众化教育和精英教育之间的矛盾、由于错误估计学生数量增长导致的政府资助减少的国家战略的失败，使得 80 年代的高等教育停滞，到了 90 年代依旧没有得到改善。加之两德统一带来的后续效应，国家经济困难的影响自然也波及到了高等教育领域。相比于 60-70 年代动辄 10% 的国内生产总值年增长率，90 年代以来德国的国内生产总值年增长率经常只有 1%-3%。[7]经济低迷使政府对高等教育的财政拨款也开始紧缩，据统计，1996 年联邦和各州政府的高教拨款比 1995 年减少了 20 亿马克。在学生人数持续增加的情况下，1997 年政府提供的资助金反而比 1992 年的 30 亿马克削减了 2.7 亿马克，[8]而且教育投入减少的状况一直到 21 世纪仍然没有得到改善。在 2004-2006 年间，高等教育支出又进一步下降。如果将高等教育支出总额与国家生产总值（GNP）[9]相比，则会发现，2003 年，经合组织国家高等教育支出份额平均占 GNP 的 1.4%，芬兰和美国所占比值大大超过平均水平，而德国和英国则低于平均水平，仅为 1.1%。由此可见，德国高等教育的财政投入相对不足，虽然投入总额总体是增加的。[10]不论从时间维度还是国际比较的维度来看，德国的高等教育支出情况并不乐观。70 年

5　胡劲松，周丽华，传统大学的现代改造——德国联邦政府高等教育改革政策评述[J]，比较教育研究，2001（04）：6-12。

6　Christoph Rosenbusch. Organisationale Selbststeuerung in deutschen Universitäten-Bedingungen, Prozesse und Wirkungen[D]. Mainz: Gutenberg-Universität, 2013:19

7　Statista. Bruttoinlandsprodukt (BIP) in Deutschland von 1950 bis 2019[EB/OL](2021. 02)[2021.04.16]https://de.statista.com/statistik/daten/studie/4878/umfrage/bruttoinland sprodukt-von-deutschland-seit-dem-jahr-1950/#professional

8　胡劲松，周丽华，传统大学的现代改造——德国联邦政府高等教育改革政策评述[J]，比较教育研究，2001（04）：6-12。

9　这一指数提供了在国家相应财富水平上对学术教育优先性的衡量。

10　米歇尔·列申斯基，刘晗，德国高等教育中的财政和绩效导向预算：竞争激发效率[J]，北京大学教育评论，2008（01）：132-138＋191。

代"教育开放决议"后学生人数持续攀升，尽管学生入学率有了巨大的增长，但这并没有与公共资金的增长相匹配，德国大学也很少从私人渠道引入资金弥补这一差距。超额的学生与捉襟见肘的财政拨款成为影响高等教育质量的根本原因，也成为压倒大学的最后一根稻草。财政资助不足导致大学教学和科研基础设施老化，校舍年久失修，师资不足。1977 年至 1995 年间，大学毕业生增加了 75%，而学术人员则只增加了 10%，师生比例严重失调。[11]大学的领导和教授们经常抱怨，在有效的财政经费情况下还要求大学保证教育和科研质量，实为"巧妇难为无米之炊"。而政府人士却持有不同的看法，他们认为大学的危机来自大学本身缺乏竞争和效率，因循守旧，缺乏改革的动力和能力，从而不能适应社会发展的需求。随着社会的发展，"政治论"的大学观越来越有市场，政府希望大学承担更多的社会责任，尤其在参与国际合作和竞争中发挥作用。[12]

二、快速推进的全球化进程

国际化、全球化及欧洲化，是影响德国大学治理的三个重要概念。欧洲化是全球化的区域性体现，而国际化是大学对全球化的应对。

（一）国际化、全球化与欧洲化概念

国际化是大学诞生以来就具有的特征，大学称得上是最早的"全球机构"。20 世纪 90 年代以来，高等教育国际化更成为了一项中心议题，并实现了"质的飞跃"。[13]在讨论德国大学的国际化问题时，有三个相互关联的重要概念：国际化、全球化、欧洲化。国际化涉及到不断增加的跨国活动，但是原则上民族国家的高等教育系统还是保持原样。全球化认为边境和民族国家体系正变得模糊甚至消失，最后全球成为一体。而欧洲化则是全球化或国际化的区域版本。[14]全球化促进了国际交流，但是也带来了全球竞争，

---

11 Christoph Rosenbusch. Organisationale Selbststeuerung in deutschen Universitäten-Bedingungen, Prozesse und Wirkungen[D]. Mainz: Gutenberg-Universität, 2013:33.

12 胡劲松，周丽华，传统大学的现代改造——德国联邦政府高等教育改革政策评述[J]，比较教育研究，2001（04）：6-12。

13 Christoph Rosenbusch. Organisationale Selbststeuerung in deutschen Universitäten-Bedingungen, Prozesse und Wirkungen[D]. Mainz: Gutenberg-Universität, 2013:21.

14 Ulrich Teichler. Europäisierung, Internationalisierung, Globalisierung - quo vadis, Hochschule?[J]. Die Hochschule: Journal für Wissenschaft und Bildung, 2003, (12) 1:19-30.

促使民族国家不断地国际化以适应全球竞争，欧盟层面即为欧盟整体上采取国际化的战略以提升欧盟整体的国际竞争力。在高等教育领域，全球化是大学国际化的推动力量，国际化是对全球化的应对措施。特别自从上世纪八十年代以来，经济全球化中的竞争逻辑日益影响到学术系统，随着全球化趋势的增强，人才流入（brain gain）和人才流失（brain drain）的理念也使人才的国际流动具有了竞争的色彩。通过吸引世界最优秀的人才和世界最优秀的大学合作来提升国家创新能力和国际竞争力成为了许多发达国家维护并提升其国际地位的战略手段。2017 年，德国联邦政府出台了最新的《教育、科学及研究国际化战略》，[15]指出德国的教育、科学和研究必须要以国际化为导向，才能够在全球竞争中立于不败之地，并为解决全球挑战做出贡献。[16]

而为了应对全球化带来的竞争压力，欧盟也在整体上做出努力来提高欧盟大学的整体竞争力。全球化的时代，政治、经济、文化的国际合作日益加强，但同时在这些领域也存在着激烈的竞争。如何能在日益激烈的国际竞争中保持优势，欧洲采取了一体化的策略予以应对。欧洲一体化是指欧洲国家在经济、政治、法律等方面实现一体化的过程。此外，它还包括文化教育方面的融合过程。传统上，教育问题并不是欧洲一体化进程中重点讨论的议题，欧洲各国拒绝将高等教育权限统一到欧盟层面。但现实的竞争压力迫使各国开始妥协并同意制定统一的欧盟教育政策。在知识经济的全球化时代，教育和科研在提高国际竞争力方面扮演着重要角色，而缺乏竞争力一直是欧洲大学面临的主要挑战之一。而出现这一局面的原因在于，在许多国家高等教育系统中，存在平均主义（均质主义）的倾向，缺少世界一流大学，大学过分强调单一学科而忽略了跨学科的教学和研究，学习方式落后等，以至于在日益兴盛的国际大学排行中远远落后于美国和英国，而一些新兴国家的大学，比如中国，也有迎头赶上的势头。欧洲大学要克服这些困难，提高大学的竞争力和吸引力，将欧洲的大学的多样性与可兼容性结合起来，而这些改进无疑

15 该战略共包含五个目标，（1）通过国际合作提升学术卓越水平。（2）提升德国国际创新能力。（3）提升职业教育国际化水平。（4）和新兴国家以及发展中国家一起构建全球学术体系。（5）共同克服全球挑战。

16 BMBF. Internationalisierung von Bildung, Wissenschaft und Forschung，Strategie der Bundesregierung[EB/OL] (2016-12) [2019-10-12]https://www.bmbf.de/upload_file store/pub/Internationalisierungsstrategie.pdf

需要进行欧盟层面的高等教育改革。[17]早在 20 世纪 90 年代以来，欧洲各国就已经开始陆续推行高等教育系统的改革，并在 90 年代后期达到高潮。这其中对欧洲高等教育产生最深远影响的两个改革就是 1999 年启动的"博洛尼亚进程"以及 2000 年出台的《里斯本战略》。

（二）博洛尼亚进程与里斯本战略

博洛尼亚进程以《索邦宣言》和《博洛尼亚宣言》为起点。1998 年，法国、意大利、英国和德国四国教育部长签署了《索邦宣言》。《索邦宣言》在强调尊重欧洲高等教育多样性的同时也提出要建立一个统一的教学框架，提高外界对欧洲大学的认可度，加强学生流动和就业能力，增进大学间的合作。[18]在《索邦宣言》的基础上，欧洲 29 个国家的教育部长于 1999 年签署了《博洛尼亚宣言》，其目的在于建立统一的欧洲高等教育区，以促进学生和工作人员的流动，使高等教育更具有包容性和可及性（accessible），并使欧洲高等教育在世界范围内更具吸引力和竞争力。为实现这些目标，《博洛尼亚宣言》采取了如下措施：1. 引入本-硕-博三级学制。2. 确保在其它国家大学完成的学历和学习经历得到相互认可，引入学分转换体系（ECTS）。3.加强质量保障机制方面的合作以提高教学质量。[19]博洛尼亚进程的开启，说明欧盟将高等教育的发展置于欧盟一体化的议题之中。此后，德国的高等教育系统发生了重要的改变，三级学制逐步替代传统的二级学制，课程设置上也增加了更多的英文课程，建立了专业认证和评估机构，大学也更加国际化。虽然博洛尼亚主要侧重于学习和学位结构改革、质量保证、终身学习、高等教育国际化和许多其他相关问题，更多地是要改变生产过程（课程）和产品（学位），而不是每个国家高等教育系统的制度安排（包含院校治理方面的安排）。[20]但是，这些改革内容却和大学治理紧密相关，这些改革需要大学治理的创新来为改革

---

17 Harry de Boer, Jon File. Higher Education Governance Reforms Across Europe[R]. Brussel: European Platform, 2009:8.

18 EHEA. Sorbonne Joint Declaration[EB/OL][2021.04.17]http://www.ehea.info/media. ehea.info/file/1998_Sorbonne/61/2/1998_Sorbonne_Declaration_English_552612.pdf

19 EHEA. The Bologna Declaration[EB/OL][2021.04.17]https://www.ehea.info/media. ehea.info/file/Ministerial_conferences/02/8/1999_Bologna_Declaration_English_5530 28.pdf

20 Peter Maassen, Christine Musselin. European Integration and the Europeanisation of Higher Education[M]//Alberto Amaral, Guy Neave, Christine Musselin et al. European Integration and the Governance of Higher Education and Research. Dordrecht Heidelberg London New York: Springer, 2009:7.

提供支持。博洛尼亚进程提高了对各利益相关者的要求，特别是大学管理层。[21]而 2000 年启动的里斯本战略（也称为里斯本议程或里斯本进程），则对欧洲大学的治理产生重大影响，该战略旨在使欧盟到 2010 年成为"世界上最具竞争力和活力的、以知识为基础的经济体，并通过更多、更好的就业机会和更大的社会凝聚力实现经济可持续增长"。[22]知识社会和知识经济的理论断言，知识对于经济和社会的进一步发展和进步越来越具有决定性作用。知识成为现代经济中最基本的资源，且最重要的过程就是学习。从知识经济和知识社会的语义转变就可以看出知识的重要性，从前人们讨论的是基于知识的经济或社会（knowledge-based economy or knowledge-based society），而现在人们直接说知识经济或知识社会（knowledge economy or knowledge society）。[23]在这种背景下，欧盟委员会越来越强调大学在促进知识社会和经济方面的作用。《里斯本战略》之后，教育政策逐步融入到欧盟的议事议程，欧盟也成为欧洲各国教育治理的利益相关者之一。2006 年欧盟的《现代化议程》（The Modernisation Agenda）强调指出，教育、研究、创新和高等教育机构的现代化是《里斯本战略》的重要支柱，而高等教育机构的现代化有赖于合理的大学治理结构。欧洲联盟委员会致力于促进大学治理改革，并将其作为一个技术问题，即如何解决这些机构内部的管理缺陷，以及提高战略能力和加强大学领导的必要性。[24]

　　随着全球化和欧洲化趋势的增强，国际化对于德国大学来说也不再是边缘话题。国际化成为不断提高教学和研究质量、促进学校整体发展的一种手段和工具，是不断推进的过程，它涉及到学校的所有职责范围。此外，国际大学排名、国际教育测评、国际化水平指标等都成为大学"软治理（soft governance）"的重要手段。这些通过"硬指标"实现的"软治理"对大学造

---

21 Andrä Wolter. State, Market, and Institution in German Education-New Governance Mechanisms beyond State Regulation and Market Dynamics[M]//Schuetze Hans, G. Álvarez Mendiola. State and Market in Higher Education Reforms: Trends, Policies and Experiences in Comparative Perspective. Rotterdam: Sense Publishers,2012:130.

22 European Committee. The Lisbon Strategy in short[EB/OL][2021.04.17]https://portal. cor.europa.eu/europe2020/Profiles/Pages/TheLisbonStrategyinshort.aspx

23 David F.J. Campbell, Elias G. Carayannis. Epistemic Governance in Higher Education Quality Enhancement of Universities for Development[M]. Dordrecht Heidelberg London New York: Springer, 2013:23.

24 Åse Gornitzka, Peter Maassen, Harry de Boer. Change in University Governance Structures in Continental Europe[J]. Higher Educ Q. 2017(71): 274-289.

成了外来的改革压力，这些都对大学治理结构和治理理念产生重要影响。大学需要创造适合国际化战略的治理结构，不同的利益相关者要共同努力，改革大学内部治理模式。从这一角度来说，大学国际化对当前的大学治理起到了促进作用。

三、公共机构管理理念的范式转换

除了财政不足以及国际化带来的挑战外，传统的大学内部组织结构也被认为是大学适应社会发展要求的阻碍。在"学术自由"的法律和传统的保护下，学者、学院乃至整个大学，都享有极大的独立性。在转变为"群体大学"之后，在校级机构和系部机构之间、在专业层面以及跨专业层面、大学和社会环境之间，都存在着强烈的相互共存关系。比如，没有院长、学院以及学术评议会的参与，学校领导不可能制定和执行学校的发展战略或者处理结业、学术人才资助以及人事任命方面的标准。在国际化和男女平权等方面的学校总体事务，也需要和系部等机构协商处理。[25]可见，大学内部事务之复杂，已经影响到大学的决策效率。传统大学组织的缺陷在强调竞争、效率的时代愈发阻碍了大学的发展。特别是在"群体大学"中，各方参与的民主化原则更是成为不同利益群体（教授、学术中层、学生、非学术员工）阻碍那些可能损害自身群体利益改革的利器。大学不再被视为专家组织，而是一种不同利益群体的结合体，大学被批评为"陷入困境的杂货店"、"闭塞的大学"、"已经烂到根"。[26]这些问题都源于大学的双重属性：大学既是一种制度，又是一种组织。在社会学术语中，制度可以理解为"众多遵守者的期望之集合"[27]，大学作为制度体现了其成员共同的价值观和规范，规定了成员的社会行为。一些典型的德国大学理念，包括文化国家、学术自由、师生学术共同体、教学和科研相统一等，基于这些价值理念，德国大学在治理制度上体现出一些明显的特征，比如追求决策时的合议原则、避免权力集中、拒绝等级制的领导结构、通过学者的学术成就体现其权威。历史上，这些理念构建的大学制度是相对稳定的。而大学作为一种特定成员（教师、学生、员工）的组织，在府学关系上享有很大的自主权，

---

25 Wissenschaftsrat. Empfehlung zur Hochschulgovernance[R]. Hannover: Wissenschaftsrat, 2018:20.

26 Christoph Rosenbusch. Organisationale Selbststeuerung in deutschen Universitäten-Bedingungen, Prozesse und Wirkungen[D]. Mainz: Gutenberg-Universität, 2013:44

27 鲁道夫．施迪希伟，刘子瑜，德国大学的制度结构[J]，北京大学教育评论，2010，8（03）：40-50＋188-189.

内部成员关系上又是一种松散联结的结构。[28]这种传统的制度和组织结构为德国大学历史上的繁荣做出了贡献，大学组织成员及其利益相关者会维护这种理念以维护自己的利益。当组织结构与制度的核心理念一致并被大多数成员接受，那么组织会有序地运行下去，但是制度和组织结构产生冲突时，特别是处于制度环境急剧变革的时期，就会在权力和资源的分配方面出现紧张关系。[29]进入 90 年代，德国，乃至整个欧洲的大学制度环境就处在一种急速变化的状态。国家和社会要求大学能够满足国家人才培养和科研创新的目标，更好地服务社会，而新的期待却不能够和大学传统的组织结构相符合。传统的"群体大学"组织由于国家的细节调控和大学内部合议原则缺少决策能力，缺少清晰的目标和战略，缺少清晰的责任划分，缺乏适应环境的能力，阻碍了大学改革。当"无为而治"的学术研究传统面对国家及社会对大学提出的时代期望时、当国家的细节调控面对组织需要自主权时，当平等合议原则遭遇不断强化的行政领导时，大学的制度理念和组织模式产生了冲突。那么如何改革德国大学传统的组织结构以适应时代的需求呢？兴起于 20 世纪 70 年代的新公共管理主义（New Public Management）以及 80 年代的治理理念对德国大学治理改革起到巨大的推动作用。二者都是基于民众对社会民主国家幻想的破灭和失望，即政府治理失灵。新公共管理基于以下基本假设：公共部门对服务的垄断将由于缺乏竞争性绩效激励而导致效率低下和资源浪费。在新公共管理的框架下，公共服务部门以经济、效率和效能的名义将私营部门管理技术引入公共部门来提高公共行政管理的效率。[30]新公共管理主义作为新的组织方式，重新激起了人们对治理的反思。按照这种具有规范性的方法，大学应该以更加商业化的方式被管理，通过引入私营部门管理的手段和方法，大学应成为一种由专业管理者管理的组织。[31]此外，政策制定者及其社会科学观察者开始发现了除科层制结构

28 Barbara M. Kehm, Marek Fuchs. Neue Formen der Governance und ihre Folgen für die akademische Kultur und Identität[M]//Ute Clement, Jörg Nowak, Christoph Scherrer et al. Public Governance und schwache Interessen. Wiesbaden: VS Verlag für Sozialwissenschaften, 2010: 78.

29 Wissenschaftsrat. Empfehlung zur Hochschulgovernance[R]. Hannover: Wissenschaftsrat, 2018:27.

30 Wissenschaftsrat. Empfehlung zur Hochschulgovernance[R]. Hannover: Wissenschaftsrat, 2018:29.

31 Harry F. de Boer, Jürgen Enders, Uwe Schimank. Comparing Higher Education Governance Systems in Four European Countries[M]//Nils C. Soguel, Pierre Jaccard. Governance and Performance of Education Systems. Berlin: Springer, 2008:36

外被称为"治理"的其他基本治理机制，例如网络、社区和市场。基于这些概念，具体的社会子系统或政策领域可以被理解为各种治理机制的配置。新公共管理理念和治理理念在德国本土语境下也生成了新的治理涵义，被称为"新调控模式"（das neue Steuerungsmodell）。这里并不需要区分德语语境下的"新调控模式"与新公共管理及治理的概念区别，因为二者的理念和治理手段是大致相同的，在涉及公共部门管理时具有颇多相似性，两股潮流的汇合深刻影响了德国大学治理范式的变化。二者共同强调的参与主体的多元化、公私部门的模糊化、政府工具的多元化、运作过程的互动性方面的共性[32]，恰恰能够改变传统大学治理中社会参与不足、政府影响过大、大学治理手段单一等普遍问题。

第二节　政府对大学的宏观调控

新公共管理的一大理念就是减少政府对大学的细节干预，赋予大学更多办学自主权。历史上，德国大学享有高度的实质性自治，即在学术自我管理中，大学享有极大的自主权。但在程序性自治中，德国大学的权力则极其有限，政府通过法律法规以及派驻在大学的总务长来管理大学的财务及人事事务。尤其在 1933-1945 年之间，大学的全部自治几乎被纳粹政权摧毁殆尽。第二次世界大战后，德国的大学开始了去政治化的过程，大学获得了历史上最大的自主权，但这种自治依然限定在学术自治范围内。但到了 21 世纪之初，德国大学不仅追求学术事务的实质性自治，也开始追求在财务、人事等范围内更大的程序性自主权。[33]需要注意的是，2006 年德国启动联邦制改革，以解决联邦和各州之间"决策交织"的问题、增强双方的行动能力，联邦政府和州政府对高等教育的权责再次得以重新划分和界定。在最终通过的《基本法》修正案中，德国大学的管理权限完全归于各州。[34]2008 年 10 月 1 日，《高等学校总纲法》正式被废除。联邦政府放弃了制定总纲法的职能，之后主要负责协调大学录取和毕业、教育援助（如奖学金）和科研资助等事

32 董礼胜，李玉耘，治理与新公共管理之比较[J]，中国社会科学院研究生院学报，2014（02）：20-25。

33 Jürgen Georg Backhaus. The University According to Humboldt: History, Policy, and Future Possibilities[M]. Cham Heidelberg New York Dordrecht London: Springer International Publishing, 2015:54.

34 郭婧，新公共管理视域下德国大学治理机制改革的内涵与特征[J]，德国研究，2019，34（03）：117-131＋136。

务，[35]因此这一时期的国家调控主要是指州政府和大学的关系。政府对大学的宏观调控主要体现在总体预算、目标协定以及大学法律地位的变化。政府对大学的宏观调控主要体现在以下三个方面：

一、更加灵活的总体预算拨款

在公立大学，资源和经费的分配构成了一个重要的调控手段。[36]国家对大学的松绑，首先体现在赋予大学更多的财务自由，提高大学的积极性，并提高财政资金的使用效率。这也就意味着大学将减少或取消原来的按需分配、输入导向的财政拨款方式，转为更加自由灵活的总体预算拨款制度（Globalhaushalt），总体预算经常被视为新调控模式以及全面行政管理改革的重要一部分。

传统上的财政拨款制度是按照年度预算制度来执行，即酌情增量型预算。这种预算拨款是按照上一年的预算，按照不同类别的"科"（Titelgruppe）编制预算，结转时根据通货膨胀（渐进主义）的影响有所增加或者根据总预算的限制进行更正。[37]预算编制的流程大概为：大学首先要确定计划财政年度内预期的收入和支出，而预测的依据主要是上一年度的收入和支出。接下来，大学将预算草案提交给科学部以及财政部，这两个部委可以和大学协商（或不协商）对草案进行修改。修改后草案会被提交给州议会进行审批，一旦审批通过，资金就会拨付给大学，由大学进行内部分配。这种预算编制方式具有几个明显的原则，同时也是弊端产生的根源。第一个原则是"年度原则"（Grundsatz der Jährlichkeit），即本年度节余的办学资金不能转入下一年度，未使用完的预算必须缴回国库。这一原则导致了大学在年底突击花钱的"十二月热现象"（Dezemberfieber），[38]以避免政府可能削减下一年度的大学财政预算。这种现象显然违背了预算的"经济性和节约性原则"（Wirtschaftlichkeit und Sparsamkeit），该原则要求仅在绝

35 孙进，政府放权与高校自治——德国高等教育管理的新公共管理改革，现代大学教育[J]，2014（02）：36-43。

36 Hans-Ulrich Küpper. Effizienzreform der deutschen Hochschulen nach 1990-Hintergründe, Ziele, Komponenten[J]. Beiträge zur Hochschulforschung, 2009,(31)4:50-75.

37 米歇尔·列申斯基，刘晗，德国高等教育中的财政和绩效导向预算：竞争激发效率[J]，北京大学教育评论，2008（01）：132-138＋191。

38 孙进，政府放权与高校自治——德国高等教育管理的新公共管理改革，现代大学教育[J]，2014（02）：36-43。

对必要时才可以使用财政资金，但是为了现实利益，这种现象十分普遍。根据统一性和完整性原则（Einheit und Vollständigkeit），所有的收入和支出都必须单独预算，并完整地纳入到预算当中，收入和支出不可以相互抵消。预算的"精确性原则"（Haushaltsgenauigkeit）要求要尽可能精确地计划出收入和支出，但是预算的制定是根据上一年度收入和支出的值推算而出，且要在相关预算年度生效前的 15 个月至 18 个月前制定出来，这些因素都会影响到预算的精确性和灵活性。[39]而最束缚大学财政自由的一个原则是"实际支出原则"（sachliche Spezialität），该原则要求计划的预算经费只能用于特定目的，不可以交叉地使用不同"科"的预算，甚至同一"科"下的不同的"目"（Untertitel）亦然。例如，不可以将未用完的业务经费转用于人事费用。[40]此外，这种酌情增量型预算是由州政府和大学单独签订，因此缺乏透明性和竞争性，且财务管理是州政府的事务，由政府向大学委派的总务长全权负责，经费也必须按照州政府的财务管理条例进行管理，这必然限制了大学的财务自主权。预算是按年度计算（1 年或 2 年），大学无法确定下一预算年度能否获得稳定的预算，这也不利于大学制定长期的发展目标。这些预算遵守的原则，严重束缚大学的财务自主权，限制了大学的活动空间。在新公共管理理念的影响下，政府开始在财政方面赋予大学更多的自主权，实行了总体预算（Globalhaushalt）制度。总体预算是指政府按照某种指标将办学经费整体拨付给大学的一种方式，大学可以在很大程度上自己处理这笔资金，并进行内部分配。这种拨款模式突破了原来的"科"、"目"限制，开支项目不再一一列出，通常仅分为实物开支、人事开支和投资三个大的"科"，大大减少了原来数目繁多的"科"。大学可以相对自由地跨"科"、"目"使用资金，相互抵偿（Deckungsfähigkeit），也可以将年底未使用完的经费流转到下一年度或者形成储备资金，从而避免了突击花钱现象，提高了资金的使用效率。总体预算是多年的预算，这样有利于大学制定长期的战略规划，保障办学目标的实现。如不来梅高等教育法第 106 条第三目规定：

---

39 Lutz Schärfter. Globalhaushalt und die universitätsinterne Mittelverteilung - eine kritische Betrachtung[EB/OL](2005)[2020-12-07]https://www.grin.com/document/45316

40 张源泉，德国高等教育治理之改革动向[J]，教育研究集，2012（12）：91-137。

　　　　除非中央预算，否则高校的财政预算将采用包含人事开支、实
　　物开支和投资三个大项的总体预算制度。人事开支和实物开支经费
　　可以相互抵偿，而投资则只能在本"科"的不同"目"内相互抵
　　偿。财政年度结束时未使用的资金可以转为储备金。具体的细节由
　　州的《预算法》进行规定。

关于剩余经费的处理，萨尔州 2016 年新版高等教育法第 11 条规定：

　　　　州政府在预算范围内为高等学校完成其办学任务提供所需的
　　土地、设施和预算经费。高等学校拨款执行基于高等学校的办学
　　任务以及在目标和绩效协议中所要求和所取得绩效的总体预算。
　　总体预算包括用于完成高等学校任务的资金（基本经费）、与绩效
　　相关的预算经费、以及用于教学和研究创新的经费。高等学校可
　　以从自己的资产和剩余的资产中取得储备。高等学校获得的收入
　　将保留在高等学校的资产中，可以将自己的财产和结余经费作为
　　储备金。

　　通过总体预算拨款制度大学可以更加灵活地使用经费，州政府也将财政
责任转移到了大学，大学需要对自己的经营活动负责，并由大学自己进行内
部经费分配，赋予了大学极大的自主权。与此同时，为了保证大学合理地使
用办学资金，政府要求大学依法进行成本和收益核算，进行年终结算，并建
立汇报制度。[41]

二、基于谈判达成的目标协定

　　欧陆国家的高等教育普遍具有中央集权的特点，但是从上世纪 70 年代
起，如何将大学从国家的束缚中解放出来，赋予其更多自主权，成为了高等
教育政策中被广泛讨论的一个话题。在一种"控制虽好，信任更优"
（Kontrolle ist gut, Vertrauen ist besser）[42]理念的影响下，国家从原来的细节控
制转为对大学进行宏观调控，体现出"去国家化、去中心化"的特点，其中
一个独特的创新就是目标协定（Zielvereinbarung）。目标协定是州与大学之间
签订的规定了大学发展战略目标的合同，是一种政府在赋予大学办学自主权

---

41 孙进，政府放权与高校自治——德国高等教育管理的新公共管理改革，现代大学
　　教育[J]，2014（02）：36-43。

42 Berit Sandberg. Zielvereinbarungen zwischen Staat und Hochschulen-ein
　　Deregulierungsinstrument?[J]. Beiträge zur Hochschulforschung, 2003, (25) 4:36-55.

的同时对大学进行宏观管理和结果监测的管理工具。[43]目标协定描述了具有普遍约束力的规则以及双边或多边协议，这种形式取代了政府传统的立法和详细的官僚指导的管理形式，是对大学学术自我管理形式的进一步发展。目标协定将大学的任务、要实现的绩效以及所需要的资金结合起来通盘考虑，这样就将绩效、流程及所需要的资源连接起来。[44]因此，在很多州，目标协定配合总体预算和绩效拨款共同使用，成为调控大学的重要工具。目标协定在不同的州有不同的名称，比如目标协定、高校合约（Vertrag/Pakt），但本质上都是管理学中的目标管理模式（Management by Objectives）。目标管理来源于企业管理并成为新公共管理中的重要管理手段，这种手段建立在原则上权力平等、但任务和职能不同的伙伴就目标达成共识上，并在约定的时间点上检查目标的实现情况，并将结果融入到下一目标协定的程序中。这种手段一方面赋予了基层单位（dezentrale Einheit）在完成其任务过程中极大的独立性，另一方面又通过实现的绩效对基层单位进行问责和控制。[45]自从 1997 年首部目标协定出现，目前所有 16 个联邦州政府都已经和所属的大学签订了目标协定。目标协定可以在不同层面签订，可以是州政府和本州所有大学签订，也可以是和每个大学单独签订。不仅州政府和大学之间有目标协定，学校和各个院系之间、院系和教授之间也签有目标协定。除了常规的目标协定外，还有一些针对特殊事项的补充协定或特殊协定。目标协定是政府和大学之间的全面契约，成为调节政府和大学关系的重要工具。

以《不莱梅大学目标协定 2015-2017》为例，目标协定包含以下几个部分：

1. 战略目标

战略目标是指大学在协定期限内实现的总体目标，通常包括大学教学、研究、国际化、性别平等、院校管理等方面的战略发展目标。不莱梅大学的目标协定设立了教学、科研、继续教育、国际化、性别平等、组织结构等六个方面的战略目标。以其中的国际化战略目标为例，它包括以下三个目标：（1）

---

43 孙进，政府放权与高校自治——德国高等教育管理的新公共管理改革，现代大学教育[J]，2014（02）：36-43。

44 Karina Riese. Kriterien zur Ressourcensteuerung an Hochschulen[M]. Wiesbaden: Deutscher Universitäts-Verlag, 2007:109.

45 Detlef Müller-Böling, Ulrich Schreiterer. Hochschulmanagement durch Zielvereinbarungen- Perspektiven eines neuen Steuerungsinstruments[M]//Jutta Fedrowitz, Erhard Krasny, Frank Ziegele. Hochschulen und Zielvereinbarungen - neue Perspektiven der Autonomie: vertrauen - verhandeln - vereinbaren. Gütersloh: Verl. Bertelsmann Stiftung, 1998:14.

提高大学的国际声望。（2）实现教学国际化。（3）将国际化作为学校的总体任务。

2. 具体目标及目标达成标准

实际指标是指组织的具体产品，指标规定了产品的理论规模，即在什么时期应以什么数量和质量生产什么，达标与否和绩效奖励等措施结合一起。具体目标包含质性目标和量化目标。《不莱梅大学目标协定 2015-2017》中的国际化战略目标的具体目标及标准包括：

> 针对战略目标（1）的具体目标包含两部分，一是设置国际化战略重点，即定义 5-10 个战略伙伴关系，并与伙伴机构协调工作计划和资源，则目标达成。二是提高外国学者以及有多年国外经历的学者数量。即如果通过有针对性的措施（例如猎头公司、国际招聘）在人员选拔和任命过程中增加了来自国外的更多申请，并且到 2017 年底外国人在专职学术人员中的比例增加了 5%，则目标达成。针对战略目标（2）的具体目标为：实现课程国际化，即如果和国外高校合作开设的专业数量以及必须含有国外交流经历的专业数量能够增加，并通过其它措施到 2017 年使 25% 的毕业生至少具有两个月的国外经历，则目标达成。针对战略目标（3）的具体目标为：实现行政管理国际化。如果顺利与负责欢迎文化建设的行政部门开展试点项目，则目标达成。

表 4-1：不莱梅大学目标协定 2015-2017

量化指标	2013 实际值	2014 实际值	2015	2016	2017
留学生数量占比（%）	13	11	11	12	13
来德学生数量（Incomings）					
其中修读学位学生	398	390	420	450	470
出国留学数量（Outgoings）					
其中修读学位学生	630	665	680	690	700
专职学术人员和艺术人员中外国人占比（%）	13.1	13	14	15	16
有强制国外交流经历的专业数量	11	11	12	13	14

资料来源：不莱梅大学 2015-2017 目标协定

3. 政府提供的支持

目标协定是基于政府和大学双方平等的协商基础签订的，不仅规定了大学的任务及绩效产出，而且规定了州政府应履行的义务和支持，也即政府的绩效，特别是经费支持，因此大多数的目标协定都是和财政拨款制度联系起来一起作为政府调控的手段。譬如，文本中规定政府要实现三个战略目标（含量化目标，见图 4-2）。

（1）在"科学规划 2020"的基础上保障大学的基本财政资源。如果政府全面落实《科学计划 2020》财务计划中的资金承诺，并对集体谈判协议和工资调整产生的额外费用进行全额财务补偿，则该目标达成。（2）按照相关预算法律，从"未来储备资金"（Zukunftsfond）为公立大学提供额外经费以增加大学基础经费和特殊项目经费。如果大学的基础经费增加，且基于特殊项目的经费申请被批准，则该目标达成。（3）履行《高校公约》（Hochschulpakt）和"卓越计划"的财务承诺。如果政府通过《高校公约》为大学在 2015-2017 年期间额外招收（即超过目标协定规定的数量）的学生提供相应的经费，则该目标达成。（4）确保大学教学人员的进一步发展（批准设立新教席）。如果州政府和大学就教授岗位的命名和批准达成一致以及完成招聘和应聘程序，则目标达成。

表 4-2：不莱梅大学目标协定中政府经费

量化目标	2013	2014	2015 目标	2016 目标	2017 目标
数额（千欧）	138.460	142.886	140.844	150.815	151.055

资料来源：不莱梅大学 2015-2017 目标协定

4. 报告义务

目标协定使大学摆脱了原来政府的细节控制，只要求大学定期针对目标完成情况提交报告，州政府对报告进行审核，并根据目标完成情况来决定下一轮的目标协定。如果未能完成目标，则需要说明未能完成的理由，如果理由不够充分，则会影响到下一轮的绩效拨款，但通常都没有规定具体的惩罚措施。

不莱梅大学在 2018 年 4 月 1 日提交最终报告，阐明目标实现情况，如果出现与既定目标的偏差需要说明理由。同时，大学需要在每年的 4 月 1 日提交一次定量指标实现情况的报告。在每个季度

末的 10 个工作日内，大学需要根据目标值／实际值的比较来提交
资金充足性的报告以及绩效目标实现的情况。

作为一种学校发展的中期规划（通常 4-5 年会签订一次），目标协定会随
着政府对大学的期望变化和学校的发展不断更新。目标协定由州政府和州教
育部门协商后制定，如果大学不能满足约定目标，会影响到下一周期目标协
定中规定的配套财政资助。从府学关系上来看，目标协定意味着政府对大学
的管理从等级控制转为相互合作，[46]实现了"信任代替不信任、协商代替命
令、同意代替决定"的关系转变。[47]政府对大学的监督也由原来的专业监督转
为报告制度，即要求大学定期提交对目标实现情况的报告，从而赋予了大学
更大的活动空间，实现了以"输出"为导向的评价机制。[48]这标志着国家调控
理念的转变，传统的国家调控以输入为导向，且国家的任务和产生的与之相
关的绩效扮演着次要角色，这种调控模式正在被一种优先以国家任务和公共
财政资助活动为导向的"输出"模式所取代。高等教育政策决策者可以共同
参与决定大学任务的类型和范围，以及大学需要做出的成绩，以此来保障财
政经费能够实现要达到的绩效目标。[49]

三、突破传统的大学法律地位

国家放松对大学管控的另一个手段就是"去国家化"。"去国家化"一
方面就是调控措施方面减少国家细节调控，另一方面就是改变大学的国家机
构属性，其表现之一就是大学法律地位的变化，即从国家机构转变为法律实
体，如公司，在德国则是基金会大学。从柏林大学以来，大学就具有"公法
团体"和"国家机构"的双重角色。这一法律定位一直延续到 1998 年《高等

46 Berit Sandberg. Zielvereinbarungen zwischen Staat und Hochschulen-ein Deregulierungsinstrument?[J]. Beiträge zur Hochschulforschung, 2003, (25) 4:36-55.

47 Detlef Müller-Böling, Ulrich Schreiterer. Hochschulmanagement durch Zielvereinbarungen-Perspektiven eines neuen Steuerungsinstruments[M]//Jutta Fedrowitz, Erhard Krasny, Frank Ziegele. Hochschulen und Zielvereinbarungen - neue Perspektiven der Autonomie: vertrauen - verhandeln - vereinbaren. Gütersloh: Verl. Bertelsmann Stiftung, 1998:8.

48 Michael Dobbins, Christoph Knill. Reformen der Hochschulsteuerung in Deutschland: Vom Humboldtismus zum „gezähmten Markt"? [M]//Josef Schrader, Josef Schmid, Karin Amos et al. Governance von Bildung im Wandel. Wiesbaden: Springer Fachmedien, 2015:185.

49 Detlef Müller-Böling, Ulrich Schreiterer. Hochschulmanagement durch Zielvereinbarungen -Perspektiven eines neuen Steuerungsinstruments[M]//Jutta Fedrowitz, Erhard Krasny, Frank Ziegele. Hochschulen und Zielvereinbarungen-neue Perspektiven der Autonomie: vertrauen - verhandeln - vereinbaren. Gütersloh: Verl. Bertelsmann Stiftung, 1998:14.

学校总纲法》修订之前。这一大学定位成为大学治理的基础，但也因其"国家机构"的属性间接限制了大学的行动自由，因为大学在学术自治的同时也要满足国家对大学的要求，大学自主权与国家机构成为了大学治理过程中的一组矛盾。1998 年修订的《高等学校总纲法》首次对大学的法律定位进行了修改，其第 58 条第 1 款规定：

> 高等学校通常是公法团体，同时也是国家机构。高等学校也可
> 以其它的法律形式设立。在法律范围内，高等学校享有自我管理权。

这种大学法律地位的变化这意味着，大学不必只具有原来的双重法律地位，各州可以以其它形式设立大学，而国家也可以不再是大学惟一的无限责任承担者。[50]公法基金会大学成为公立大学的一种替代法律形式。基金会代替国家成为大学的承办者，并享有独立的法律地位和组织结构。州政府只保留法律监督权，并继续为研究、教学和建筑维护提供资金。基金会大学采用类似公司的管理模式，并遵守适用于私人服务公司的一些经济原则。[51]基金会大学形式其实早在中世纪时期就已经存在，他们通过基金会的财产获得办学资金。本来洪堡也打算采用这种模式来建立柏林大学，使大学在经济上独立于国家，以保障教学和研究不会受到国家的约束。但是洪堡的想法并没有实现，柏林大学仍然是国家公办的形式。第一所现代的德国基金会大学是建立于1914 年的法兰克福基金会大学。1953 年黑森州政府重新承担起法兰克福大学的财政责任，原来的基金会大学转变为州立大学。2008 年，该大学再次转变为公法基金大学。下萨克森州是第一个积极将公立大学转变为基金会大学的联邦州，2003 年，该州 5 所公立大学转变为基金会大学。2008 年起，黑森州和勃兰登堡州也建立起一些基金会大学。三个州的基金会大学模式虽然存在许多细节差异，但是相较于非基金会大学，在财务、组织结构、人事聘用等方面具有独特之处。基金会大学的经费来源有三个方面，初始资本（由大学设立前拥有的地产和财富转移而来）、基金会资金（捐赠以及第三方经费）、州政府财政补贴。公法基金会大学和其它大学一样享受政府的财政资助，财政补助的额度由基金会和州政府签订的目标协定来规定。大学自己的创收纳

---

50 胡劲松，周丽华，传统大学的现代改造——德国联邦政府高等教育改革政策评述[J]，比较教育研究，2001（04）：6-12。

51 Gülay Sağırlı. Die Einführung des Neuen Steuerungsmodells im deutschen Hochschulsystem. Erklärungsansätze für den Wandel im Management und der Verwaltung von Hochschulen[D]. Köln: Universität zu Köln, 2014:57.

人基金会统一管理，且不用抵偿政府财政补助的额度。在组织结构上，除了配置所有大学都有的大学评议会、校长委员会、大学理事会外，基金理事会（Stiftungsrat）也在大学内部治理中扮演着重要角色。它一方面要处理基金会的事务，一方面又是大学的监督机构。[52]在人事权方面，非基金会大学的校长由州政府来聘任和任命，而基金会大学的校长则由基金理事会任命，校长的主管则是基金理事会的主席，而非州政府的教育部门。[53]

当前德国只有为数不多的基金会大学，这种大学组织模式依然处于探索阶段。根据德国大学发展中心（Centrum für Hochschulentwickelung）的调查报告显示，基金会大学在享有的自主权方面的确优于非基金会大学，具有更大的活动空间和决策权限，激发了其成员的改革激情和产生新的身份认同，使大学和社会产生了更多的联系。但在认可度方面，其作为国家机构的属性并没有发生本质改变。[54]这种作为赋予大学自主权的改革尝试，还需要更多的实践来检验其效果。

第三节　日益强化的竞争机制

高等教育大众化的现实迫使人们认识到，单纯的依赖国家财政已经不能负担起整个高等教育系统，大学必须找到其它的收入途径。[55]传统的学术价值观现在不得不与众多的价值观和目标竞争——经济、效率、效用、公共责任和各种质量定义。[56]竞争已经不仅仅是高等教育政策中常用的概念，在实践中也存在众多的竞争措施以提高大学的效率和质量。[57]德国高校发展中心（CHE）第一任主任伯林（Detlef Müller Böling）在一次演讲中讲述了竞争机

52 有的基金会大学未设置大学理事会，监督职能由基金董事会执行。有的基金会大学同时设置两个机构，并赋予基金董事会除监督职能外更多的权限。

53 Yorck Hener, Steffen Kaudelka, Sabine Kirst. Stiftungshochschulen in Deutschland: Ein Zukunftsmodell[R]. Güterloh: CHE,2008:25-28.

54 Yorck Hener, Steffen Kaudelka, Sabine Kirst. Stiftungshochschulen in Deutschland: Ein Zukunftsmodell[R]. Güterloh: CHE,2008:59.

55 John Fielden. Global Trends in University Governance[M]. Washington: The World Bank, 2010:5.

56 Alberto Amaral. Transforming Higher Education[M]//Alberto Amaral, Ivar Bleiklie, Christine Musselin. From Governance to Identity. Springer Science + Business Media B.V. 2008:82.

57 Martin Winter, Carsten Würmann. Wettbewerb und Hochschulen[J]. Die Hochschule: Journal für Wissenschaft und Bildung, 2012, (21) 2:6-16.

制在未来大学中应该扮演的角色：

> 高等学校必须要设置其发展重点并且从德国高校具有同一性
> 和等值性的幻想中解脱出来，而这只有通过竞争才能实现。高等学
> 校要在所有领域实现竞争，不仅仅是科研，而且要在教学领域实现
> 竞争；不仅在国内，还要参与国际竞争。高等学校应该按照发展目
> 标来分配其资源，并且需要拓展除了国家财政资金外的其它资金来
> 源。[58]

一、激发办学效益的绩效拨款

新公共管理的一大特点是强化大学之间以及大学内部间的竞争，将大学
从国家的襁褓中推向市场，利用（准）市场手段来治理大学。政府要努力使
投入到大学的财政资源和大学的总体绩效实现平衡，使成果或产出能够与经
费的分配挂钩。这通常是由大学和政府的拨款部门通过预算谈判并签订合同
来实现，或者使用包括绩效指标的公式预算系统。[59]欧盟委员会在其 2006 年
5 月的"大学现代化议程: 教育、研究和创新"会议中强调了高等教育拨款的
重要性，指出拨款要更多基于结果而不是实际支出，要以产出为导向并赋予
机构真正的自主权，使他们自己的表现完全向社会负责。[60]

传统大学拨款是一种基于任务的拨款方式，这使得大学的使命和资源供
给之间缺乏联系。大学自己制定办学目标（学术标准），但实现目标的资源是
由国家提供的，投入和产出的主体不同，因此大学和国家也不愿意对彼此负
责。大学通常不会关注为了实现目标所消耗的资源，而政府只提供资源，却
不能对大学的绩效进行设定。这种目标实现和支出行为的分离和分开控制的
方式使得大学的投入和产出脱节，降低了资金的使用效率和政府对大学的调
控。[61]如何使大学的办学行为同时满足国家和社会的期待？新公共管理给出
的答案就是增加大学的绩效评估，并以此作为国家拨款的依据，此乃绩效拨

---

58 Matthias Becker. Wie Politik und Wirtschaft die freie Forschung gefährden[EB/OL](2019-05-23)[2021-02-21]https://www.deutschlandfunkkultur.de/detail-zeitfragen.976.de.html?dram:article_id=449515%2C

59 Eurydice. Higher Education Governance in Europe Policies: Structures, Funding and Academic Staff[R]. Eurydice European Unit, 2008:18.

60 Eurydice. Higher Education Governance in Europe Policies: Structures, Funding and Academic Staff[R]. Eurydice European Unit, 2008:47

61 Karina Riese. Kriterien zur Ressourcensteuerung an Hochschulen[M]. Wiesbaden: Deutscher Universitäts-Verlag, 2007:64.

款。自上世纪 90 年代以来，绩效拨款（Leistungsorientierte Mittelvergabe）成为德国大学引入竞争机制的核心因素。绩效拨款是指政府按照绩效指标将一部分财政资金拨付给大学，从而激发大学的办学热情。1993 年，北威州率先引入绩效拨款制度，起初绩效拨款只占总预算的 2.8%，后来占到总预算的 20%，这对大学的办学产生了重要影响。[62]当前，所有的州都已经引入了该制度。绩效拨款是按照大学目标完成情况拨款，一般分为奖励模式和分配模式两种。奖励模式类似于计件奖励，比如每个毕业生政府奖励学校一定金额，再乘以毕业生总数，就是学校获得的绩效奖励。而分配模式是指大学只要满足约定的最低绩效指标，政府就将定额比例的款项拨付学校。《高等学校总纲法》对大学拨款的指标做出了总体规定，譬如第 5 条规定：

> 预算经费的分配要基于高等学校所要完成的使命以及在教学科研和学术后备人才培养方面所取得的成就，此外还要考虑在促进性别平等方面所取得的进步。

在此基础上，各州高等教育法对绩效的资金分配做出进一步规定，具体的指标方案由大学和州主管部委协商确定。绩效指标通常包含教学、科研、两性平等、国际化程度等。其中和教学相关的指标有新生数量、毕业生数量、提供的学习名额及专业数量、学生修业年限、继续教育办学状况等。和科研相关的指标通常有获得的第三方项目资金、博士生数量、教授数量、科研发表以及引用率等。两性平等指标包括教授中和校领导中女性的比例。国际化指标通常有留学生数量、国际发表数量以及国际合作大学的数量等。

本研究具体以巴登符腾堡州的绩效拨款为例来阐明绩效拨款在德国的发展趋势。巴符州 2005 生效的高等教育法制定了所谓的"三根支柱"拨款制度，即基础经费、绩效拨款、目标协定，绩效拨款占到总预算的 20%。高等教育法第 13 条"财政及报告制度"中的第 2 目和第 9 目规定：

> 国家参照高等学校的任务、协议的目标和所取得的绩效为高等学校提供经费，同时还须考虑到推进性别机会平等的进步。在考虑州利益的情况下，参考绩效标准和负担标准（Belastung）以及目标协定中规定的院校发展目标，州政府和高校签订的为期多年的合约，并确定国家提供经费的比例。高等学校协议中包含的关于国家

---

62 孙进，政府放权与高校自治——德国高等教育管理的新公共管理改革[J]，现代大学教育，2014（02）：36-43＋112-113。

提供经费的规定，受制于州议会的授权……，借助信息系统和成本绩效核算结果，大学要定期向科学部汇报评估的结果和相应的措施，以及高校合约和目标协定的执行情况，并提交相关必要的基础数据。

1999 年，巴登符腾堡州政府和大学协商引入了绩效拨款制度，以激励大学实现办学目标。绩效拨款分为定量部分（Volumenteil）和激励部分（Anreizteil），每个部分各占州大学总体财政拨款的 10%。其中定量部分的绩效指数包括教学和科研两部分，教学指数包括规定学制内的学生数量和毕业生数量，科研指数包括获得的第三方资助额度以及博士生数量。激励部分的绩效指数包括毕业率、本科和硕士学制转化率[63]、第三方资金的绝对数额和增加的相对额度、促进男女平等。[64]

总体预算、绩效拨款和相对应的目标协定可以被称作德国大学财政资助的"三驾马车"，这些制度消解了原来的输入型导向的官房财政制度，实现了输出型导向的总体控制。因此也将人事任命、专业设置、考试条例制定、内部组织架构等方面的主管权限转移给了大学，赋予了大学更多的活动空间和自主权。

二、建设一流大学的卓越计划

在世界高等教育系统中，人们一直在努力以各种方式对大学进行分类。[65]在对民族国家高等教育系统比较的过程中，德国教育家希泰西勒（Ulrich Teichler）依据高等教育系统的三个特点"相似性"、"多样性"、"选择性"来描述不同国家高等教育系统的特征。"相似性"是指大学的办学质量相似，即学生在不同的大学获得相似的专业课程和研究机会，学生在不同大学获得的学位具有大致的等值性；"多样性"是指每个大学的办学侧重点不同，但无质量上的巨大差别；"等级性"（或曰"选择性"）是指大学会按照不同的指标——新生成绩、专业质量、毕业生就业情况、研究声望等——被归入

---

63 传统上德国只有学士和博士两个阶段，在博洛尼亚进程后，德国开始引入本硕博三级学制，所以这一指数旨在鼓励大学尽快引入新的学制。

64 Lydia Hartwig. Neue Finanzierungs-und Steuerungsstrukturen und ihre Auswirkungen auf die Universitäten, zur Situationen in vier Bundesländern[J]. Beiträge zur Hochschulforschung, 2006,(28)1:6-26.

65 Ulrich Teichler. Hochschulsysteme und quantitativ-strukturelle Hochschulpolitik[M]. Münster: Waxmann Verlag, 2014:173.

不同的等级中。这三个原则都和大学的质量联系在一起。譬如，强调"相似性"的高等教育系统，其水平分化更值得关注，垂直分化较小。强调高等教育"多样性"的高等教育系统，其高等教育系统存在较小的垂直分化和水平分化。[66]在强调"等级性"的高等教育系统中，垂直分化是系统的突出特征。美国的高等教育系统是兼具"多样性"和"等级性"，在学校类型上有综合大学、文理学院、社区学院等多种类型学校，在学校水平上有诸如哈佛、斯坦福等世界一流研究型大学。日本则只在垂直维度高度分化。而德国是在两个维度上都分化比较低的国家。一方面，德国同类型的高校被认为是均质的，办学质量相当。另一方面，德国高等教育系统缺乏多样性，综合大学和应用科学大学两类高校是主要的两种类型，其它类型高校数量较少，且同类型的高校同质化倾向严重（见图 4-1）。[67]

图 4-1：大学系统的分化

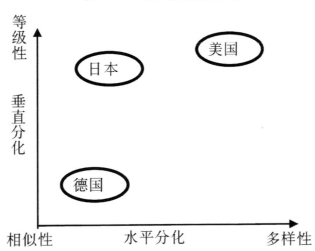

资料来源：Ulrich Teichler. Hochschulsysteme und Hochschulpolitik[M]. Münster: Waxmann Verlag, 2005:123.

---

66 泰西勒区分了两类分化，即垂直维度分化（vertikaleDifferenzierung）和水平维度分化（horizontaleDifferenzierung）。前者是指高等教育机构在质量、社会声望／知名度、就业市场的认可度等方面的差异，有高下之分。后者是指高等教育机构在办学特色、学科专业设置、学术流派等方面的差异，无优劣之别。参看：孙进，由均质转向分化？——德国高等教育的发展趋向分析[J]，比较教育研究，2013，35(08)：1-8。

67 Ulrich Teichler. Hochschulsysteme und Hochschulpolitik[M]. Münster: Waxmann Verlag, 2005:123.

保持大学均质发展一直以来都是德国高等教育的核心特征。[68]这主要是由于全国统一的录取系统以及经过各州协调过的大学课程设置，使学生可以轻松在不同大学间转学。此外在师资方面存在着"禁止留校任教"规定，"禁止留校任教"原则是指大学在聘任教授时不得招聘在本校通过教授资格的人员，该原则避免大学内部近亲繁殖以及形成学术门阀，加强教授的流动性，避免高水平师资都积聚在少数大学。公立大学的政府资助特征也使大学避免了市场化的冲击导致大学财力方面巨大的校际差异。

但进入上世纪 90 年代以来，德国高等教育决策者采取了一些措施来提升高等教育的多样性，并打造一批有实力的大学以提升大学影响力。同时，影响力日盛的国际大学排名作为全球化加剧的必然结果和隐喻，也对重塑世界各国高等教育系统产生了潜在的影响。国际大学排名日益增长的影响力和对大学发展战略的影响导致了一种"声誉竞赛"以及由此产生的集体焦虑的氛围。[69]德国在各大国际大学排名中远远落后英美两国，[70]这种状况加深了德国高等教育政策制定者的焦虑。国家和大学的决策者们迫切地期望创建德国的世界一流大学，从而保持全面的国际竞争力。正如《德国广播报》上的一篇文章"我们需要伯克利吗？"写道：德国的雇主和大学校长们有一个梦，加利福亚梦，它叫做伯克利。他们也想拥有德国的伯克利——一所、或者多所世界上最棒的大学。[71]

在这种压力之下，2005 年德国推出了旨在打造德国世界一流大学的"卓越计划"。为了顺利开展"卓越计划"，联邦政府授权德国科学基金会（Deutsche Forschungsgemeinschaft，DFG）和德国科学审议会执行"卓越计划"的筛选和评价工作。整个计划共分两期，第一期（2006-2011）和第二期（2012-2017）的大体资助内容相似，资助计划于 2017 年终止。"卓越计划"共有三条资助线：资助学术后备人才培养的研究生院；资助从事跨学科、跨

---

68 虽然从大学规模、教学和研究水平以及声望来说，大学之间还是存在差别，但这并没有影响到学生的择校选择和就业机会。

69 Michael A. Peters. Global University Rankings: Metrics, Performance, Governance[J]. Educational Philosophy and Theory, 2019,(51)1:5-13.

70 以德国大学 2019 年全球四大排行榜为例：在 QS 排名最高的大学是位于 61 位的慕尼黑工大，泰晤士报大学排名最高的是位于第 44 位的慕尼黑工大，上海交通大学排名最高则是第 47 位的海德堡大学，在美新是第 46 位的慕尼黑大学。

71 刘宝存，张梦琦，创建世界一流大学政策的国际比较研究[M]，北京：北京师范大学出版社，2020：177。

机构科研的卓越团队；资助发展大学尖端科研的未来方案（Zukunftskonzept）。联邦政府和州政府计划在第一期对"卓越计划"投入 19 亿欧元，联邦政府和州政府各承担总额的 75% 和 25%。[72]2006 年资助额为 1.9 亿欧元，2007-2010年为每年 3.8 亿欧元，2011 年为 1.9 亿欧元。资金分配如下：入选的每个研究生院每年获得 100 万欧元资助，预计资助 40 个研究生院，合计 4000 万欧元。每个卓越团队每年将得到 650 万欧元资助，预计资助 30 个卓越团队，合计 1.95 亿欧元。每个入选未来构想的大学每年将得到 2100 万欧元资助，预计资助 10 所大学，而入选未来方案的条件是该大学至少有一个获得资助的研究生院和一个卓越集群。经过 2005 年和 2006 年的两轮评选，共有 39 个研究生院、37 个卓越团队和 9 所大学的未来方案得到了资助。第二期"卓越计划"共投资 27 亿欧元。经过评选后共有 45 个研究生院、43 个卓越团队以及 11 所大学的未来方案得到资助。其中研究生院和卓越团队的资助额度均有所增加，而未来方案的资助额度则大幅降低，只有每年 1420 万欧元。[73]

　　"卓越计划"是德国政府促进德国大学竞争和分化的一种"摸着石头过河"的尝试。为了检验"卓越计划"的实施效果以及为未来是否继续实施该计划提供决策依据，2009 年，德国科学基金会组建"卓越计划评估国际专家委员会（IEKE）"对"卓越计划"进行评估。评估报告于 2016 年发表，从大学分化、学生数量和教学质量、大学治理、大学在整个学术体系的参与度、学术后备人员培养、国际化等六个维度对"卓越计划"的效果进行评估。在经过全面的评估后，评估委员认为"卓越计划"对德国大学发展具有积极的推动作用，表明了德国建设世界一流大学的决心。虽然基于当前的评估数据很难证明德国大学目前发生的变化和"卓越计划"的施行存在着因果关系，但是德国政府仍应该继续执行"卓越计划"，并提出改进的方向。[74]针对公众对"卓越计划"没有促进大学教学的质疑，评估委员会认为，"卓越计划"的目标定位并不在教学方面，而是专注于提高德国大学在国际科研上的竞争力，不能够指望"卓

72　孙进，由均质转向分化？——德国高等教育的发展趋向分析[J]，比较教育研究，
　　2013，35（08）：1-8。

73　Deutsche Forschungsgemeinschaft.Exzellenzinitiative des Bundes und der Länder zur
　　Förderung von Wissenschaft und Forschung an deutschen Hochschulen[EB/OL][2020-12-
　　20]https://www.dfg.de/download/pdf/dfg_im_profil/reden_stellungnahmen/2006/exin_061
　　0_pressemappe/exin_0610_wr_ausschr_1.pdf

74　刘宝存，张梦琦，创建世界一流大学政策的国际比较研究[M]，北京：北京师范大
　　学出版社，2020：199。

越计划"解决德国大学自身不足的根本问题。同时，委员会建议取消对研究生院的资助，以提高资金使用效率，因为当前的"卓越集群"和"未来方案"已经包含了诸多促进学术后备人才培养的措施，在功能上与资助研究生院产生重叠。在评估报告的基础上，德国政府决定继续实施"卓越计划"，并将新一轮的资助计划更名为"卓越战略"（Exzellenzstrategie）。科学审议会参考了评估报告的意见，去掉了原来的研究生院资助线，保留了卓越团队和卓越大学两条资助线。卓越团队的资助总额为每年 3.85 亿元左右，每个卓越团队每年大约可以获得 300 万到 1000 万欧元的资助，所在的大学可以额外获得 100 万欧元的资助。[75]卓越委员会（Exzellenzkommission）在 2018 年 9 月 27 号选出最终入围的 57 个卓越团队，资助期限为 7 年，即 2019 年 1 月 1 日至 2025 年 12 月 31日。卓越大学评选于 2019 年 7 月结束，正式资助于 2019 年 11 月 1 日开始，第一轮资助于 2026 年 10 月 31 日结束，资助金额为每年 1.48 亿欧元。每个大学可以根据申请条件获得每年 1000 万到 1500 万欧元的资助，每个联盟[76]可以获得 1500 万到 2800 万欧元的资助。[77]

三、增加大学收入的第三方经费

第三方经费[78]是用来促进大学研究和发展以及培养学术后备人才的国家基础财政拨款外的、来自于公共部门和私营部门的其它资金。第三方经费可以提供给大学及其附属机构（院系、研究生）或者单独的科研人员使用。在大学发展过程中，第三方经费成为了大学重要收入来源之一，其额度快速增加（见图 4-2）。在 2010 年，高校第三方经费只有 50 多亿欧元，而在 2018 年已超过了 80 亿欧元。第三方经费对于高校科研的意义与日俱增，其在高校收入中占据了 23% 的比例（见表 4-3），尤其在科研资助方便，2005 年第三方经

75 DFG. Kompaktdarstellung Exzellenzcluster (EXC)[EB/OL][2020-12-20]http://www. dfg.de/foerderung/programme/exzellenzstrategie/index.html

76 联盟是指多个大学组成一个联盟作为申请人，这样可以照顾到一些规模较小大学的利益。

77 刘宝存，张梦琦，创建世界一流大学政策的国际比较研究[M]，北京：北京师范大学出版社，2020：200。

78 第一经费（Erstmittel）是指大学从其承办者中获得的基础经费，这构成大学的常规经费预算，是用于大学教学和科研核心任务的运营成本。第二经费（Zweitmittel）既指承办者通过特殊项目提供的额外经费，也包括高校的其它收入，比如大学的运行收入（Verwaltungseinnahmen）或者学费。

费占德国公立高校研究总支出的 39%，而这一比例到 2015 年已经达到了 50%。[79]2016 年，26%的科学、艺术岗位是由第三方经费资助的，特别是这些岗位中的科学、艺术学术员工群体（譬如各种科研助理）。[80]第三方经费分为项目经费和合同经费（类似于中国的纵向课题和横向课题）。项目经费多用于基础研究，经费提供方多为国家公共机构，由大学自己来确定研究方向和研究过程。而合同经费多由私人基金会和企业提供，大学按照经费提供者的研究方向实现其研究目标，这类研究多为应用型研究。

图 4-2：德国高校第三方经费额度（亿欧）

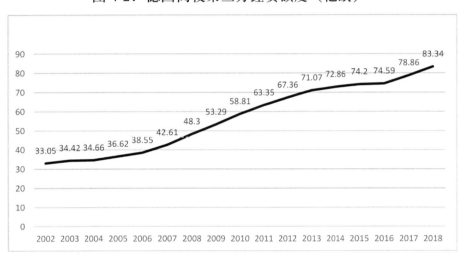

数据来源：根据德国联邦统计局历年大学经费数据（Fachserie11/4/3/2）自制。
https://www.statistischebibliothek.de/mir/receive/DESerie_mods_00000117

表 4-3：德国高校 2018 年收入来源

类型	学生管理费	经济活动和财产收入	第三方经费	其它补贴	合计
金额（亿欧）	13.5	203.7	83.3	58.6	306.3

数据来源：Bildung und Kultur: Finanzen der Hochschulen 2018 [EB/OL] (2020.04.23) [2021.04.17]https://www.destatis.de/DE/Themen/Gesellschaft-Umwelt/Bildung-Forschung-Kultur/Bildungsfinanzen-Ausbildungsfoerderung/Publikationen/Downloads-Bildungsfinanzen/finanzen-hochschulen-2110450187004.pdf?__blob=publicationFile

---

79 Stefanie Preu. Drittmittel für die Forschung[M]. Wiesbaden: Springer Fachmedien, 2017:2.
80 Wikipedia. Drittmittel[EB/OL](2020.12.11)[2021.04.17]https://de.wikipedia.org/wiki/Drittmittel#cite_note-:0-3

第三方经费来源也日益多样，有联邦政府、州政府、欧盟和其它部门提供的科研项目经费；有德国科学基金会（DFG）提供给研究生院、特殊研究领域、研究团队的经费；有经济界和基金会为科研合同和教席提供的费用。这些经费分配具有竞争性，第三方经费不是由联邦政府或州政府统一分配的，而是由提供经费支持的机构来分配。项目经费的申请需要经过严格的审核。当前，最重要的第三方经费提供方是联邦政府和德国研究会。随着欧洲高等教育一体会的深入，欧盟的第三方经费在欧洲各国的科研中扮演了重要的角色，德国是欧洲各国中申请欧盟科研经费数额最大的国家（见表4-4）。申请欧盟科研经费，一来可以扩大经费来源，二来也成为大学国际化程度的指标，很多学校都在其目标协定或国际化战略文本中对获取欧盟第三方经费做出了规定，譬如慕尼黑工业大学在目标协定中设定了欧盟经费的目标：在2012年2030万欧元基础上，到目标协议结束时将其欧盟第三方经费（包括附属医院）再增加20%。

表4-4：高校第三方经费来源

年份	总计（单位：千欧）	第三方经费来源					
		联邦	州	德国科学基金会	欧盟	基金会	工商界
2017	7886128	2171905	119323	2579535	695124	498582	1446084
2018	8334266	2295711	136919	2774537	715660	516106	1505133

数据来源：Bundesamt Statistik. Finanzen der Hochschulen 2018[EB/OL](2020.04.23)
[2021.04.16]https://www.destatis.de/DE/Themen/Gesellschaft-Umwelt/Bildung-
Forschung-Kultur/Bildungsfinanzen-Ausbildungsfoerderung/Publikationen/Downloads-
Bildungsfinanzen/finanzen-hochschulen-2110450187004.pdf?__blob=publicationFile

第三方经费在许多大学已经成为一种在科研评价、职称晋升、国际化评估方面重要的指标，也在一定程度上代表了大学的科研实力，因此一些学校甚至成立了专门部门来支持科研人员申请第三方经费。第三方经费深刻影响着科研的方向，也导致了激烈的竞争，造成科研经费的马太效应，申请过经费越多的人，再次申请到经费的概率也就大。[81]这种情况也出现在卓越大学的评选中。其中"卓越方案"的评选标准之一就是第三方经费在大学预算和经费总额中的比例。这导致了第三方经费越多的大学越可能入选"卓越计

---

81 Stefanie Preu. Drittmittel für die Forschung[M]. Wiesbaden: Springer Fachmedien, 2017:5.

划"，而入选"卓越计划"的大学因为其"卓越"的声望就更容易获得第三方经费。

第四节　逐渐多元的外部利益相关者

博洛尼亚进程后的欧洲高等教育治理，经历了从内部控制到外部控制的转变，这包括机构管理职能的专业化和引入外部评估机制。此外，中央政府对高等教育的规划和管理转变为越来越依赖市场竞争来引导大学发展，大学与社会的关系也日益紧密，社会参与到大学治理的必要性正逐渐增强。在许多欧洲国家，大学系统的控制已经从国家为单一利益主体的传统监管模式转变为多主体在多层次上对大学进行协调管控的模式。在协调模式中，更多的利益相关方影响着高等教育政策的制定、发展、执行以及评估。可以看到，当前世界大学治理是一种混合形式的治理，这其中除了传统的国家和院校外，还出现了更多的利益相关方，大学理事会和质量认证机构则成为参与大学治理的重要外部机构。

一、新兴的大学理事会

历史上，洪堡模式的大学内部管理主要是学术自我管理，教授们成为大学内部管理最主要利益相关者。在上世纪"六八学运"过后，大学逐渐开始其渐进的民主改革，更多的利益相关者参与到大学治理之中。特别在新公共管理理念中，外部调控是其重要特征之一，大学理事会（Hochschulrat）的建立被视为这种外部调控的重要机制，并扮演了国家和大学之间缓冲机构的角色。大学理事会是德国高等教育系统中一个相对较新的机构，在 20 世纪 90年代末期才开始在全国推行。但是早在 1947 年美占区各州文教部长签订的高等教育改革文件《施瓦尔巴赫准则》（Schwalbacher Richtlinien）就已经提到了要通过建立盎格鲁-撒克逊模式的董事会（board of trustees）实现公众参与大学治理的设想，但是《准则》的起草者们拒绝了这一设想，因为起草者们不能确定，相比于当前的教育行政管理制度，董事会制度能否更好地满足大学现实需求。[82]

82　Ota Konrad. die Modernisierung der westdeutschen Universitäten nach 1945[J]. Studia Territoralia, 2008,(8)14:97-124.

在引入理事会制度初期，各州的执行情况各不相同，有的整个州只有一个大学理事会，有的是多所大学设立一个大学理事会，但当前大部分州都是每个学校单独设立大学理事会。目前只有不莱梅州没有设立大学理事会，其大部分的战略管理和监督权限仍集中在大学评议会手中。[83]一方面，理事会主要是按照英美大学监督机构的样式创建，目的在于填补国家退出大学细节管控后所留下的监督真空，另一方面，大学理事会承接了一些原本属于学术自我管理方面的决策权。[84]因此，各个州高等教育法对大学理事会的职责规定虽有所区别，但一般都包含监督职责和学校战略管理职责。因其功能之差异，故在名称上也略有区别，比如在柏林州该机构被称作监察委员会（Kuratorium），在其它大部分州都叫做理事会。[85]监督职责是指理事会有权查看学校的所有资料，对大学的发展规划、经营活动、校长委员会提交的报告等具有表决审批权，校长委员会每年需要定期向理事会提交大学财政和经济发展报告。而战略管理是指理事会在整个学校层面协调学校发展的目标和措施，制定大学发展规划，和州政府协商制定学校的目标协定，参与大学校长选举等。由于各个州改革力度不同，大学理事会的职能也各有侧重，在改革比较激进的州，大学理事会已经成为大学重要的决策部门之一，其职能也兼具了管理和监督双重职能，比如巴符州高等教育法规定了大学理事会多达18项权限，其中包括了决定大学校长的任免、制定大学的发展规划和经营计划、对大学的财务预算或者经济计划草案做出表决等重大人事和财务职能。而改革偏保守的州，大学理事会则侧重于监督职能，比如柏林州高等教育法赋予大学监察委员会六项职能，除了批准大学预算权限外，其余权限很少涉及人事和财务领域，且多为发表建议权。[86]

理事会一般由校外人员组成，通常涵盖了当地政府代表、政党领袖、民间社团领袖和企业主管等。[87]有的州也允许校内人员参与理事会，但校外人员数量必须要多于校内成员数量，以彰显理事会乃外部利益相关者参与大学治

---

83 Otto Hüther. Hochschulräte als Steuerungsakteure? [J]. Hochschulforschung, 2009,(31)2:50-73.

84 Otto Hüther. Konflikte zwischen Hochschulräten und akademischen Selbstverwaltungsgremien? Ein Blick in die Landeshochschulgesetze[J]. Hochschulmanagement, 2010(1): 15-20.

85 其德语名称有 Hochschulrat, Aufsichtsrat, Kuratorium, Universitätsrat, Landeshochschulrat 等，在本文都翻译为大学理事会。

86 具体见：巴符州高教法，2014，04，01，§20，柏林州高教法，2011，07，26，§65。

87 张源泉，德国高等教育治理之改革动向[J]，教育研究集刊，2012（12）：91-137。

理之机构特性。理事会成员受雇于州教育部门，需要定期向州政府提交述职报告。在选举理事会成员时会成立一个遴选委员会，成员一般由大学评议会成员、州教育部官员组成。

外部利益相关者进入高等教育机构的各种决策结构以及特定机构的内部文化、规范和传统的结合，导致许多国家的大学治理体系紧张。高等教育界成员支持将外部利益相关者纳入治理机构，外部利益相关者为高等教育机构带来了外部视角、专业知识和额外的透明度，也有助于将高等教育活动与社会联系起来。然而就大学自治而言，由外部利益相关者单独或作为主要成员组成的监督机构可能会引起很大争议。对于大学而言，这种外部指导可能会与传统的学院式管理方式发生冲突，尤其是当学院及其教授对这一高层治理机构的影响有限时。与所有其它专家组织一样，高等教育机构的成员也对"自上而下"的指令持抵制态度。[88]大学理事会被批评为权力过大，替代了传统上大学最高决策机构大学评议会的功能，并具有了对校长的绝对监督权。利布（Wolfgang Lieb）教授在其讲座"公司化的大学"中指出，大学理事会的专业监督（Fachaufsicht）对于一所自治大学是难以接受的，它就像新的国家官僚控制的幽灵一样再次出现。[89]但是大学理事会却辩解称，如果取消大学理事会，那么监管大学的权力又会落入到州政府（国家）手中。[90]

二、专业的外部认证机构

相对于国家和大学的关系来说，国家调控也属于外部调控的一种，国家、特别是州的教育政策，是最重要的外部调控机制。[91]但在大学治理改革的过程中，国家从原来的对院校的细节调控中退出，这虽然赋予了院校自主权，但这种自主权的获得不是无条件的。国家虽然不再对院校进行细致的流程控制，但是转而对输出进行控制，引入了新的报告制度以及公共财务审核制度，不断地将从前属于国家的调控权限赋予了独立的第三方机构。这种转变旨在确

88 Eurydice. Higher Education Governance in Europe Policies: Structures, Funding and Academic Staff[R]. Eurydice European Unit, 2008: 44.

89 Wolfgang Lieb. Die unternehmerische Hochschule-Kritik und Ausblick[EB/OL](2013-05-10)[2021-03-06]https://www.piratenfraktion-nrw.de/2013/05/dieunternehmerische-hochschule- kritik-und-ausblick-einvortrag-von-dr-wolfgang-lieb/

90 俞可，在夹缝中演绎的德国高校治理[J]，复旦教育论坛，2013（05）：14-20。

91 Harry F. de Boer, Jürgen Enders, Uwe Schimank. Comparing Higher Education Governance Systems in Four European Countries[M]//Nils C. Soguel, Pierre Jaccard. Governance and Performance of Education Systems. Berlin: Springer, 2008:35

保社会利益团体（例如雇主）的需求越来越多地被纳入大学的研究和教学实践中。[92]质量保证机构就是大学外部治理的重要组成部分，这些机构通常负责制定质量标准和进行评价。[93]质量评估的范式发生了变化，在原来的法律规定和指令的基础上增加了激励和评估，形成一种大棒加胡萝卜的组合模式（Zuckerbrot und Peitsche）。[94]

传统上，德国对于高等教育质量保证采取的是一种协商机制，即大学按照框架考试规章（Rahmenprüfungsordnungen）的要求制定自己具体的学业规章及考试规章，并提交州教育主管部门审批。[95]这些规章规定了各个专业的常规学习时间、专业的分类、学期的课时数量、专业考试以及相关的实践时长等内容，保证专业课程的质量。但是这种质量控制形式缺乏灵活性，不能对日益国际化的知识社会做出快速的反应，日渐失去其效力。特别是博洛尼亚进程后，德国引入国际通行的本硕博学制，其课程形式、内容、时间等都发生了巨大的变化。[96]文教部长联席会决定在 1998 年建立专业认证体系，大学也设置了专门的质量管理部门以应对外部的认证和评估，从而使教学质量管理的责任从原来的学术人员转移到了行政决策者及新建立的质量管理专业部门。德国高等教育认证系统主要包括认证委员会（Akkreditierungsrat）和认证代理机构（Akkreditierungsagentur）。认证委员会的职责主要在于确定认证的流程和规范，并对认证代理机构进行认证（元认证），同时对认证代理机构的工作进行监督，确保认证工作按照公平合理的规则进行。当前认证委员会共有 8 名高校代表、1 名大学校长委员会代表、4 名州政府代表、2 名企事业单位代表、2 名学生代表、2 名国际代表、1 名只具有建议权的认证代理机构代表，其代表来源的广泛性体现其民主特性。[97]认证代理机构则负责认证大学开设的专业或其内部质量保证体系。目前，共有 10 家国内外的认证代理机构通

---

92 Christoph Rosenbusch. Organisationale Selbststeuerung in deutschen Universitäten-Bedingungen, Prozesse und Wirkungen[D]. Mainz: Gutenberg-Universität, 2013:44.

93 Eurydice. Higher Education Governance in Europe Policies: Structures, Funding and Academic Staff[R]. Eurydice European Unit, 2008:26.

94 Karl Ulrich Mayer. Schwindendes Vertrauen? Überlegungen zum Verhältnis von Hochschule und Gesellschaft[J]. Beiträge zur Hochschulforschung, 2002,(24)4:6-17.

95 Benedict Kaufmann. Akkreditierung als Mikropolitik[M]. Wiesbaden: Springer Fachmedien, 2012:82.

96 Lydia Hartwig. Quality Assessment and Quality Assurance in Higher Education Institutions in Germany[J]. Beiträge zur Hochschulforschung. 2003,(25)1: 64-82.

97 Akkreditierungsrat. Mitglieder des Akkreditierungsrates[EB/OL][2021.04.17]https://www.akkreditierungsrat.de/de/stiftung-akkreditierungsrat/akkreditierungsrat/akkreditierungsrat

过了认证委员会的认证，获得了对德国大学学士及硕士专业或其内部质量管理体系进行认证的资格。依据认证对象的不同，德国高等教育认证分为专业认证（Programmakkreditierung）、体系认证（Systemakkreditierung）和替代性认证（Alternative Verfahren）。专业认证是指对单个专业进行认证，但是这种认证方式需要耗费大量的人力和财力，因此在 2008 年德国又引入了体系认证制度。体系认证是由认证代理机构对整个大学内部的质量管理体系进行认证，通过认证的大学则获得自己认证自己专业的权力。在这两者之外，德国新近又出现了替代性认证。替代性认证是指大学按照专业认证和体系认证的质量标准制定自己的认证方法，并交由认证代理机构对该认证方法进行认证。只要该认证方法通过了认证，则大学获得了自己认证自己专业的权力。

专业认证制度作为大学质量保障体系的重要一环，已经在全德国受到认可。大学放弃了由内部学术人员进行专业质量保障的做法而由外部机构进行专业认证，可以看作是大学对国家调控的一种妥协。[98]国家通过将专业保障权力转移给第三方，实现第三方机构参与大学治理。但专业认证并不是设立或调整专业的必要条件，审批设立专业的权限仍然保留在州政府手中。[99]从竞争的角度来看，认证是一种基于市场模式的竞争。认证机构间可以相互竞争，大学也可以自己选择不同的认证机构。但是从结果来看，也未实现完全的竞争，一方面，认证机构提供的服务并没有本质的差别，他们贩卖的都是认证委员会的"合格"图章。另一方面，这一领域是否应该实现完全的竞争仍然存有争议，因为大学既是认证机构的评估对象又是其客户。到 2008 年 12 月，在 4000 多例认证案例中只有 40 件认证失败，其比例相当得低，[100]认证公司可能并不敢轻易得罪自己的客户。

第五节 日益专业化的院校管理

在新公共管理主义的影响下，大学内部治理出现了一个重要特征，就是

---

98 Uwe Schmidt, Jette Horstmeyer. Systemakkreditierung: Voraussetzungen, Erfahrungen, Chancen am Beispiel der Johannes-Gutenberg Universität Mainz[J]. Beiträge zur Hochschulforschung, 2008,(30)1: 40-59.

99 Benedict Kaufmann. Akkreditierung als Mikropolitik[M]. Wiesbaden: Springer Fachmedien, 2012:85.

100 Benedict Kaufmann. Akkreditierung als Mikropolitik[M]. Wiesbaden: Springer Fachmedien, 2012:85.

大学开始放弃或者弱化了 20 世纪 60 年代以来形成的"民主-平等主义"或者"参与式"模式，取而代之的是一种更强大的管理主义式治理结构，[101]大学领导的权力不断强化，在大学的内部治理中发挥越来越重要的作用，而教授主导的大学自治机构评议会的权力则逐渐减弱。

一、进一步弱化的学术自治

《高等学校总纲法》赋予了大学大多数成员参与大学内部治理的权利，教席教授不再是大学内部学术自我管理的唯一主体，学术自我管理的参与者增加，即使没有投票权的大学成员，也可以为大学管理提供建议和咨询，这也使得传统大学中教授们所谓的"集体合议原则"的基层民主转换为了全员参与的真正的基层民主，虽然在投票比例上教授们在许多事务上占据优势，但这毕竟体现了大学民主的进步性。而且随着《高等学校总纲法》的修改，大学成员进一步增加，教授的票数比重逐渐发生改变，比如 1998 年修订的《高等学校总纲法》就将大学荣誉市民和荣誉参议员归入到大学成员中，这也体现了外部力量参与到大学内部治理。此外，在投票权的比例分配上也发生了改变，《高等学校总纲法》第 37 条规定：

> 在由不同成员团体组成的各种决策委员会中，在涉及教学事务决策时，高校教师至少拥有半数投票权（教师评价事务除外）。在涉及研究、艺术发展或者教授任命事务决策时，高校教师要占有多数投票权。

从这条规定可以看出，一是教师范围扩大了，不仅仅是以前的教席教授。根据《高等学校总纲法》规定，大学教师包括教授和初级教授。改革后的初级教授占据了很大一部分教师的比例，从而使参与大学内部治理的教师基数更大了。二是《高等学校总纲法》取消了决策时既对委员会票数又对教授群体票数的规定限制，而只要求委员会成员票数达到规定即可，不需要委员会的教师团体内部也要满足一定票数。

大学学术自治权的减弱不仅体现在大学评议会内部的投票机制上，还体现在大学评议会的治理职能减少上，原来由大学评议会独享的权限现在已经转移到大学校长或大学理事会手中，或者需要和二者共享。本书将 1976 年

---

101 Braun Dietmar, Francois-Xavier Merrien. Towards a New Model of Governance for Universities?-A Comparative View[M]. London and Philadelphia: J. Kingsley Publishers, 1999:14.

《高等学校总纲法》中的评议会权责与当前巴符州和北威州高等教育法中对评议会权责的规定做一简单对比（见表4-5）。

表4-5：大学评议会权限对比

	1976年总纲法	巴符州高等教育法	北威州高等教育法
制定基本条例	评议会	评议会	评议会
选举正校长	评议会	评议会和理事会共同选举校长	评议会和理事会组成选举委员会
高校发展规划	评议会	理事会决定,评议会批准	评议会和理事会就发展规划的起草提供建议和发表声明,由高校校长起草
决定录取人数	评议会	评议会	评议会
设立、改变、取消专业	评议会	评议会	评议会
对教授选举事宜做出决定或建议	评议会		
目标协定		评议会有建议权,理事会批准	高校校长与评议会协商后起草,理事会批准
对事关全校的教学科研事务发表建议	评议会	评议会	理事会
评论高校校长的年度报告		评议会和理事会	评议会和理事会

资料来源：根据巴符州和北威州高等教育法绘制

从以上对比可以可出，大部分学术事务仍然由评议会主导，但是大学理事会和校长委员会也具有了参与权或发表建议的权力，但是涉及学校战略发展和经济管理的事务则不再由评议会单独决定，比如校长的选举、学校发展规划的制定等。

二、权力日盛的行政领导

从历史上看，在大多数欧洲高等教育中都存在着双峰式的权力分布结构。在许多国家，校长地位相对薄弱，而政府和教授拥有最多的决策权。随着机构自主权的增强，行政领导的职位在欧洲大部分地区发生了巨大变化，在治理方面承担的职责比以前更加多样化。[102]从前在"教授大学"中，所有教授都是大学评议会的成员，而"群体大学"中，这种全体"合议原则"被部分教授"代表原则"替代。[103]在引入"群体大学"后，教授们也减少了参与大学管理，并将部分权力让渡给了大学领导。如前几章所述，大学校长在德国大学治理中的存在感一直极其微弱，直达 1998 年，大学校长仍然没有太多实权，其主要任务仍然是大学对内对外的代表。在德国大学自我治理中，国家和各种学术委员会是大学治理的核心利益主体，但是传统的内部管理，尤其所谓的"群体大学"模式，包括学生和非学术人员在内的大学所有成员都参与其中，这一模式被批评为效率低下，成为决策过程中的一个障碍。"有组织的不负责任"就是批评传统大学内部管理形式的口号之一。[104]"教授治校"中的高级学术专家作为最直接的利益相关者，在支持自治方面存在许多争论，他们可以就高等教育的定位做出决定，并保护高等教育的传统价值观，以免受到全球化和大众化的潜在不利影响。然而，学术专长和对高等教育的使命感并不一定意味着学者就有能力处理当今高等教育面临的各种需求。[105]再者，参与大学自治需要耗费大量时间，这与教授的科研和教学产生矛盾，而在当前讲求竞争和效率的新公共管理理念下，增加校长及院长等行政人员的权力，才是大学治理发展的趋势。[106]

大学校长的权限在不同的州各不相同，但是原来评议会的权力或多或少地转移到了大学校长手中或理事会手中。从人事权、财政权和战略决策权来看，大学校长已经和评议会、大学理事会共享这些权力。从人事权来看，1998年的《高等学校总纲法》第45条第2目规定：教授由大学主管机构提交候选人名单并由州高等教育法规定的管理部门来任命。《高等学校总纲法》废止后，

102 Eurydice. Higher Education Governance in Europe Policies: Structures, Funding and Academic Staff[R]. Eurydice European Unit, 2008:36.

103 Otto Hüther. Von der Kollegialität zur Hierarchie? Eine Analyse des New Managerialism in den Landeshochschulgesetzen[M]. Wiesbaden: Verlag für Sozialwissenschaften, 2010:66.

104 Andrä Wolter. State, Market, and Institution in German Education-New Governance Mechanisms beyond State Regulation and Market Dynamics[M]//Schuetze Hans, G. Álvarez Mendiola. State and Market in Higher Education Reforms: Trends, Policies and Experiences in Comparative Perspective. Rotterdam: Sense Publishers,2012:136.

105 Eurydice. Higher Education Governance in Europe Policies: Structures, Funding and Academic Staff[R]. Eurydice European Unit, 2008:44.

106 肖军，从管控到治理：德国大学管理模式历史变迁研究[J]，比较教育研究，2018，40（12）：67-74。

任命教授的权限由各州的高等教育法规定，当前，几乎所有的州的教授任命权已经由州政府转移到大学校长手中，但在下萨克森州教授的任命权仍在教育部，在莱茵兰普法尔茨州，校长只能参与教授候选名单的制定。从经费分配权来看，共有 7 个州的高等教育法规定由大学校长来主导分配，而其它州多是由大学校长、大学理事会协商分配，只有不莱梅州是由评议会主导。[107]关于这一权限的规定在各州有很大的不同，但是可以看到明显地向大学领导转移的趋势。在战略管理方面，在大多数州，签订目标协定是大学校长的一项重要权限，而大学理事会和评议会的影响相对较小。除目标协定外，结构和发展规划（Struktur- und Entwicklungsplan）对大学的治理具有重要的意义。结构和发展计划通常是确定大学发展基本方针的定期计划。其中包括专业、组织结构、人事、建筑和财政发展和未来教授空缺职位的规划等问题。在这项权限上，13 个州的大学校长有重要的话语权。[108]甚至在学院的划分、专业的设立及取消等传统上归大学评议会负责的学术事务，大学校长也逐渐参与其中。另外，校长的任期也普遍延长，在大多数州最短的聘期也达到了四年，而且可以连任。大学领导（校长和总务长）任职时间的延长表明立法者希望保持大学领导层的稳定性，同时保障大学领导的决策能力和执行能力。至少从形式上来看，当前大学校长的地位及其权限都日益增强，大学内部也呈现出日益明显的科层制特征。

在过去二十几年中，由于新公共管理理念的影响，德国大学校长的地位得到明显增强。一方面是因为校长的权限在各州的高等教育法中得到了明确的确认。在许多州大学校长由大学理事会选举，而不是由学术委员会选举。作为外部参与大学治理的重要机构，大学理事会的成员由政府任命，这就使校长可以一定程度上独立于大学的自治机构（大学评议会）行事，从而赋予他们更大的独立性。同样，各州的高等教育法也赋予了大学校长更多的管理权限和管理工具，比如教授薪资制度（W-Besoldung）、目标协定、绩效工资等。另一方面，大学校长这一群体本身也认为自身的地位得到了强化。许多

107 Otto Hüther. Von der Kollegialität zur Hierarchie? Eine Analyse des New Managerialism in den Landeshochschulgesetzen[M]. Wiesbaden: Verlag für Sozialwissenschaften, 2010:225.

108 Otto Hüther. Von der Kollegialität zur Hierarchie? Eine Analyse des New Managerialism in den Landeshochschulgesetzen[M]. Wiesbaden: Verlag für Sozialwissenschaften, 2010:222.

实证研究表明，针对治理改革中新治理手段的态度，大学校长的评价要比大学教授的评价积极得多，因为这些治理手段帮助校长在组织内更好地做出决策并执行下去。[109]

另一个等级管理扩张的标志是管理规模的扩张，这主要体现在一些为大学领导和教学科研人员提供支持和服务的行政支持部门的数量显著增加，比如质量管理办公室、继续教育部门、两性平等部门、宣传部门以及技术转化中心等，[110]因此行政管理的人员队伍亦随之壮大。根据德国联邦统计局的数据，1997 年到 2017 年间，德国大学行政人员数量从 48100 人增加至 73579人，增长率达 53%（见图 4-3）。当前的行政职务更加的专业化，可以为领导的决策提供意见和支持，因此行政人员和学校的领导关系更加密切，间接地壮大了大学领导的力量。

图 4-3：1997-2017 年德国大学行政人员数量变化

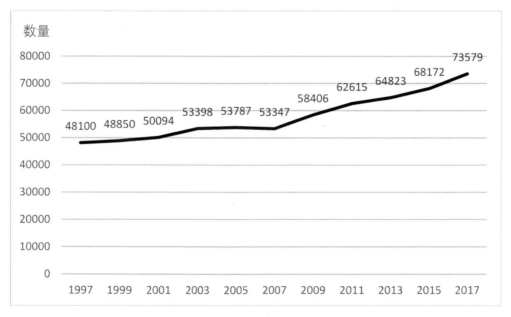

数据来源：郭婧，新公共管理视域下德国大学治理机制改革的内涵与特征[J]，德国研究，2019，34（03）：117-131＋136。

---

109 Uwe Wilkesmann. Metaphern der Governance von Hochschulen: Macht die fachliche Herkunft der Rektorinnen und Rektoren einen Unterschied?[J]. Beiträge zur Hochschulforschung, 2017,(39)2:32-54.

110 Christoph Rosenbusch. Organisationale Selbststeuerung in deutschen Universitäten-Bedingungen, Prozesse und Wirkungen[D]. Mainz: Gutenberg-Universität, 2013:52

三、作为副校长之一的总务长

随着大学所处社会环境的变化，大学不断地被视为更具有行动能力的总体组织，而不是从前的松散耦合组织，因此大学领导的作用在不断增强，不论是对外作为大学的代表和教育部以及第三方机构进行交流沟通，还是作为校内的最高领导基于合议原则做出决策。[111]加强机构领导权限也对机构内部的领导风格产生了影响。传统的合作理念和基于共识的决策观念日益受到压力，从而为商业化的管理和行政结构的"专业化"提供了发展空间。为了应对日益复杂的环境，大学从私营部门借鉴管理经验，试图简化大学的组织结构和决策流程，在大学新的组织结构形成过程中大学总务长的角色进一步弱化。在 20 世纪 90 年代末，大学领导制度进行了一次重要改革，大学领导的任务按照职能分配，由各副校长负责不同的职能部门，总务长是校长委员会的成员之一，作为与其他副校长平行的大学领导之一，在校长委员会中拥有和其它副校长一样的投票权，只是因为其负责的领域和一些特权而有所区别，总务长在各州中都是负责经济和财务／人事／技术的副校长。根据一项针对大学总务长的调查，在校长委员会内部投票权问题上，参与调查的所有公立大学的总务长全部具有投票权，这也说明总务长已经完全融入到大学领导层中。[112]这种由总务长到副校长角色的转换，说明了总务长已经完全融入了大学组织之中，参与了大学校长委员会所负责的所有重要决策。

在总务长的名称上，部分州已经将总务长的职务任命权交给大学，比如巴符州高等教育法第 16 条规定: 各大学可以在其《基本条例》（Grundordnung）中规定负责经济、人事管理的校长成员岗位名称为"副校长"或"总务长"，并规定了大学领导机构的组织结构:

> 合议制校长委员会（Rektorat）负责领导整个学校，其成员包括:
> （1）作为校长委员会领导的校长。（2）一位负责经济和人事管理的校长委员会成员。（3）基本条例中规定的负责其它事务的校长委员会成员。负责经济和人事管理的校长委员会成员被称为"总务

---

111 Albrecht Blümel. Hochschulleitung und Hochschulmanagement[M]//Dagmar Simon, Andreas Knie, Stefan Hornbostel et al. Handbuch Wissenschaftspolitik. Wiesbaden: Springer Fachmedien, 2016:2.

112 Albrecht Blümel, Otto Hüther. Verwaltungsleitung an deutschen Hochschulen. Deskriptive Zusammenfassung der in 2015 stattgefundenen Befragung der Kanzlerinnen und Kanzler an deutschen Hochschulen[R]. Kassel: INCHER-Kassel, 2015:14.

长”，他／她同时也是财政预算代理人（Beauftragte）。如果他／她
认为某项决策违法或者不适合经济性的基本原则，则可提出异议，
并由校长交由大学理事会进行决定。

以巴符州的海德堡大学领导成员为例，该大学有一位校长，以及五位分
别负责科研事务、教学事务、国际化事务、创新和技术转化事务、质量发展
事务的副校长以及总务长，总务长是行政领导以及财务专员。作为负责经济
和人事管理方面的校长委员会成员，总务长也参与大学的战略决策，并通过
其行政行为付诸实施。

总务长角色的弱化还体现在任命方式和任职时间上，传统的总务长都是
由州政府直接指派并受雇于州政府。当前，从任命方式来看，由于《高等学
校总纲法》并没有规定总务长的选拔程序，因此各州高等教育法对关于总务
长的选举也存在着不同的模式。在不莱梅，总务长是由大学评议会选举并由
校长聘任。在拜仁州，总务长由理事会推荐并由校长聘任，但是该任命需要
州教育部的批准。在汉堡，总务长经校长推荐，由大学理事会选举，由州教
育部门任命。可见，在不同的州，总务长的选举过程有州教育部门、大学校
理事会和评议会等利益相关者参与的不同模式，但都已经放弃了传统的由州
政府选聘的模式。在任职时间上，总务长也不再都是终身制，而是聘期制。
这两项改革举措都削弱了政府对大学的控制，赋予大学更多管理自主权。这
一变化的语义特点体现在，人们现在谈论的不再是大学行政
（Hochschulverwaltung），而是大学管理（Hochschulmanagement）。[113]

---

113 Albrecht Blümel, Otto Hüther. Verwaltungsleitung an deutschen Hochschulen. Deskriptive Zusammenfassung der in 2015 stattgefundenen Befragung der Kanzlerinnen und Kanzler an deutschen Hochschulen[R]. Kassel: INCHER-Kassel, 2015:5

第五章　德国大学治理改革中的制度趋同与路径依赖

从 1810 年柏林大学建立以来，德国大学治理模式在很长的一段时间内都保持着稳定的状态，自 20 世纪 90 年代以来，德国大学进入了改革的高潮期，其不同的治理维度也发生了重要转向。在高等教育国际化大背景下，德国大学治理和许多国家的治理制度出现趋同的态势，但由于本国的治理遗产，也存在着明显的路径依赖特征。

第一节　德国大学治理变迁的历史走向

在 20 世纪 90 年代末到 2006 年期间，联邦立法和宪法改革导致几乎所有的高等教育权力都移交给了州政府。因此，德国的高等教育系统由 16 个不同的州子系统组成。尽管存在一个 16 个州的教育协调机构文教部长联席会，但是各州在一些改革问题上还是有着自己的政策和措施。研究德国的高等教育政策就像在研究 16 个国家的教育政策，因此，想要总结出 16 个联邦州教育治理改革存在一些困难。但是，各州的改革仍具有一些共性的特征以及某些共同的发展趋势。从传统的二元治理模式到新公共管理理念下的共治模式，德国大学治理日益多元，也日益复杂和困难。德国大学治理模式变迁的路径表明，大学的发展正是适应制度环境的需求，特别是社会和经济对大学的要求。五个治理维度呈现出以下特征：

一、国家调控逐渐放松

在德国，国家作为大学的举办者，在大学治理中一直扮演着重要的角色。从普鲁士时期到二战前，在"文化国家"理念影响下，国家一直对大学实行强力控制。概括来说，国家通过立法对大学进行法律监督，并派遣学监／总务长对大学进行专业监督。在财务上，政府几乎是大学收入的唯一提供者，大学教授工资也由州政府提供。在人事方面，政府拥有任命大学校长和教授的权力，在政府强力干预大学事务的阿尔特霍夫时期以及第三帝国时期，政府甚至会绕过大学直接任命教授。虽然学术事务是属于大学学术自治的范畴，但是国家也会通过立法对诸如考试、学生录取、学位授予、教授任命等方面做出总体规定，此诸多事项为政府和大学共同负责之事务。同时，政府向大学派驻学监对大学进行监督，并负责财政预算和人事事务，学监同时是所有行政人员的最高领导。在实行统一管理之前，学监代表的国家行政管理和大学学术自治成为大学双轨管理制度。在二战后，由于人们对希特勒时期国家主义的恐惧，大学实行了民主化改革，国家赋予了大学历史上最大的自由，学监制度被取消，教授权力增强。自此后，大学治理中的国家调控机制就开始逐渐减弱，在 20 世纪 80 年代又有所增强。这一阶段，国家调控仍然是大学治理的重要机制。国家拥有高等教育立法权、对大学的法律监督权、资助大学生。此外，国家具体管理的大学事务一般涉及大学的预算、财务、地产、人事管理、核实大学的招生规模及基建事务等。[1]进入 90 年代后，在新公共管理理念影响下，国家从原来的细节控制（Detailkontrolle）转为对大学进行宏观调控（Kontextsteuerung），国家从大学管理中退出（Rückzug des Staates），赋予大学更多的自主权，改为以签订目标协定、实行总体预算（包干预算）、外部质量监督管理等手段治理大学。国家对高等教育的治理由原来的"中心化的计划经济的控制"朝着"去中心化的市场经济的治理"道路前进。[2]总体来看，国家对大学的控制是逐渐减弱的。

二、学术自治力量减弱

作为与国家管制并列的二元机制之一，学术自治也是经历着逐渐减弱的

---

1 肖军，从管控到治理：德国大学管理模式历史变迁研究[J]，比较教育研究，2018，40（12）：67-74。

2 肖军，从管控到治理：德国大学管理模式历史变迁研究[J]，比较教育研究，2018，40（12）：67-74。

过程。从德国大学第一所大学建立起，学术自治就是大学治理的重要机制。学术自由原则受到不同时代宪法的保护，并成为抵御国家对大学侵犯的最重要武器。在第一阶段，教授群体是大学学术自治中的唯一参与者，掌控大学最基础的单位研究所，而且是学院及学校各种决策委员会的唯一成员，并抵制其它学校成员参与到大学内部治理中，大学成为学术寡头们主持的"学者共和国"。在二战后，大学的民主化开启了大学内部多元治理的序幕，教授外的群体开始参与大学治理，成为各种决策委员会的成员。以 1976 年《高等学校总纲法》生效为界，德国大学由"教授大学"变为"群体大学"。但是群体大学被视为一种不同利益群体的矛盾体，并借助民主原则加以平衡和保护。每个群体都在为自己争取利益最大化，在决策的过程中，不同群体为了自身利益也会经常结成不同的联盟，这种决策机制的一大弊端，就是决策效率低下，乃至决策的流产，而且各群体只会考虑自身群体的利益而忽视了整个大学组织的利益。[3]许多大学改革难以推进，就是受到这种民主决策机制的羁绊。因此，在进入 20 世纪 90 年代后，为了减弱这种群体决策的弊端，提高大学的办学效率，各州高等教育法都继续削弱教授治校的象征组织大学评议会的权力，并增加大学校长以及大学理事会的权力。原来属于评议会的诸多管理权限已经被转移到大学校长和大学理事会手中。学校行政管理阶层的崛起和教授自治组织评议会的弱化形成对比。另外，大学的系部制改革也削弱了教授领导研究所的领导力。长远来看，教授权力会被继续削弱，并被限制在很小一部分的学术范围内。

三、竞争机制日益制度化

在第一阶段，市场在传统的德国的大学管理中并未发挥作用。按照克拉克的大学管理模型，德国大学属于典型的国家模式，德国大学在历史上的绝大多数时期不受政府外的社会经济需求的影响。大学是研究高深学问的地方，洪堡大学理念也强调学术孤独，强调教学与研究相结合，并不关注大学的社会服务职能。此外，由于大学是由国家控制的，大学不依赖第三方资助和通过社会服务来获得资金，因此也不去关心市场，不会对市场做出正确的反应和决策。在传统的大学系统内，是不存在市场这个概念的。从市场的隐

3　Detlef Müller Böling. die entfesselte Hochschule[M]. Güterloh: Verlag Bertelsmann Stiftung, 2000:22.

喻"竞争"角度来看，德国大学一直以来都被认为是均质的，各大学之间也不存在竞争。而在第二个历史阶段，"竞争"这一机制在德国大学系统中发生了历史转向。传统上"市场"并不是德国大学管理的机制。即使到了 20 世纪 60 年代中期，虽然高等教育的中心已经转移到美国，德国大学依然躺在历史的"功劳簿"上面，并没有做出提高自身声望和维护自身形象的努力，高等教育系统依旧是卖方市场，大学并不会考虑学生的需求，大学之间也缺乏竞争。但由于"六八学运"，德国大学第一次开始出现了政策转变，"市场"的概念才出现在高等教育系统中。德国大学开始小心翼翼地改革，比如设立新的专业以满足市场和学生的需要。但是大学关于市场化的改革进展仍是十分缓慢的，因为德国大学传统上对"市场"这一概念有着极大的排斥。直到 20 世纪 90 年代中期，德国大学面临着巨大财政危机，才重新开始对市场化及竞争机制的讨论，并实行了一系列的促进大学间竞争的改革。竞争在德国高等教育系统内是一个新的因素。随着大学管理主义理念的兴起，大学为了提高效率和国际竞争力，大学间的竞争也开始扮演着重要的角色。大学的竞争体现在绩效拨款、"卓越计划"、大学及学科排名等。当然竞争不仅仅体现在综合大学之间（"卓越计划"），也体现在综合大学和应用科学大学之间；不仅仅是大学之间，也体现在各个院系、研究所之间；甚至大学教授的工资也开始按照绩效区别对待。通过竞争，增强高等教育系统的活力，实现高等教育系统的分层（Differenzierung）。[4]总结三个历史阶段的历程以及未来的发展趋势来看，高等教育治理中的竞争机制会发挥越来越重要的作用。

四、外部利益相关者日益多元化

在本书划分的第一和第二历史阶段中并不存在外部利益相关者调控机制。从历史来看，德国大学治理中的利益相关者只有国家和大学成员（教师群体和学生）。过去的大学是象牙塔，只有国家才可以作为外部力量参与到大学治理中。[5]在学术自由理念的影响下，洪堡倡导大学要追求纯粹的科学，纯粹的科学是理性的活动，是无止境的探索过程，是自为目的的，任何来自国

4　肖军，从管控到治理：德国大学管理模式历史变迁研究[J]，比较教育研究，2018，40（12）：67-74。

5　肖军，从管控到治理：德国大学管理模式历史变迁研究[J]，比较教育研究，2018，40（12）：67-74。

家、社会或者个人职业方面的限定和影响均会损害科学。学术自由也成为大学组织最重要的原则之一。[6]而另一个影响大学和社会关系的理念则是学术寂寞。追求寂寞可以避免学者被纷扰的社会生活打扰，可以营造最佳的学术条件。如果没有学术寂寞，也就是说不与政治、社会保持一定距离，就难以实现大学的自由。所以德国大学一直与社会保持着距离，摒除功利性，而不是服务于实用性目的。刨除理念因素，德国大学能够独立于社会的最重要因素在于其经济上不依赖于社会，而是由国家提供财政支持。所以大学也和社会、经济界缺乏直接的联系。因此，传统的大学职能也只包含教学和研究，服务社会这种第三职能作为教学和服务职能之外的衍生物，其出现的时间也非常晚，因此也不存在所谓的外部利益相关者参与大学内部治理。直到20世纪90年代以来，高等教育环境变得日益复杂，大学也日渐卷入到政治经济的巨大变革中，大学的利益相关者逐渐增加。需要注意的是，国家相对于大学来说，也是外部调控，但是在治理改革过程中，国家逐渐将诸多原本属于国家的管理权限转移给第三方机构，比如质量管理机构和专业认证机构等，因此这些机构成为重要的外部利益相关者。此外，由于大学经费来源的多元化，一些为大学提供科研经费的企业、基金会、国际组织等也影响到大学治理。特别是在欧盟层面，欧盟的共同高等教育政策和科研政策以及具体的科研资助项目，正对欧洲各国的高等教育治理产生越来越重要的影响。而外部利益相关者也进入到大学内部治理当中，表现为大学理事会制度的建立，而这种部门已经具有了重要的管理权限和监督权限。从改革的实践来看，可以看到外部利益相关者调控在大学治理中的强度在逐渐增强。

五、行政自治逐渐专业化

德国大学的自治更多地体现在学术自治上面，而大学的整体自治程度相对较弱，受到国家的强力管控。在历史上的大学自治中，大学校长在内部治理中所扮演的角色很边缘。在下，教授及其控制的大学评议会是大学和院系最重要的决策机构，掌握着资源分配的权力。在上，国家作为大学的举办者，对大学实施全面的管理和监督。大学治理中的权力配置呈现出一种"哑铃式"的结构。大学校长只是作为"平等中的一员"被推选出来代表大学，并

---

6 陈洪捷，德国古典大学观及其对中国的影响（修订版）[M]，北京：北京大学出版社，2006：59。

执行决策机构做出的决策。他和其他教授并不存在等级上的差别，通常大学校长的任职时间只有一年，且由所有教授轮流坐庄，因此其权力也微乎其微。这种大学自治方式效率低下，特别是德国大学转变为"群体大学"之后，规模庞大的大学效率更加低下。在新公共管理主义影响下，大学要提高其办学效率，享有更多自主权，而这些都要求赋予大学管理层更多权力，大学行政管理层开始了改革，这主要体现在三个方面。首先，大学校长的任职期限增加，每个任期都在 4-6 年期间，且可以连任。大学校长任选制度也发生改变，实现了传统的 Rektor 制度和更侧重管理能力、而不强调其学术背景的Präsident 制度并存。而且大学校长被赋予了诸多以前属于大学评议会的管理权限。传统上主要由各学院教授轮流担任的象征性职位被赋予了领导和管理大型学术企业的重任。[7]其次，总务长的角色弱化，成为负责大学财政和人事事务的副校长之一，进入到大学校长委员会之中。作为国家管理大学代表的总务长职能发生重大变化，表明国家主动赋予大学决策自主权，放松对大学的控制。最后，辅助教学和科研的行政管理岗位和人员逐渐增加，大学内部将会有更多的专业管理辅助机构出现，比如技术成果转化中心、市场部门、校友会、国际化办公室以及建立信息管理系统等。[8]

从整体来看，德国大学治理中的五维机制在不同阶段呈现不同强度。传统的国家管制与学术自治的强度都大幅度减弱。而外部利益相关者调控、竞争机制以及自主行政管理等机制则逐渐强化。从历史时段来看，大学治理的五个维度在第一阶段都保持着长时间的稳定，国家管制和学术自治一直在大学治理中占据着重要地位，而在进入第二阶段，尤其是第三阶段后，大学治理进入了剧烈的变革期，竞争机制、外部利益相关者调控机制和自主行政管理机制则开始扮演着越来越重要的角色（见图 5-1）。此时出现了更多从未有过的治理手段，诸多新治理制度得以建立。这些新的治理改革表明，德国大学的发展正试图回应社会经济的制度环境变化，大学治理中的效率导向日益明显，"大学治理主体也更加多元、治理机制更加强调制衡和协调，其目的就在于构建一个财政上自决、行政上自立、学术上自由的现代自治大学。可

7　肖军，从管控到治理：德国大学管理模式历史变迁研究[J]，比较教育研究，2018，40（12）：67-74。

8　肖军，从管控到治理：德国大学管理模式历史变迁研究[J]，比较教育研究，2018，40（12）：67-74。

以说，一个少束缚、多权力的自治大学才能更加充满活力，充满创造力，更加适应时代，完成其学术使命和社会使命。"[9]

图 5-1：大学治理历史走向（自制）

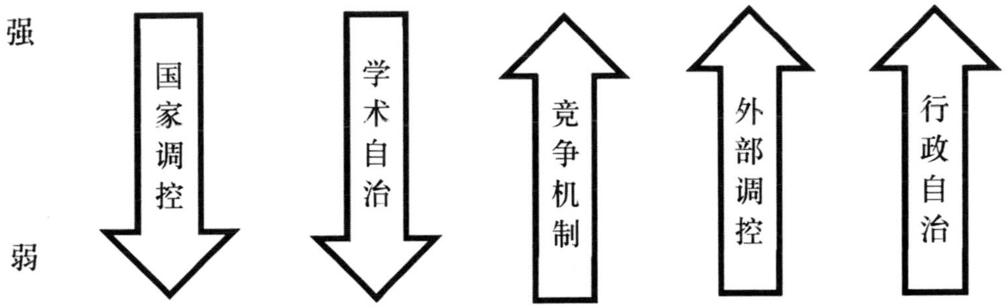

第二节　德国大学治理改革中的制度趋同

　　进入 20 世纪 90 年代，德国大学进入了新一轮的改革浪潮。面对新挑战，大学对改革也表现出不同态度，从而对改革产生潜在影响。在新公共管理改革和高等教育国际化的强烈影响下，德国大学治理改革和许多国家的大学治理制度呈现出明显的趋同倾向。

一、大学应对外部挑战的三种态度

　　在德国大学治理过程中，一个主要的问题就是，如何将传统的集体决策结构和决策流程转变为管理主义导向的决策结构。大学如何对外部的挑战做出反应，并不断地适应环境变化的过程？针对这一问题主要存在三种观点。一是从普遍的学术观点来看，大学被视为一种在外部上相对于国家具有高度自治传统、在大学内部松散耦合的特殊组织，这两个特征被认为是大学能够实现优质教学和研究的前提。因此，不论环境如何变化，大学及其利益相关者都要捍卫这种组织特性，从而保证大学成为能够进行独立的、自由的、有批判性的教学和研究的地方。这种观点通常也是大学本身（最主要的是教师团体）最常见的观点。二是从工具主义的视角来看，大学被当作和其它组织一样。当前，大学组织内部联系更加紧密，领导层权力得到加强、具有共同的目标和管理结构，从而可以更好地实现组织的目标，这种大学治理的发展

---

9 肖军，从管控到治理：德国大学管理模式历史变迁研究[J]，比较教育研究，2018，40（12）：67-74。

趋势是知识社会中大学现代化所必需的。正如制度主义认为，组织的变革是满足环境的期待。如果大学要满足社会的提高效率和绩效评估等要求，那么大学作为组织很可能就要推行一些能够实现组织目标的政策，从而获得成功。由此产生一种规范性的理念，教育机构及其利益相关者要努力改革以满足环境的期待。而这种大学组织的观点通常是由经济学家和管理者所持有。三是从制度主义的观点来看，大学被理解为一种制度，其组织特性必须要符合社会主流规范和价值观的期待。评价大学的标准会随着时代而改变，但是无论如何变化都不可以破坏大学的合法性以及社会对大学的信任。相比于上述两种观点，这种制度视角更加关注流程以及参与流程的利益相关者的态度，并且持这种观点的人拒绝将大学视为一种特殊的组织。某种特殊组织形式的成功并不是取决于这些形式，而是更多地取决于形式成功地制度化，即执行。只有这些形式被组织的成员和利益相关者认为是可以代表和保证大学的规范和价值理念的才能算是成功的。因此，组织改革应该兼顾改革建议和制度及其组织中存在的规范和价值并实现平衡。许多社会学家和高教研究人员通常持有这种观点。

通俗点讲，这三种观点可以称为传统派（顽固派）、现实派以及中庸派。在传统派中，大学的学术自由、教授治校等理念是神圣不可侵犯的，是深入骨髓的，不管时代和环境如何变迁，大学的理念不可变，否则大学便不能被称之为大学。在现实派眼中，大学是满足国家和社会需求的一种工具，大学是充当满足国家优先事项的功利主义机构。大学的发展不能脱离国家和社会的需求，他们将洪堡那种学术自治的大学理念视为束缚大学发展及改革的绊脚石。而中庸派则希望兼顾传统的大学理念和现实的社会需求，力图实现新制度和那些隐形的大学理念相协调，以实现大学渐进的改革。这三种观点相互碰撞和融合，深刻影响着德国大学的治理改革。本人在德国交流期间就经历了一次不同大学理念的交锋。在一次关于德国蒂宾根大学参与人工智能建设的信息沟通会上，该项目的大学代表、同时也是信息技术研究所的负责人讲到："我们专业毕业的学生有着良好的就业前景，我们为工业界培养了优秀的人才"。此时，一位耄耋老人站起来反驳到："您作为一个大学教授，怎么可以说出大学为工业界培养人才这样的话！"因为按照传统的大学理念，大学教育是为了培养全面的人，而忽视教育的职业目的的。学者也秉承学术孤独的价值观，以免受到外界的外界干扰。可见，传统的大学理念在德国依旧根深蒂固，但同时又和现实派的大学理念产生冲突，近而使大学治理制度的变迁总是处于一种制度变化和路径依赖的紧张关系中。

二、德国大学治理改革中的制度趋同

上世纪 80 年代以来，在新公共管理主义以及稍后的治理理念影响下，全球高等教育机构迎来了大学治理改革的浪潮。鉴于不同国家的背景和政治现实，各国已经形成了治理改革浪潮"自己的版本"。教育治理研究的国际比较表明，虽然各个国家的教育管理传统各异，但自上世纪 80 年代以来都呈现出一个共同的特征，即高等教育中的"管理主义"不断增强。"新公共管理"、"新调控模式"、或者"新治理"等概念在许多经合组织国家的高等教育改革中屡屡出现。无论用于描述改革理念的标签是"新公共管理"、"管理主义"，还是其它改革话语，解决问题的方案都通常呈现出一个相当标准化的"菜单"或"欧洲脚本"，这里甚至可以扩展为"全球脚本"，这个脚本的内容一般都包括：弱化教育领域的中央集权并赋予院校自主权；更加重视绩效和产出，引入系统的评估活动，以检查所述目标是否得到满足；院校领导的角色和职责更加正式，并要求业务专业化；向公共产品的消费者和使用者提供更多的权力；公共组织和私营组织之间的竞争加剧；通过改造公共企业实现公共服务私有化。[10]鉴于本书将全球大学治理作为研究的场域，那么，德国大学治理制度是否包含了上述"全球脚本"中的所有要素呢？其大学治理制度又是和哪些国家或哪些区域产生了趋同呢？有学者认为，尽管各国的大学治理改革都是独立进行的，但它们都基于类似的假设，基本上都有相同的目标，尽管它们的时机和具体特点都有所不同。所以，在欧洲大陆进行的大学治理改革可以被看作是一种反复的尝试，目的是向通常认为最成功的高等教育模式，即英美模式趋同。[11]但是，鉴于欧洲大陆国家所尊崇的福利国家政治制度，其教育政策的改革并没有完全向美国的新自由主义看齐，这说明了欧洲大陆的教育政策总处于在英美新自由主义和与欧洲社会民主理念拉扯的紧张关系中。正如德国高等教育学家泰西勒所言：

10　Ingvild M. Larsen, Peter Maassen, Bjørn Stensaker. Four Basic Dilemmas in University Governance Reform[J]. OECD Higher Education Management and Policy, 2009,(21)3:41-58.

11　Giliberto Capano, Marino Regini. Governance Reforms and Organizational Dilemmas in European Universities[J]. Comparative Education Review, 2014,(58)1:73-103.

全球各国高等教育改革的背景都有着惊人的相似之处。"知识经济"、"市场化"、"新公共管理"、"全球化"和"国际化"这些新自由主义概念都描绘了全球面临的挑战。同样，总体来看，各国的高等教育改革和实践也有诸多相似之处。由于美国拥有大学管理主义传统，我们似乎可以把在其他经济发达国家发生的改革解释成是在逐步采用美国模式。但是我认为，还应该从其它角度进行考虑：其他国家的改革更多地是由二十世纪八十年代英国和荷兰出现的高等教育政策决定的，是由于新公共管理思想和其他新组织概念的传播所形成的，也是由于二十世纪九十年代新自由主义思想在世界政治舞台不断普及而产生的。[12]

当前欧洲大学治理改革并不是简单的"高等教育领域的麦当劳化"。凯姆（Barbara Kehm）和兰岑多夫（Ute Lanzendorf）也认为，在诸多影响德国大学治理的国际教育政策中，有两种教育政策概念对欧洲、特别是德国的教育治理结构的改革产生重要影响。一种是涉及到外部治理时的荷兰"远程控制模式"（steering at a distance）。另一种是涉及到内部治理时的美国"管理主义模式"。[13]

在 20 世纪的大多数经合组织国家，政府对高等教育机构实施了相当大的控制和影响，以帮助实现经济增长和社会公平的目标。一方面，鉴于教育机构在知识型社会中的重要性，政府比以往任何时候都更关心确保教育机构满足经济和社会需求。另一方面，他们也承认，知识创造、教学和学习等事务如果由中央政府来规划，其效率往往十分低下，繁荣的社会和经济要求大学在一定程度上独立运作，同时市场机制在调节不同形式学习成果的供求方面往往比政府管理更有效。[14]因此，国家放松对大学的管制成为新公共管理理念的核心因素之一，而荷兰提出的"远程控制模式"就是这一理念的实践形式，并被许多西方国家所借鉴。所谓"远程控制模式"是由荷兰教育和科学部在

---

12 乌尔里希．泰希勒，周双红，德国及其他国家学术界面临的挑战（上）[J]，现代大学教育，2007（06）：63-67。

13 Barbara M. Kehm, Ute Lanzendorf. Ein neues Governance-Regime für die Hochschulen - mehr Markt und weniger Selbststeuerung? [J]. Zeitschrift für Pädagogik, 2005(Beiheft; 50):41-55.

14 Nitza Davidovitch, Yaakov Iram. Models of Higher Education Governance: A Comparison of Israel and Other Countries[J]. Global Journal of Educational Studies, 2015,(1)1: 17-44.

20 世纪 80 年代提出的政府管理概念。它区别于以立法、禁令和法规为主要
手段的传统的政府管理，而是强调赋予大学更多的自主权，使大学承担起更
多自我管理的责任。国家的干预则仅限于基于质量评估结果进行政策调整，
换言之，就是通过对于绩效结果的反馈来控制输出。[15]这改变了传统的事前控
制模式，从而提高产出效率，是一种通过竞争实现去集权化的治理方式。[16]同
时通过实质性的立法改革，国家逐渐改变了与大学的关系。在许多国家，高
等教育的国家法律已成为"框架法"，即为高等教育机构提供一般性的指导
或指导方针，为大学在这一框架内做出自己的选择留下了很大的余地。早在
1993 年，荷兰就通过了一项这种框架法。[17]从国家对大学的远程控制程度来
看，德国政府在大学治理中的确放弃了对大学的细节控制，转而更多地通过
竞争手段来提高大学教学和科研效率，通过总体预算拨款、"卓越计划"、
竞争第三方科研经费、大学教授工资改革、绩效奖励等方式来激发办学和科
研活力。在大学监督方面，政府也逐步放弃对大学的专业监督，而是通过立
法和批准等手段对大学进行法律监督，从而赋予大学更多的行动空间。1998
年，德国第四次修改《高等学校总纲法》，大幅度减少联邦政府的权限。2008
年，德国废除《高等学校总纲法》，放弃联邦政府对大学的干预。政府还将诸
多权限转移给了外部利益相关者，比如质量管理和专业认证机构，从而通过
第三方机构对大学进行监督和评估，并在大学内部设立大学理事会，让外部
利益相关者直接参与大学治理。

　　而在加强大学内部管理主义问题上，整个欧洲的大学也呈现出一种
"管理主义"倾向。传统的欧陆大学治理中，大学学术自治主导着大学的
内部治埋，而以校长为首的行政管理一直扮演着边缘角色。这种大学作为
学者共同体的理念及其产生的合议制管理风格阻碍了大学改革。[18]而为了应
对创建统一的欧洲高等教育区这一使命，欧陆大学需要创建强有力的管理

15 Walter Kickert. Steering at a Distance: A New Paradigm of Public Governance in Dutch
　　Higher Education[J]. Governance: An International Journal of Policy and
　　Administration. 1995,(8)1:135-157.

16 Neitzsch Peter. Die Unterschiede bleiben. Ein internationaler Vergleich zur
　　Konvergenz von Hochschulsystemen[J]. Die Hochschule: Journal für Wissenschaft und
　　Bildung, 2011, (20) 1:127-141.

17 Harry de Boer, Jon File. Higher Education Governance Reforms Across Europe[R].
　　Brussel: European Platform, 2009:12.

18 Simon Marginson. Steering from a Distance: Power Relations in Australian Higher
　　Education[J]. Higher Education, 1997,(34)1:63-80.

运作模式、简化决策流程，从而提升其大学自主行动的能力。有效的院校
（institutional management）管理是实现政府目标乃至整个欧盟教育目标的
关键因素之一。欧洲大学正致力于培训其领导者，使其能够在院校、区域、
国家乃至欧洲各层面进行越来越复杂的互动。[19]增强的机构自主权意味着更
加严苛的问责，以及国家和学校层面更严格和详细的质量保证程序，更多
更强的问责机制也意味着高等教育机构不得不重新定义向利益相关者报告
其绩效表现的方式。此外，学校领导和次一级机构和职能部门的沟通方式
和管理方式也发生了改变，这些变革导致院校领导的权限增加。在许多情
况下，这导致了高等教育机构决策结构的进一步合理化，也意味在机构内
部形成了新的科层等级制度，其中院校领导起着核心作用。一般说来，在质
量保证等问责措施的基础上，国家一级权力下放，同时高等教育机构内部
权力也有集中化倾向。在许多方面，放松管制已成为高等教育系统内另一
个层面的重新管制，即从以前的政府对大学的科层管理变为了大学内部院
校领导和其成员间的科层管理。[20]德国大学治理改革也体现出了这种内部
"管理主义"的倾向，大学校长的任职期限延长，其掌握的人事权、财政权
和战略决策权都在逐渐增加。同时，总务长的角色变成了大学副校长，也说
明了国家放松了对大学的具体控制。在加强大学校长权力的同时，代表教
授治校的决策机构大学评议会的权限则被削弱，许多重要权限被转移给大
学校长和大学理事会。当然，我们还不能说大学成为了以校长／校长委员
会为首的具有等级关系的严密的科层组织，因为诸多隐形的治理理念或共
识阻碍着大学校长权力的行使。但是至少从形式上来看，德国大学内部治
理越来越向"管理主义"模式趋同。大学评议会保留了校内立法的权力，
即负责发布和修改基本条例，评议会同时对大学领导实行监督，但大学的
决策权重逐渐从评议会向校长委员会转移，大学行政领导力量加强，这种
趋势也体现在学院这一层面。

三、德国大学治理制度趋同的主要机制

在研究全球教育制度的趋同问题时，迈耶指出，在全球化进程中，教育

---

19 Harry de Boer, Jon File. Higher Education Governance Reforms Across Europe[R].
Brussel: European Platform, 2009:7.
20 Harry de Boer, Jon File. Higher Education Governance Reforms Across Europe[R].
Brussel: European Platform, 2009:13.

领域内形成了一种全球的合理性结构和秩序结构（Plausibilisierungs-und Ordnungsstrukturen），并对民族国家的教育治理产生越来越重要的影响。[21]卡塔琳娜（Holzinger Katharina）和克尼尔（Christoph Knill）将国家间的政策趋同的因果机制归为五个核心因素，即强制、国际协商、国际竞争、跨国交流、独立解决问题，[22]并认为其中的国际协商、国际竞争、跨国交流三个因素可以用来解释全球高等教育政策趋同现象。[23]而朗格（Stefan Lange）关于教育治理制度趋同机制的解释可以概括以上学者的观点，即不同国家面临着相同的教育问题以及因为解决这些问题而产生的跨国交流。[24]这些学者讨论全球大学治理制度趋同的因果关系，但具体是以何种方式（机制）产生趋同并不明晰。本研究利用保罗．迪马乔和沃尔特．鲍威尔提出的三种组织同形的机制：强制、模仿和规范来讨论德国大学治理制度趋同机制。本研究探讨的是国际大学治理制度的趋同，但首先对德国内部大学治理制度的趋同机制做一简单描述，因为在国内和国际两个层面的制度趋同机制是有很大区别的。在德国16 个联邦州，大学制度的趋同更多是由于强制趋同，即由政府通过每个州的高等教育法强制要求大学接受治理改革。因为德国大学缺少自下而上改革的动力，特别是大学教授利益集团及其合议制的决策机制阻碍着大学改革。当然，各个州之间对于新治理制度的采用会存在着模仿行为，譬如萨克森在1993年引入大学理事会制度后，其它州也模仿建立这一制度。

在全球教育政策趋同方面，在新的大学治理制度传播过程中，迄今为止还没有一个强力的跨国行动者能够通过他的权威带来全球趋同的进程。也就是说，在全球大学治理制度趋同过程中，并不存在着强制性趋同，因为国际组织并不存在着强制约束力来让主权国家接受某些教育制度，所以模仿趋同

21　Henrik Simojoki. Zwischen World Polity und historischer Pfadabhängigkeit. Religiöse Bildung und Politik in internationaler Perspektive[J]. Theo-Web, 2018,18(2):52-64.

22　国际协商指在国际或超国家层面协商制定统一的政策，比如欧盟的博洛尼亚进程导致各国大学制度的趋同；独立解决问题是指一个政策产生的过程并不是受到国际影响而和其它国家相似，而仅仅是因为这是唯一可行的方法。

23　Christian Förster. Troja oder Bologna? Die Reform des Hochschulwesens zwischen Pfadabhängigkeit und Angleichung. Tübingen Universität, Institut für Politikwissenschaft, Working Paper Nr. 37, 2007: 8-11.

24　Stefan Lange, Uwe Schimank. Zwischen Konvergenz und Pfadabhängigkeit: New Public Management in den Hochschulsystemen fünf ausgewählter OECD-Länder[M]//Katharina Holzinger, Helge Jörgens, Christoph Knill. Transfer, Diffusion und Konvergenz von Politiken. Wiesbaden: VS Verlag für Sozialwissenschaften.2007:522.

和规范性趋同机制就发挥了主导作用。模仿机制侧重于向成功经验主动学习，比如德国学习美国的大学董事会制度和创建一流大学的"卓越计划"，这二者可以作为竞争性模仿和制度性模仿的两个例证。但德国高等教育又是偏于保守的，其主动学习意愿并不强烈，因此规范性趋同成为德国大学治理制度与全球大学治理制度趋同的最主要机制，而规范性压力产生的最主要的两个来源就是新公共管理主义改革和国际组织。新公共管理发端于荷兰、英国、澳大利亚等盎格鲁萨克森国家，随后由 OECD 等国际组织传播开来。[25]新公共管理改革在全球范围内逐渐建立起强大的话语霸权，似乎成为大学"善治"的政策范例。无论这种新范例的正确性或内在一致性如何，它都为各国的政治精英们提供了一种改革的可能。话语总是和权力联系在一起，用"治理"的话术来讲，这是一种国际教育政策的"软治理"机制。类似的"软治理"手段还有国际大学排名以及国际组织制定的各种教育标准和倡议，这些都对各国的高等教育政策趋同注入了强大的驱动力。当前的高等教育已经很难在一国的范围内"独善其身"，特别是欧洲国家，在国际化、欧洲化、全球化的趋势下，欧盟制定了许多统一的高等教育政策。按照这些原则，欧洲委员会明确大学要更多地采用公司化管理模式、促进资金来源多元化以及加强大学与工业之间更紧密的联系。尤其是 1999 年启动的博洛尼亚进程建立了一个主要基于自愿沟通和信息交流机制的跨国"软治理"机制。作为一种用于交流专业知识、专有技术以及促进具体原则和政策战略的松散耦合系统，博洛尼亚已成为塑造高等教育总体政策的一种手段，这种"软治理"手段对高等教育活动产生了趋同效应。

第三节　德国大学治理改革中的路径依赖

德国虽然是新公共管理改革浪潮中的后来者，但自 20 世纪 90 年代开始的大学治理改革也进行了二十余年。诸如市场化、放松管制、强化竞争、院校管理专业化等制度也逐渐建立起来。那么这些制度的建立是否如政策制定者希望的那样，将德国大学带上新公共管理模式下的"善治"之路呢？从德国大学治理改革的现状来看，诸多治理制度由于文化、政治体制、传统大学理念的掣肘并未完全发挥其效力，存在着明显的路径依赖特征。

---

25 Ibid. S.522.

一、德国大学治理的历史遗产

当国家将不同的政策工具和治理遗产结合起来的时候，治理的效果很可能会和预想的效果产生很大的偏差。德国大学的治理遗产就是传统的"雅努斯之首"二元治理模式，即国家调控和学术自治在大学治理中具有重要话语权。如上文所总结，国家调控和学术自治在新治理模式中的地位的确在减弱，但是从非正式的角度来看，依旧深刻影响着德国大学治理的改革，从而也抑制了竞争、大学行政管理和外部利益相关者调控三种治理机制完全发挥效用，并阻碍着德国大学治理向着完全的新公共管理主义模式迈进。

（一）依然发挥着隐性控制力的国家调控

首先，国家依然享有高等教育管理的立法权。[26]立法作为国家监管的一种手段，可以被看作一种"元治理"形式。"元治理"一般被定义为"管理的管理"，它代表了形塑或引导整个管理过程的、已确立的道德原则或"规范"。法律即为规范大学治理行为的一种重要"元治理"手段。在德国，按照法律来说高等教育机构享有自治，但是一些基本的治理制度，比如大学内部治理结构、国家和大学的共同任务、财政经费的分配和使用、大学人员的选举和聘用等等都是由各州高等教育法规定的，并由大学章程或基本条例进行补充。

此外，从上文中讨论的一些旨在放松国家控制的治理举措中，依然可以看到国家调控机制的隐形控制力。

第一，从目标协定这一手段来看，这种由政府和大学经过协商而签订的合同，打破了政府对大学科层制管理的传统，旨在赋予人学更大的自主权和行动空间，但是目标协定最大的问题在于，政府和大学并不是平等的谈判伙伴。虽然在大多目标协定中都写着"本协定是由州政府与大学以平等的合作伙伴形式缔结"。但一个不能否认的事实是，大学很难对负责财政拨款的国家说不，这种权力的不对称显然是对大学不利的。这种伙伴关系背后依然隐藏着国家对大学的等级控制。国家会通过设置大学需要满足的生产目标（production goals）来控制大学，如新的研究项日、降低辍学率、增加质量管

---

26 Hans-Heinrich Trute, Wolfgang Denkhaus, Bärbel Bastian et al. Governance Modes in University Reform in Germany - From the Perspective of Law[M]//Dorothea Jansen. New Forms of Governance in Research Organizations Disciplinary Approaches, Interfaces and Integration. Dordrecht: Springer, 2007:158.

理的手段、专业认证等要求。比如在招生名额方面，大学并不想招收太多的学生，少而精的办学理念显然更有益大学提升办学水平。但政府要求大学满足高等教育大众化的需求，规定了大学的招生数量下限，大学在这方面并没有很大的谈判空间。因此有学者批评大学又重回到了政府的细节控制之中。[27]这种不平等的地位导致目标协定的内容也未必是平等的，主要体现在政府需求和目标可行性存在差距。2014-2016目标协定期间，萨克森州大学因为没有满足约定的目标而损失1300多万欧元绩效拨款。绿党党员麦谢尔（Maicher）批评目标协定的要求超出了大学的能力范围，不具有可行性。在政府的压力下，学校不得不同意政府制定的难以实现的目标。他建议修改高等教育法以改变这一现状。[28]可见，公立大学的财政责任依然像从前一样掌握在政府和议会手中。即使当前大学已经具有了很大自主权，但其也只能在科层管理的影子中活动，国家政策的战略优先根本不需要质疑。出现这种情况主要是由大学的法律地位决定的，德国大学既为公法团体又是国家机构。作为国家机构，大学必须完成国家委任的任务，尤其在预算与人事领域，必须接受州政府的广泛监督。[29]只要德国大学这种国家机构的法律属性没有改变，那么国家对大学的重大影响就不可避免。

第二，专业质量保证是新的多边治理形式的又一反映，也是国家将管理权赋予第三方机构的体现。德国显著扩大了通过专业认证来保障大学质量，以确保教学和研究的最低标准以及保障专业设置和劳动力市场的相关性。这方面的第一个里程碑是1998年成立的认证委员会（Akkreditierungsrat），认证委员会并不直接对专业进行认证，而是将认证任务委托给10个分散的认证机构，认证委员会起到的是一个元认证的作用，它会定期对10家认证机构的资格进行认证。虽然政府力推高等教育质量保障的市场化，但是，对第三方认证机构进行元认证的认证委员会却隶属于全国文教部长联席会。认证机构对认证委员会存在着极大的依赖性，政府并未完全放心地将质量保障任务完全交给市场。与此同时，许多州推动扩大内部评价，并将其作为目标协定的一

27 观点来自笔者对蒂宾根大学主管教学副校长卡琳．阿莫斯（Karin Amos）教授的访谈。

28 Grüne Fraktion Sachsen.Sachsens Hochschulen verlieren 13,3 Millionen Euro wegen nicht erfüllter Zielvereinbarungen 2014-16[EB/OL](2017.11.0)[2021.01.05]http://www.gruene-fraktion-sachsen.de/presse/pressemitteilungen/2017/sachsens-hochschulen-verlieren-133-millionen-euro-wegen-nicht-erfuellter-zielvereinbarungen-2014-16/

29 张源泉，德国高等教育治理之改革动向[J]，教育研究集刊，2012（12）：91-137。

部分。因此，质量保证已经进入了一个过度复杂的阶段，不同的质量评估可能会发出相互矛盾的信号。[30]

第三，绩效拨款是政府希望通过实现以结果为导向的输出型财政分配机制来提高大学竞争力的手段之一。但首先国家对大学的财政拨款并不全是绩效拨款，其次绩效拨款占总体拨款的比例也因州而异，最高的北威州达到 20%，而最低的拜仁州只有 1%左右（综合大学 1.45%，应用科学大学0.57%）。[31]这说明绩效拨款作为大学竞争资源的手段，在各个州发展并不均衡，因此对大学产生的影响也不相同。基础拨款为主，绩效拨款为辅的模式说明，一方面政府要通过基础拨款保障大学的办学能力和稳定性，避免拨款浮动过大而影响办学目标。另一方面也表明大学对绩效管理理念的担忧，担心完全的市场化竞争方式会干扰大学学术自由。且绩效拨款中的绩效指标也由政府来制定，这也赋予了政府左右大学办学方向的权力。从第三方经费来源来看，其大部分都来自联邦政府和州政府。政府通过设定研究课题的内容，完全可以左右大学的研究方向，从而满足国家的战略需求。从第三方经费的分配方向看，自然学科和工程学科获得了大部分的第三方经费，而人文社科学科受到的资助则甚少，这使人们担心人文社科学科的衰落甚至消失。这也违背了《基本法》中研究自由的原则，研究的独立性和中立性都受到威胁。

（二）并未受到大幅削弱的学术自我管理

首先，德国大学具有"教授治校"的传统。但是"教授治校"存在一个天然的矛盾，即教授是参与或管理大学事务的主体，同时教授们又被认为没有专业管理能力理性地进行大学自我管理，但是他们偏偏至少从中世纪大学起就开始被赋予管理大学的职责。在作为校长的同时，他们仍然是学术共同体的成员，因此扮演了一种双重角色。因此就形成了一种既非合议原则，也不是管理主义风格，而是一种混合特性的管理风格。当前教授不仅仅在当前

30 Michael Dobbins, Christoph Knill. Higher Education Governance in France, Germany, and Italy: Change and Variation in the Impact of Transnational Soft Governance[J]. Policy and Society, 2017(36):1:67-88.

31 Dohmen Dieter. Anreize und Steuerung in Hochschule[A]//Sabine Naumann. Wege zu einer höher Wirksamkeit des Qualitätsmanagements. Tagungsband der 14. Jahrestagung des Arbeitskreis Evaluation und Qualitätssicherung der Berliner und Brandenburger Hochschule[C]. Berlin: Humboldt Universität zu Berlin, 2013:7.

大学主要的决策机构评议会中占据绝对多数，在监督机构大学理事会中也占有重要地位，而且大学校长本身也大多出身教授群体。可见，教授群体依旧是大学内部治理的绝对主体。另外，教授仍然保持着公务员的地位，大学校长并没有辞退高级教授的权力。这表明了一种改革逻辑上的矛盾，因为它削弱了院校领导管理学术行为的能力。[32]另外，大学评议会还掌握着大学内部的立法权，且这一权力基本上由评议会独享。

其次，大学校长和理事会的权力不够强大，无法压制代表"教授治校"的合议机构大学评议会。从加强大学校长权力方面来看，这一制度革新也并未真正削弱教授的实力。从大学校长的学术背景来看，尽管高等教育法中规定大学校长的背景不必限定于学术，但各大学校长还是以本校教授担任居多，校长的任选依然看重其学术背景。在美国，大学校长在获得理事会授权后，必须放弃学者身份，成为完全的管理者。[33]而德国大学大多数校长本身就是教授，属于教授利益团体，且其任期结束后大多回归到院系，这一暂时性的行政工作可能会降低他们对获得管理技能的兴趣，[34]且在决策时也不敢侵害教授团体的利益以避免卸职后在教授群体中难以相处。此外，虽然大学校长们有了更大的决策权，但校长委员会处在一个松散连接的大学组织系统中，有效的权力仍在讲座和学院手中，在上还有大学评议会和大学理事会，校长的决策权依然受到诸多掣肘。德国大学的高等教育法也没有改变中层领导的选举机制。在院系层面，协商一致的民主传统仍然非常活跃，院长也是由院系委员会（Fakultätsrat / Fachbereichsrat）从教授中选举产生。在公司中，中层管理干部的任命通常都是由组织领导决定，而不是员工。可见，大学校长能否选拔并任命院长可以看出校长所掌握的权限大小。从当前各州高等教育法来看，院长仍然是由系部委员会选举产生，只有在部分州校长具有提名权和最终的确认权（见表5-1）。

---

32 Giliberto Capano, Marino Regini. Governance Reforms and Organizational Dilemmas in European Universities[J]. Comparative Education Review, 2014,(58)1:73-103.

33 徐娟, 美国与德国大学高层次人才引进中三种权力的影响差异[J], 高等教育研究, 2019, 40（07）: 97-103。

34 Michael Dobbins, Christoph Knill. Higher Education Governance in France, Germany, and Italy: Change and Variation in the Impact of Transnational Soft Governance[J]. Policy and Society, 2017(36):1:67-88.

表 5-1：选举院长的权力

	理事会	校长	系部委员会
汉堡		参与遴选，任命遴选委员会主席	选举
勃兰登堡		提名权	选举
巴符州		提名权	选举
萨克森州		提名权	选举
下萨克森		提名权	选举
拜仁州		候选人名单需要征得校长同意	选举
黑森州		候选人名单需要征得校长同意	选举
萨尔州		有推翻选举的权力	选举
图林根	如果校长委员会和系部委员会就选举产生冲突，由理事会调节	委任	选举
北威州		校长确认结果（Bestätigung）	选举
莱茵兰普法尔茨		建议权	选举
石荷州			选举
萨克森安哈尔特			选举
柏林			选举
梅前州			选举
不莱梅			选举

来源：Otto Hüther. Von der Kollegialität zur Hierarchie? Eine Analyse des New Managerialism in den Landeshochschulgesetzen[M]. Wiesbaden: Verlag für Sozialwissenschaften, 2010:321.

　　从大学理事会制度的发展来看，它也没发展成为美国董事会那样的决策机构，而更多地承担的是监督职能。自引入大学理事会以来，公众对其作用的讨论就一直不断。赞成者认为它是大学重要的管理手段，扮演了大学、社会、经济界以及政府之间的缓冲机构和连接纽带的角色。[35]而反对者认为校外非学术人员代表不能理解大学运作的学术逻辑，通过理事会大学会日益走向管理主义从而威胁到学术自由。特别是大学理事会能否起到监督作用也引起

---

35 Marcel Schütz, Heinke Röbken. Alle Jahre wieder…?Die neue (alte) Diskussion um den Hochschulrat[J]. HSW, 2012(6):146-153.

人们的怀疑。起初大学理事会成员必须是校外人员，代表社会的利益。但是逐渐部分州允许理事会成员也可以是大学内部成员，这不禁让人担心其监督作用会被削弱。比如巴符州的蒂宾根大学理事会有 7 名校外成员，4 名校内成员，而 4 名校内成员中又有 3 位是教授。另外，大学理事会成员受聘于州政府，并定期向州科学事务部提交述职报告，是代表州政府对大学进行管理和监督的机构。可以看出，即使在大学理事会这种旨在实现社会力量参与大学治理的手段中，也依然可以看见政府和教授的力量。

二、作为改革"过滤器"的德国大学治理文化

许多制度学者认为，组织为了获得合法性，就会建立许多规章制度来满足制度环境对它的期待，而这些规章制度不是为了组织的顺利运作而制定，这些挂在墙上的规章制度与组织的许多实践做法并不一致。因此，这些规章制度虽然被设立，但并没有被组织成员所遵守，也没有对组织成员产生指导和约束作用。因此，迈耶和罗恩认为，组织的正式结构和组织参与者的行为效果之间存在明显的脱耦现象。由于组织的正式结构彰显了目的秩序和理性，这样就可以增强组织在参与者和外部支持者之中的合法性。[36]脱耦现象产生的结果就是组织形成的正式结构是为了适应制度环境做给别人看的，而维系组织运行的却是组织成员非正式的职业规范。[37]从文化-认知的角度来看，这种非正式的职业规范也是组织内部成员共享的一些观念。这种文化-认知产生的制度催生的内生性制度变迁，相较于外生性制度变迁，是更加缓慢的、更加保守的。所以在制度的改革过程中，组织内部行动者的价值观是不能被忽略的，这也是后来新制度主义研究者所尤其关注的。其实，早在帕森斯的制度研究中，他就已经开始从"文化-制度"的视角来研究组织，关注价值观对组织合法性的影响，认为组织受到不同的律令和规范框架的支配。[38]

帕森斯也从权力与组织结构的关系上对组织变化进行了论述。他认为在组织内部，不同的组织成员对组织管理权威的反应是不同的。其中，专业技术群体和角色更加看重同行的权威，而对其所属的组织权威则相对忽视。因

---

36 [美]沃尔特. 鲍威尔，保罗. 迪马吉奥主编，姚伟译，组织分析的新制度主义[M]，上海：上海人民出版社，2008：183。

37 周雪光，组织社会学十讲[M]，北京：社会科学文献出版社，2003：77。

38 [美]理查德. 斯科特著；姚伟，王黎芳译，制度与组织——思想观念与物质利益（第 3 版）[M]，北京：中国人民大学出版社，2010：30。

此，组织权威对其内部全体产生了不同的影响，反过来，组织成员的不同反应也影响着组织策略的推行。[39]而在大学这种专家型组织中，教授作为学术专家享受着崇高的权威，拥有更多的权力，因此该群体对大学这一组织权威则相对忽视。所以大学推行的改革必然在教授群体中产生诸多阻碍，从而使原来的治理制度十分稳固，即使产生制度变迁，其变迁的速度也是极其缓慢。不论是从脱耦的角度还是从组织内部成员的主观认知角度，这些都使组织某种程度上摆脱了外部制度环境对组织结构的影响，对新制度的建立产生某种阻碍作用。

在大学治理领域，这一特征尤为明显。在德国，在整个高等教育场域内，国家官僚对大学具有与生俱来的权威。而大学作为松散耦合的组织，其运作更多地依赖组织成员的权力资源和共享的价值理念。这些权力资源和理念维系着大学的运转，也得到其组织成员的捍卫。国家改革是由大学的内部主体以其权力资源和价值理念来解释、阐述和实施的，这些隐形的、非正式的制度对规划的改革起着"过滤器"的作用。[40]在德国大学治理文化中，文化国家观、合议制原则和互不干涉原则等共享观念"过滤"了改革成果。

（一）缺乏改革能力的分权制政治体系

从国家的角度来看，政府作为大学的举办者、管理者、监督者，其对大学的影响十分深远。当前的治理改革中，政府的改革要义就是要放松对大学的管制，并以新公共管理主义的标准采取了一系列手段。但是，在德国，大学的自主权只能是相对的自主权。作为受国家资助的国家机构，大学不可能完全独立。自普鲁士时期以来的"文化国家观"时时刻刻都影响到大学的发展和改革。但是，德国的政治体系应对改革的效率又是非常低下的。德国大学在新公共管理的进程并不迅速，这和德国作为保守福利国家的政治文化有很大关系。朗格（Stefan Lange）和希曼克将德国的联邦结构看作大学新公共管理改革相对缓慢的主要阻碍因素。从国际比较来看，新公共管理改革在教育分权制国家比在中央集权制国家进行的更慢。分权式的结构阻碍了国家的改革计划。学者们将这种改革的路径依赖解释为联邦政府缺乏权力，比如激发各邦教育和科研竞争的机制囿于"文教部长联席会"和"联邦和州教育规

---

39 刘玉能，杨维灵，帕森斯的组织分析策略[J]，浙江社会科学，2001（02）：99-103。
40 Giliberto Capano, Marino Regini. Governance Reforms and Organizational Dilemmas in European Universities[J]. Comparative Education Review, 2014,(58)1:73-103.

划委员会"的共识原则很难发挥出原本制度设计的潜力。[41]此外,由于各州教育部保留了大量的审核批准权限,尤其是涉及到组织机构方面的事务,因此不能认为今天国家控制机制已经被严重削弱。[42]斯科特区分了通过权威方式和强制权力方式产生的组织结构变化,他认为,通过权威输入对组织产生的变化要比通过强制权力对组织产生的变化,所遇到的抵制会少一些。而通过权威输入产生的变革也要比通过强制权力产生的变革更为深刻。[43]德国大学治理改革主要是由国家强力推进的,这种由通过强力权力进行的改革相比于通过权威方式进行的改革,所遭遇的阻力要更多,且更加表面化,因此改革也留有明显的路径依赖的特征。

(二)大学内部决策的合议原则和共识原则

大学治理改革在加强校长和理事会的权力的同时并没有伴随着组织结构的重组以及组织单位关系的变革,结果就是在大学政策出台过程中传统的社团主义合议风格(corporatist-consensual)仍然根深蒂固。[44]和从前一样,共同的行动导向更多得是以个人利益或各个团体利益为基础的,而不是为了实现院校的整体目标。当前,从教授群体内部到群体大学中各种合议机构,寻求共识成为不同利益群体决策的重要价值理念。虽然新公共管理理念的大学改革意图解决群体大学中由于共识合议机制导致的效率低下问题,赋予大学领导更多的权益。但几乎没有证据表明,新的共同决策权已经将大学治理结构中由教授主导的合议式结构连根拔起。[45]虽然各州的高等教育法已经赋予了大学领导(校长和院长)相较于以前更多的权力,但是大学自我管理仍然以一种非正式的方式存在。正如前文提到的,德国大学内部治理更多地是基于其共同认可的具有规制功能的质量标准、规范和价值观。这些标准、规范和价值观等构成的大学制度区别于法律或者章程那种做出明确规定的制度,这

41 Gülay Sağırlı. Die Einführung des Neuen Steuerungsmodells im deutschen Hochschulsystem. Erklärungsansätze für den Wandel im Management und der Verwaltung von Hochschulen[D]. Köln: Universität zu Köln, 2014:152.

42 Ibid. S.153

43 [美]沃尔特. 鲍威尔,保罗. 迪马吉奥主编,姚伟译,组织分析的新制度主义[M],上海:上海人民出版社,2008;189。

44 Giliberto Capano, Marino Regini. Governance Reforms and Organizational Dilemmas in European Universities[J]. Comparative Education Review, 2014(58)1:73-103.

45 Michael Dobbins, Christoph Knill. Higher Education Governance in France, Germany, and Italy: Change and Variation in the Impact of Transnational Soft Governance[J]. Policy and Society, 2017(36):1:67-88.

些法律和规章制度和内隐的共同体的共享价值形成了一种脱耦的局面，相比于科层制、竞争等治理手段，共同体的合议型沟通方式仍然发挥着巨大的隐形作用。当前，大多数建立的管理层自治的措施仍然不完善，学术界以共识为导向的文化迫使许多处于领导地位的人表现得好像没有新的权力一样。机构负责人（校长和院长）权力的增加只部分地改变了内部决策过程中传统的学术驱动和自下而上推进的特征。[46]因此，正式的权力仍然没有发挥作用，校长和院长们仍然在决策时努力寻求共识，至少在教授之间是这样。其中一个原因是，那些处于领导地位的人知道总有一天他们会回到"普通成员"（rank and file）的行列，他们不想在那些可能在他们之后掌权的人中间树敌，尤其是院长的任职时间在所有的联邦州都普遍较短，短暂的院长任期结束后又成为普通教授。相比于校长和院长，各种合议机构（评议会、大学理事会、院系委员会）的决策权力更加强大。正如一位校长坦言："我在院长的岗位上待两年，然后轮到下一位。在这两年里我不想以任何方式将某位同事踩在脚下，因为如果下一任院长恰好是他，那么他就会把我踩在脚下，这是很正常的事情。"[47]这种担心无疑削弱了校长／院长管理大学的能力。但"合议性"更重要的原因是，许多人在长期的学术社会化过程中，已经内化了传统的合议型组织文化共识。协商和合议的治理手段仍然是大学内部治理的重要手段。[48]这种合议原则阻碍了大学内部科层制结构的形成，大学组织的合法性也不是以满足技术环境为前提，而是以满足制度环境或曰共享理念为前提。

（三）掌握更多权力资源的教授群体

当前，德国大学治理的目标之一是削弱"教授治校"的传统，但是大学管理仍然受到学术共同体的严重制约，即使在大学行政管理得到明显加强的情况下，它仍然在松散耦合的系统中运作，在这种系统中，操作权力历来主要集中在讲席教授和院系手中，并通过大学评议会向上传递。教授们的核心地位是基于非正式的权力结构，即基于更大的专业声望，相比于教授群体，

---

46 Giliberto Capano, Marino Regini. Governance Reforms and Organizational Dilemmas in European Universities[J]. Comparative Education Review, 2014,(58)1:73-103.

47 Bernd Kleimann. Universitätsorganisation und präsidiale Leitung-Führungspraktiken in einer multiplen Hybridorganisation[M]. Wiesbaden: Springer Fachmedien, 2016:249.

48 Harry F. de Boer, Jürgen Enders, Uwe Schimank. Comparing Higher Education Governance Systems in Four European Countries[M]//Nils C. Soguel, Pierre Jaccard. Governance and Performance of Education Systems. Berlin: Springer, 2008:49.

学术中层的学术贡献显然要小得多，而学生利益群体参与治理的比例非常低。德国大学教授在学术自由理念的庇护下形成了团结的利益群体，并通过其学术资本掌控管理学校的政治资本，相对于组织权威，他们更重视教授群体间的学术权威，并借由控制教学和科研事务的评议会来实现大学自我管理。历史上实力雄厚的评议会，在今天仍由教授占据多数席位和投票权，对各部门之间的人员和资源分配以及有关研究、教学和教授任命的决定具有广泛的权力，并削弱了大学校长和理事会在大学内部治理中的作用。而校长也几乎都是由教授担任，理事会成员中也有相当比例的教授成员，这使得教授在各种合议机构中都有代表力量。大学执行某项任务时需要不同的机构协作完成，校长委员会、大学评议会、大学理事会之间暗藏斗争又相互妥协，这导致几乎没有一项重要任务是可以单独由某个机构完成，这就造成了各个机构间相互掣肘，效率低下。比如在教授和校长的选举任命上，在几乎所有的州，几乎都有大学评议会、大学理事会、大学校长共同参与。提名权、选举权、任命权都属于不同机构，进而导致合议风格不仅体现在单独的机构内，还体现在整个大学的所有机构之间。

结论与展望

一、主要结论

本书基于新制度主义中的制度趋同和路径依赖理论，通过文献研究方法和历史研究法对德国高等教育法律文本、大学章程、政府报告等文献进行分析，并借助希曼克等学者的"治理均衡器"模型来分析自柏林大学建立以来德国大学治理模式变迁，在此基础上，得出以下主要结论：

（一）自柏林大学建立以来至今，德国大学治理主要形成了三个历史阶段及其治理模式，参与大学治理的利益相关者逐渐增多。

本文按照希曼克等学者的治理均衡器中的五个维度，即国家控制、学术自治、外部利益相关者调控、竞争、行政自治，划分了三个德国大学治理阶段，即"文化国家观"下的双元管控模式（1810年-1976年）；民主参与理念下的利益群体共决模式（1976年-1998年）；新公共管理主义下的大学共治模式（1998年-至今）。在双元管控模式中，政府和教授是大学治理中最重要的利益相关者，他们一外一内完全主导着大学治理。在大学发展过程中，大学行政阶层出现专业化的趋势，并逐渐掌握更多的权力。原来的总务长成为副校长之一，说明国家减弱了对大学的程序性控制。在学校层面，原来评议会的一些权限转移给了校长委员会，院校领导阶层逐渐把控院校的战略管理，在内部治理中成为有力的利益相关者。而在新治理结构中，外部利益相关者调控成为大学治理改革的重要方向之一。传统的大学治理很少受到外部利益相关者的干扰，但是自20世纪90年代末以来，大学理事会为成为大学内部治理的重要利益相关者，掌握了重要的监督权限以及部分管理权限，并形成了校长、大学评议会、大学理事会相互制约的校内民主决策机制。此外，以大学专业认证委员会、外部质量评估机构、各种基金会、欧洲联盟等为主的质量保障机构和经费分配机构对大学治理发挥重要影响。在"六八学运"之后，学生群体开始参与大学内部治理，成为"四方共决"群体中重要的一方。但是从治理效果看，自"六八学运"后，学生参与内部治理的热情逐渐降低，并因其薄弱的力量并未在大学治理中发挥重要作用。

（二）不同历史阶段的治理模式中，多种治理机制共同发挥作用，影响着大学治理结构。

在双元管控历史模式中，受到"文化国家观"和"教授治校"理念影响，国家和（正）教授群体控制着大学管理。政府控制着大学财政预算、人事任命两项关键事务，并派遣学监对大学进行专业监督，此外还控制着专业设置和考试条例的立法权。教授通过掌控研究所和各级决策机构（学院委员会和大学评议会）来实现大学的学术自治。在这一阶段，大学校长和院长只是扮演着"平等中的第一位"的角色，并没有实际的管理权限。大学除了国家外没有其它的外部利益相关者。由于受到国家资助，大学和社会的联系也十分松散，因此，竞争机制也不存在。所以在第一阶段，大学管理中只有国家调控和学术自治两种机制发挥作用。而这一阶段的大学管理主要依赖于教授共同体的合议机制和政府之于大学的官僚管理。在第二阶段，最明显的变化发生在大学的内部管理上，大学教授不再单独把控各级决策机构，而是实现了四方代议制的民主管理模式，即教授、学术中层人员、非学术人员、学生四方群体按比例派代表加入院系和学校的决策机构中，因此，这一阶段的大学也由"教授大学"转变为"群体大学"。显然，这一阶段的学术自治发生了改变。在国家调控方面，一个显著的特征是联邦政府第一次（除纳粹政权外）参与到本属于各州的高等教育事务，对形成全国统一的教育和科研政策起到了巨大的推动作用。而行政自治方面，校长制度发生变化，但其权力并未明显增加。而竞争机制在大学治理中刚刚处于萌芽阶段，对大学管理并未发生实质性的影响。在进入 20 世纪 90 年代的第三阶段，德国大学受到新公共管理主义的影响，国家开始放松对大学的管制，更多地通过竞争机制、外部利益相关者调控机制对大学实行宏观调控，政府之于大学的官僚控制逐渐减弱。而在内部治理上，学术自治的弱化（合议机制）和行政自治（科层制）的增强形成对比，大学内部呈现出以校长／院长为主的科层制管理趋势。德国大学治理按照新公共管理改革的理念继续深入。由于政府放松了对大学的细节控制，政府和大学间的协商机制也开始发挥重要作用，比如双方签订的目标协定和设定绩效指标。

（三）在德国大学治理模式变迁过程中，国家调控和学术自治在弱化，而竞争、外部利益相关者调控和行政自治不断强化。

从历史时段来看，大学治理的国家调控和学术自治维度在第一阶段都保持着长时间的稳定，一直在大学治理中占据着重要地位，而在进入第二阶段，尤其是第三阶段后，大学治理进入了剧烈的变革期，国家逐渐从对大学的细节控制中退出，转而对大学进行宏观调控，赋予大学更多自主权，国家调控机制在逐渐弱化。在大学自治方面，评议会的权力被部分转移到校长和理事会手中，学术自治机制也在逐渐弱化。而在发展过程中，竞争、外部利益相关者调控和自主行政管理则开始扮演着越来越重要的角色，尤其是在第一阶段不存在的外部利益相关者调控和竞争机制，会在未来的大学治理中发挥更加重要的作用。德国大学治理中的五个维度在不同阶段呈现不同的强度，从整体发展趋势来看，传统的国家调控与学术自治的强度都大幅度减弱，而外部利益相关者调控、竞争以及行政自治则逐渐强化，并将在未来的大学治理中发挥更大的作用，而这也正朝着所谓的大学治理的"善治"方向前进，虽然在这一过程中的大学治理会时而前进，时而后退。[1]

（四）当前大学治理改革既受到全球大学治理的"共同脚本"影响，又受到德国本土政治体系和治理文化羁绊，呈现出明显的制度趋同和路径依赖特征。

从全球高等教育治理进程来看，似乎各国都遵循着相似的理念，大学正转向"市场型"大学。但是鉴于不同的改革背景和政治现实，各国形成了治理改革浪潮的"自己的版本"。在话语层面整个欧洲的大学改革都有明显的相似之处，但在操作层面则存在多样性。综合来看，虽然德国高等教育系统引进了许多治理机制和手段，但因为存在的局限和束缚仍没有发挥完全功效，治理改革始终没能突破现有的条框，很多学者将其称为"半改革"或"伪改革"。大学治理改革中的路径依赖特征明显，即沿着传统的双元管控模式在缓慢前进，在当前的大学治理中，政府和教授依然有着重要影响，并使制度

---

1 2006 年起德国许多联邦州开始收取大学学费，不过后来又逐步取消，这被许多学者认为是大学市场化改革的倒退。

改革的效果大打折扣。这是因为，一方面，高等教育领域的"去国家化"不是一蹴而就的，而是一个"由国家调控的去国家化"的缓慢过程。[2]治理改革是由国家提出并设计的，国家是制度的顶层设计者、改革的主导者，大学只是被动执行者。另一方面，大学教授的集体治理在德国大学治理文化中根深蒂固。即使大学在"六八学运"后逐渐由教授寡头统治转变为各种委员会形式的集体统治，但在大多数的委员会中教授的数量和投票权重都占多数，教授对各种资源分配和人事事务仍具有巨大的权威，并对国家主导的各种改革持怀疑态度。因此，不论是联邦政府还是州政府，目前都没有能力推行明显损害教授群体利益的全面改革。然而，虽然改革存在路径依赖，但是只要改革驱动力开始取代改革阻力，根本性的变革就可能会发生。[3]从改革的趋势来看，德国大学治理会继续沿着市场化的方向深入。

二、本研究不足之处与未来研究展望

本研究以大量文献为基础，总结分析了德国大学治理模式的历史变迁，对分析德国大学治理具有现实的意义。但是基于现实因素，本研究仍有以下两个不足：

首先，本研究的历史跨度较长，研究的主题大学治理模式又比较宏大，因此在诸多细节上不好把握。本研究透视了德国大学治理的历史进程，但对每一个阶段的治理分析还不够深入，且大学治理涉及诸多方面，本研究侧重较宏观的治理机制和手段，对大学内部的治理细节关注不够，比如大学内部人事安排、财政经费的分配、不同机构间的权力交叉等等分析的不够透彻。

其次，一些文献的缺失也对本文的研究产生了一些负面影响。虽然本人在德国蒂宾根大学交流一年，搜集了许多实用的文献。但是一些大学内部管理制度的原始文献难以获得，特别是大学和州政府签订的目标协定以及大学和院系之间签订的目标协定、大学财政管理方面的内部文件等。本研究也只能依照网上公开的高等教育法律文本、大学章程等文件进行分析，而不能够非常透彻地探究德国大学内部治理结构和现状。此外，由于资料难以获取，也使本研究没有以某一个单独的州作为案例，而是以整个德国为研究对象，

---

2 Christian Wassmer, Carole Probst, Elena Wilhelm. Dialektik der Hochschulautonomie, theoretische Erklärung der Reaktion einer Hochschule auf den Wandel des Hochschulsystems[J]. HSW,2018 (1+2):5-12.

3 Ibid.

但德国的联邦体制使每个州的教育治理差异很大，因此在比较的维度上把握的不是十分精确，也降低了本研究的实证效力。

基于以上的不足，未来的研究应该以更微观的视角来探索德国大学治理的特征，以及不同治理机构间权力博弈，从而可以更深入地理解大学治理中路径依赖的根源。譬如，在大学理事会这一治理机构中，其成员的任命颇有玄机，背后暗藏着政府对大学的隐形控制。这将是本人未来在本研究的基础上继续探索的方向。

参考文献

一、中文文献

（一）译著

1. [德]费希特著，梁志学译．费希特文集（第五卷）[M]，北京：商务印书馆，2014：515。

2. [德]克里斯托弗．福尔，肖辉英，陈德兴，戴继强，译，1945 年以来的德国教育：概览与问题[M]，北京：人民教育出版社，2002。

3. [美]理查德．斯科特著；姚伟，王黎芳译，制度与组织——思想观念与物质利益（第 3 版）[M]，北京：中国人民大学出版社，2010。

4. [瑞士]吕埃格，张斌贤，杨克瑞译，欧洲大学史第三卷：19 世纪和 20 世纪早期的大学（1800-1945）[M]，保定：河北大学出版社，2013。

5. [美]塔尔科特．帕森斯著，梁向阳译，现代社会的结构与过程[M]，北京：光明日报出版社，1988。

6. [瑞士]瓦尔特．吕埃格编，贺国庆等译，欧洲大学史第二卷，近代早期的欧洲大学 1500-1800[M]，保定：河北大学出版社，2007。

7. [美]沃尔特．鲍威尔，保罗．迪马吉奥主编，姚伟译，组织分析的新制度主义[M]，上海：上海人民出版社，2008。

（二）专著

1. 陈洪捷，德国古典大学观及其对中国的影响（修订版）[M]，北京：北京大学出版社，2006。

2. 陈洪捷，中德之间——大学、学人与交流[M]，北京：北京大学出版社，2010。

3. 陈时见，比较教育导论[M]，北京：商务印书馆，2007。

4. 陈学飞，美国、日本、德国、法国高等教育管理体制改革研究[M]，北京：教育科学出版社，1995。

5. 丁建弘，德国通史[M]，上海：上海社会科学出版社，2002。

6. 杜卫华，德国和奥地利高等教育管理模式改革研究[M]，天津：南开大学出版社，2018。

7. 李其龙，孙祖复，战后德国教育研究[M]，南昌：江西教育出版社，1995。

8. 李其龙，德国教育[M]，长春：吉林教育出版社，2000。

9. 刘宝存，张梦琦，创建世界一流大学政策的国际比较研究[M]，北京：北京师范大学出版社，2020。

10. 刘圣中，历史制度主义：制度变迁的比较历史研究[M]，上海：上海人民出版社，2010。

11. 吴慧平，西方大学的共同治理[M]，北京：北京师范大学出版社，2011。

12. 张慧洁，中外大学组织变革[M]，上海：复旦大学出版社，2005。

13. 张应强，中国高等教育 60 年[M]，杭州：浙江大学出版社，2009。

14. 周丽华，德国大学与国家的关系[M]，北京：北京师范大学出版社，2008。

15. 周雪光，组织社会学十讲[M]，北京：社会科学文献出版社，2003。

（三）期刊类

1. 别敦荣，现代大学制度的典型模式与国家特色[J]，中国高教研究，2017（05）：43-54。

2. 陈洪捷，洪堡大学理念的影响：从观念到制度——兼论"洪堡神话"[J]，北京大学教育评论，2017，15（03）：2-9＋188。

3. 董礼胜，李玉耘，治理与新公共管理之比较[J]，中国社会科学院研究生院学报，2014（02）：20-25。

4. 范逢春，张天，国家治理场域中的社会治理共同体：理论谱系、建构逻辑与实现机制[J]，上海行政学院学报，2020，21（06）：4-12。

5. 郭婧，新公共管理视域下德国大学治理机制改革的内涵与特征[J]，德国研究，2019，34（03）：117-131＋136。

6. 郭毅，徐莹，陈欣，新制度主义：理论评述及其对组织研究的贡献[J]，社会，2007（01）：14-40＋206。

7. 海因兹-迪特．迈尔，布莱恩．罗万，郑砚秋，教育中的新制度主义[J]，北京大学教育评论，2007（01）：15-24＋188。

8. 何生根，韦伯的学术自由思想及其当代反思[J]，教育学报，2007（02）：78-86。

9. 胡劲松，周丽华，传统大学的现代改造——德国联邦政府高等教育改革政策评述[J]，比较教育研究，2001（04）：6-12。

10. 李工真，德国大学的现代化[J]，经济社会史评论，2010（00）：5-15。

11. 李强，德国大学治理的特点及启示[J]，当代教育科学，2010（01）：40-42。

12. 李泉，治理理论的谱系与转型中国[J]，复旦学报（社会科学版），2012（06）：130-137。

13. 李盛兵，高等教育市场化：欧洲观点[J]，高等教育研究，2000（04）：108-111。

14. 刘宝存，彭婵娟，中华人民共和国成立以来我国来华留学政策的变迁研究——基于历史制度主义视角的分析[J]，高校教育管理，2019，13（06）：1-10。

15. 刘国瑞，国家重大战略转换期高等教育现代化的定位与思路[J]，高等教育研究，2020，41（05）：1-9。

16. 刘琼莲，国家治理现代化进程中社会治理共同体的生成逻辑与运行机制[J]，改革，2020（11）：147-159。

17. 刘玉能，杨维灵，帕森斯的组织分析策略[J]，浙江社会科学，2001（02）：99-103。

18. 鲁道夫．施迪希伟，刘子瑜，德国大学的制度结构[J]，北京大学教育评论，2010，8（03）：40-50＋188-189。

19. 罗红艳，我国公立大学治理政策变迁的制度逻辑——基于历史制度主义的分析[J]，中国高教研究，2014（03）：16-21＋41。

20. 米歇尔．列申斯基，刘晗，德国高等教育中的财政和绩效导向预算：竞争激发效率[J]，北京大学教育评论，2008（01）：132-138＋191。

21. 潘海生，作为利益相关者组织的大学治理理论分析[J]，中国地质大学学报（社会科学版），2007（05）：17-20。

22. 彭湃，德国应用科学大学的 50 年：起源、发展与隐忧[J]，清华大学教育研究，2020，41（03）：98-109。

23. 彭媛，德国大学教授参与高校管理的演变[J]，黑龙江教育（高教研究与评估），2015（08）：81-82。

24. 全守杰，王运来，从"大学符号"到"乐队指挥"——德国大学校长与大学内外部的关系及其演变[J]，高等教育研究，2013，34（01）：97-102。

25. 孙进，德国一流大学的校长选任制度——柏林洪堡大学的个案分析[J]，外国教育研究，2014，41（02）：78-86。

26. 孙进，选拔以学术为业的精英人才——德国大学教授资格考试制度评述[J]，中国人民大学教育学刊，2013（02）：47-58。

27. 孙进，由均质转向分化?——德国高等教育的发展趋向分析[J]，比较教育研究，2013，35（08）：1-8。

28. 孙进，政府放权与高校自治——德国高等教育管理的新公共管理改革[J]，现代大学教育，2014（02）：36-43＋112-113。

29. 田凯, 黄金，国外治理理论研究: 进程与争鸣[J]，政治学研究，2015（06）：47-58。

30. 魏崇辉，当代中国公共治理理论有效适用的过程意义、认知塑造与体系构建[J]，行政论坛，2016，23（02）：38-42。

31. 乌尔里希．泰希勒，周双红，德国及其他国家学术界面临的挑战（上）[J]，现代大学教育，2007（06）：63-67。

32. 巫锐，德国高等教育治理新模式：进程与特征——以"柏林州高校目标合约"为中心[J]，比较教育研究，2014，36（07）：1-5。

33. 肖军，从管控到治理：德国大学管理模式历史变迁研究[J]，比较教育研究，2018，40（12）：67-74。

34. 徐娟，美国与德国大学高层次人才引进中三种权力的影响差异[J]，高等教育研究，2019，40（07）：97-103。

35. 杨茹，赵彬，王雁，教师对融合教育的理解与践行：基于社会学新制度主义的分析[J]，教师教育研究，2020，32（04）：96-103。

36. 杨朔镔，杨颖秀，双一流背景下大学院系治理现代化探论：自组织理论的视角[J]，教育发展研究，2018，38（05）：40-47。

37. 杨天平，邓静芬，20世纪90年代以来德国高等教育管理体制改革与启示[J]，教育研究，2011，32（05）：102-106。

38. 姚荣，德国公立大学内部治理结构变革的规律与启示——基于联邦与州层面法律以及相关判例的文本分析[J]，湖南师范大学教育科学学报，2018，17（03）：103-111。

39. 俞可，在夹缝中演绎的德国高校治理[J]，复旦教育论坛，2013（05）：14-20。

40. 岳伟，联邦德国"68运动"与高校管理体制变革——以西柏林自由大学为中心[J]，世界历史，2019（04）：108-120＋156。

41. 张斌贤，王晨，张乐，"施潘事件"与德国的学术自由[J]，教育研究，2012，33（02）：134-140。

42. 张德祥，美、德、日三国大学学术权力和行政权力关系的现状 结构及其运行[J]，辽宁高等教育研究，1998（01）：91-96。

43. 张民选，夏人青，全球治理与比较教育的新使命[J]，教育发展研究，2017（17）：1-9。

44. 张万宽，陈佳，网络和组织理论视野下的大学治理——兼论我国高校去行政化[J]，清华大学教育研究，2011，32（01）：25-32。

45. 张熙，大学组织与制度环境的互构机制分析——新制度主义视域下建设"双一流"的制度过程[J]，高教探索，2016（07）：11-16。

46. 张贤明，崔珊珊，规制、规范与认知：制度变迁的三种解释路径[J]，理论探讨，2018（01）：22-27。

47. 张源泉，德国高等教育治理之改革动向[J]，教育研究集刊，2012（12）：91-137。

48. 郑杭生，邵占鹏，治理理论的适用性、本土化与国际化[J]，社会学评论，2015，3（02）：34-46。

49. 周光礼，大学治理模式变迁的制度逻辑——基于多伦多大学的个案研究[J]，高等工程教育研究，2008（03）：55-61。

（四）学位论文

1. 李敏，德国大学与纳粹政权（1933-1945）[D]，华东师范大学，2008。

2. 马楠楠，美国大学治理结构的嬗变[D]，南京大学，2013。

3. 吴清，德国大学教授制度研究[D]，南京：南京理工大学，2017。

4. 张雪，19 世纪德国现代大学及其与社会、国家关系研究[D]，武汉：华中师范大学，2012。

（五）网络资源

1. 德国历年 GDP 及人均 GDP 一览[EB/OL](2015-11-16)[2021-03-03]http://www.360doc.com/content/15/1116/21/502486_513686385.shtml。

2. 教育部.全国"211 工程"高校章程全部核准发布[EB/OL](2015-06-30)[2021-03-17]http://www.moe.gov.cn/jyb_xwfb/gzdt_gzdt/s5987/201506/t20150630_191785.html。

3. 澎湃新闻，模仿与失真：德国六八脉络下的 2018 汉堡大学占领运动[EB/OL](2018.07.10)[2021.04.17]https://baijiahao.baidu.com/s?id=1605568329900765712&wfr=spider&for=pc。

二、外文文献

（一）专著

1. Abraham Flexner. die Universitäten in Amerika, England und Deutschland[M]. Berlin: Verlag von Julius Springer, 1932.

2. Alberto Amaral, Guy Neave, Christine Musselin et al. European Integration and the Governance of Higher Education and Research[M]. Dordrecht Heidelberg London New York: Springer, 2009.

3. Alberto Amaral, Ivar Bleiklie, Christine Musselin. From Governance to Identityt[M]. Springer Science + Business Media B.V. 2008.

4. Albrecht Blümel. Von der Hochschulverwaltung zum Hochschulmanagement [M]. Wiesbaden: Springer Fachmedien, 2016.

5. Alexander Kluge. die Universitätsselbstverwaltung, ihre Geschichte und gegenwärtige Rechtsform[M]. Frankfurt am Main: Vittorio Klostermann, 1958.

6. Anne Rohstock. Von der „Ordinarienuniversität" zur „Revolutionszentrale"? [M]. München: R. Oldenbourg Verlag, 2010.

7. Arthur Benz, Susanne Lütz, Uwe Schimank et al. Handbuch Governance: Theoretische Grundlagen und empirische Anwendungsfelder[M]. Wiesbaden: VS Verlag für Sozialwissenschaften, 2007.

8. Barbara Kehm, Harald Schomburg, Ulrich Teichler. Funktionswandel der Universitäten: Differenzierung, Relevanzsteigerung, Internationalisierung [M]. Frankfurt/New York: Campus Verlag GmbH, 2012.

9. Barbara M. Kehm. Higher Education in Germany: Developments, Problems, and Perspectives[M]. Wittenberg and Bucharest: the Institute for Higher Education Research Wittenberg and the UNESCO European Centre for Higher Education, 1999.

10. Benedict Kaufmann. Akkreditierung als Mikropolitik[M]. Wiesbaden: Springer Fachmedien, 2012.

11. Bernard Steunenberg, Frans van Vught. Political Institutions and Public Policy[M]. Dordrecht: Springer Science+Business Media, 1997.

12. Bernd Kleimann. Universitätsorganisation und präsidiale Leitung-Führungspraktiken in einer multiplen Hybridorganisation[M]. Wiesbaden: Springer Fachmedien, 2016.

13. Braun Dietmar, Francois-Xavier Merrien. Towards a New Model of Governance for Universities?-A Comparative View[M]. London and Philadelphia: J. Kingsley Publishers, 1999.

14. Brüsemeister Thomas, Heinrich Martin. Autonomie und Verantwortung. Governance in Schule und Hochschule[M]. Münster: Verlag Monsenstein und Vanderdat, 2011.

15. Burton R. Clark. The Higher Education System: Academic Organisation in Cross-National Perspective[M]. Los Angeles: University of California Press, 1983.

16. Christine Burtscheidt. Humboldts falsche Erben[M]. Frankfurt/New York: Campus Verlag.2010.

17. Dagmar Simon, Andreas Knie, Stefan Hornbostel et al. Handbuch Wissenschaftspolitikt[M]. Wiesbaden: Springer Fachmedien, 2016.

18. David F.J. Campbell, Elias G. Carayannis. Epistemic Governance in Higher Education Quality Enhancement of Universities for Development[M]. Dordrecht Heidelberg London New York: Springer, 2013.

19. Detlef Müller Böling. die entfesselte Hochschule[M]. Güterloh: Verlag Bertelsmann Stiftung, 2000.

20. Dorothea Jansen. New Forms of Governance in Research Organizations Disciplinary Approaches, Interfaces and Integration[M]. Dordrecht: Springer, 2007.

21. Edgar Grande, Dorothea Jansen, Otfried Jarren et al. Neue Governance der Wissenschaft: Reorganisation - externe Anforderungen - Medialisierung[M]. Bielefeld: transcript Verlag, 2014.

22. Eduard Spranger. Fichte、Schleiermacher、Steffens über das Wesen der Universität[M]. Leipzig: Verlag der Dürr'schen Buchhandlung, 1910.

23. Ewald Schern. Management unternehmerischer Universitäten: Realität, Vision oder Utopie[M]. München: Rainer Hampp Verlag, 2014.

24. Friedrich Paulsen. die deutschen Universitäten und das Universitätsstudium [M]. Berlin: Verlag von A. Ascher, 1902.

25. Fritz K. Ringer. The Decline of the German Mandarins: The German Academic Community 1890-1933[M]. London and Hanover: Wesleyan

University Press, 1990.

26. Georg Kneer, Markus Schroer. Handbuch Soziologische Theorien[M]. Wiesbaden: VS Verlag für Sozialwissenschaften | GWV Fachverlage GmbH, 2013.

27. George Turner. Hochschulreformen: Eine unendliche Geschichte seit den 1950er Jahren[M]. Berlin: Duncker & Humblot,2018.

28. Hans Christof Kraus. Kultur, Bildung und Wissenschaft im 19. Jahrhundert[M]. München: Oldenbourg Wissenschaftsverlag GmbH, 2008.

29. Heinz-Elmar Tenorth, Charles McClelland. Geschichte der Universität Unter den Linden: Band 1: Gründung und Blütezeit der Universität zu Berlin 1810-1918[M]. Berlin: Akademie Verlag, 2012.

30. Jean Castillon. Über die Begriffe einer Akademie und einer Universität[M]. Berlin: John Friedrich Unger,1809.

31. Johan Östling. Humboldt and the Modern German University, An intellectual History[M]. Sweden: Lund University Press,2018.

32. John Fielden. Global Trends in University Governance[M], Washington: The World Bank, 2010.

33. Josef Schrader, Josef Schmid, Karin Amos et al. Governance von Bildung im Wandel[M]. Wiesbaden: Springer Fachmedien,2015.

34. Jürgen Georg Backhaus. The University According to Humboldt: History, Policy, and Future Possibilities[M]. Cham Heidelberg New York Dordrecht London: Springer International Publishing, 2015.

35. Jürgen Klüver, Wolfdietrich Jost, Karl Ludwig Hesse. Gesamthochschule— Versäumte Chancen? 10 Jahre Gesamthochschulen in Nordrhein Westfalen[M]. Opladen: Leske Budrich,1983.

36. Jutta Fedrowitz, Erhard Krasny, Frank Ziegele. Hochschulen und Zielvereinbarungen - neue Perspektiven der Autonomie: vertrauen - verhandeln - vereinbaren[M]. Gütersloh: Verl. Bertelsmann Stiftung, 1998.

37. Karina Riese. Kriterien zur Ressourcensteuerung an Hochschulen[M].

Wiesbaden: Deutscher Universitäts-Verlag, 2007.

38. Katharina Holzinger, Helge Jörgens, Christoph Knill. Transfer, Diffusion und Konvergenz von Politiken[M]. Wiesbaden: VS Verlag für Sozialwissenschaften, 2007.

39. Klaus Schwabe. Deutsche Hochschullehrer als Elite:1815-1945[M]. Boppard am Rhein: Harald Boldt Verlag, 1983.

40. Ludwig Bernhard. Akademische Selbstverwaltung in Frankreich und Deutschland[M]. Berlin: Verlag von Julius Springer, 1930:98.

41. Maria Engels. Die Steuerung von Universitäten in staatlicher Trägerschaft[M]. Wiesbaden: Springer Fachmedien, 2001.

42. Mark Bevir. Key Concepts in Governance[M]. London: SAGE Publications Ltd,2009.

43. Michael Borggräfe. Wandel und Reform deutscher Universitätsverwaltungen. Eine Organigrammanalyse[M]. Wiesbaden: Springer Fachmedien GmbH, 2019.

44. Mitchell von Ash. Mythos Humboldt:Vergangenheit und Zukunft der deutschen Universitäten[M]. Wien: Böhlau Verlag, 1999.

45. Nadine Poppenhagen. Hochschulgovernance best Prictice Beispiele[M]. Berlin: Konrad-Adenauer-Stiftung e. V., 2016.

46. Nils C. Soguel, Pierre Jaccard. Governance and Performance of Education Systems[M]. Berlin: Springer, 2008.

47. Otto Hüther, Georg Krücken. Hochschulen -- Fragestellungen, Ergebnisse und Perspektiven der sozialwissenschaftlichen Hochschulforschung[M]. Wiesbaden: Springer Fachmedien, 2016.

48. Otto Hüther. Von der Kollegialität zur Hierarchie? Eine Analyse des New Managerialism in den Landeshochschulgesetzen[M]. Wiesbaden: Verlag für Sozialwissenschaften, 2010.

49. Patrick Haack,Jost Sieweke,Louri Wessel.Microfoundations of Institutions [M]. Bingley: Emerald Publishing Limited,2019

50. Paulo Santiago, Karine Tremblay, Ester Basri et al. Tertiary Education for the Knowledge Society[M]. OECD Publishing,2008:68.

51. Pia Bungarten, Marei John-Ohnesorg. Hochschulgovernance in Deutschland[M]. Bonn: Brandt GmbH Bonn, 2015.

52. Robert Lorenz, Franz Walter. 1964 - das Jahr, mit dem »68« begann[M]. Bielefeld: transcript Verlag, 2014.

53. Roman Langer, Thomas Brüsemeister. Handbuch Educational Governance Theorien[M]. Wiesbaden: Springer Fachmedien,2019.

54. Rüdiger Voigt. Handbuch Staat[M]. Wiesbaden: Springer VS, 2018.

55. Rudolf Tippelt. Bernhard Schmidt-Hertha. Handbuch Bildungsforschung[M]. Wiesbaden: VS Verlag für Sozialwissenschaften, 2010.

56. Schuetze Hans, G. Álvarez Mendiola. State and Market in Higher Education Reforms: Trends, Policies and Experiences in Comparative Perspective[M]. Rotterdam: Sense Publishers,2012.

57. Sylvia Paletschek. Das Humboldt-Labor: Experimentieren mit den Grenzen der klassichen Universität[M]. Freiburg: Albert-Ludwigs-Universität, 2007.

58. Stefan Paulus. Vorbild USA? Amerikanisierung von Universität und Wissenschaft in Westdeutschland 1945-1976[M]. München: R. Oldenbourg Verlag, 2010.

59. Stefanie Preu. Drittmittel für die Forschung[M]. Wiesbaden: Springer Fachmedien, 2017.

60. Tanja Klenk, Frank Nullmeier. Public Governance als Reformstrategie[M]. Düsseldorf: Hans-Böckler-Stiftung,2004.

61. Thomas Ellwein. die deutsche Universität vom Mittelalter bis zur Gegenwart[M]. Königstein: Athenaum Verlag GmbH,1985.

62. Tobias Sarx. Reform, Revolution oder Stillstand?[M]. Stuttgart: W. Kohlhammer Verlag, 2018.

63. Ulrich Teichler. Hochschulsysteme und Hochschulpolitik[M]. Münster: Waxmann Verlag, 2005.

64. Ulrich Teichler. Hochschulsysteme und quantitativ-strukturelle Hochschulpolitik [M]. Münster: Waxmann Verlag, 2014.

65. Ute Clement, Jörg Nowak, Christoph Scherrer et al. Public Governance und schwache Interessen[M]. Wiesbaden: VS Verlag für Sozialwissenschaften, 2010.

66. Uwe Schimank, Stefan Lange. University Governance: Western European Comparative Perspectives[M]. Dordrecht: Springer, 2009.

67. Volker Gerhardt, Reinhard Mehring, Jana Rindert. Berliner Geist-Eine Geschichte der Berliner Universitätsphilosophie bis 1946-Mit einem Ausblick auf die Gegenwart der Humboldt-Universität[M]. Berlin: Akad. Verl., 1999.

68. Volker Müller-Benedict, Jörg Janssen, Tobias Sander. Akademische Karrieren in Preußen und Deutschland 1850-1940[M]. Göttingen: Vandenhoeck Ruprecht, 2008.

（二）期刊

1. Adinas Barzelis, Oksana Mejere, Diana Saparniene. University Governance Models: the Case of Lapland University[J]. Journal of Young Scientists, 2012,35(2), 90-102.

2. Åse Gornitzka, Peter Maassen, Harry de Boer. Change in University Governance Structures in Continental Europe[J]. Higher Educ Q. 2017(71): 274-289.

3. Barbara M. Kehm, Ute Lanzendorf. Ein neues Governance-Regime für die Hochschulen - mehr Markt und weniger Selbststeuerung? [J]. Zeitschrift für Pädagogik, 2005(Beiheft; 50):41-55.

4. Bartz Olaf. Expansion und Umbau. Hochschulreformen in der Bundesrepublik Deutschland zwischen 1964 und 1977[J]. Die Hochschule: Journal für Wissenschaft und Bildung, 2007, (16) 2:154-170.

5. Berit Sandberg. Zielvereinbarungen zwischen Staat und Hochschulen-ein Deregulierungsinstrument?[J]. Beiträge zur Hochschulforschung, 2003, (25) 4:36-55.

6. Christian Wassmer, Carole Probst, Elena Wilhelm. Dialektik der Hochschulautonomie, theoretische Erklärung der Reaktion einer Hochschule auf den Wandel des Hochschulsystems[J]. HSW,2018 (1+2):5-12.

7. Ece Göztepe-Çelebi, Freia Stallmann, Annette Zimmer. Looking back: Higher Education Reform in Germany[J]. German Policy Studies/Politikfeldanalyse, 2002,(2)3:1-23.

8. Garry D. Carnegie,Jacqueline Tuck. Understanding the ABC of University Governance[J]. The Australian Journal of Public Administration, 2010, (69)4:431-441.

9. Gerber Sascha, Jochheim Linda. Paradigmenwechsel im Wissenschaftswettbewerb? Umsetzungsstand und Wirkung neuer Steuerungsinstrumente im deutschen Universitätssystem[J]. Die Hochschule: Journal für Wissenschaft und Bildung, 2012, (21) 2: 82-99.

10. Giliberto Capano, Marino Regini. Governance Reforms and Organizational Dilemmas in European Universities[J]. Comparative Education Review, 2014.